KB259918

에디슨 스타일
컨버전스 혁신

에디슨 스타일 컨버전스 혁신

마이클 J. 겔브 · 사라 밀러 칼디코트 지음 | 신선해 옮김

한언

Photograph Credits:

Images on p. 185 reproduced with permission by the Firestone
Collection, University of Akron Archives.

Images on pp. 20, 26, 125, 150 and 152 reproduced with permission by
The Thomas A. Edison Papers, Rutgers University, Piscataway, New
Jersey, http://edison. rutgers. edu

Images on pp. 40, 42, 49, 58, 87, 103, 127, 155, 166, 168, 215, 224, 254,
268 and 302 courtesy of the National Park Service, Edison National
Historic Site.

Images on pp. 47 courtesy of the National Inventors Hall of Fame®.

Images on pp. 82 courtesy of the Miller Family Papers, Chautauqua
Institution Archives, Chautauqua, New york.

마이클 J. 겔브
내 삶의 등불이자 사랑인 데보라 도만스키에게

사라 밀러 칼디코트
더없이 사랑스런 나의 아이들 니콜라스와 코너
나의 우상인 외할아버지 루이스 밀러
그리고 진취적인 나의 어머니 미나 밀러 에디슨에게

마이클과 사라
인류의 진일보를 향한 에디슨의 비전이
무한한 혁신의 적용으로 실현되길 바라며

에디슨 정신을 살려준 이들에게

_마이클 J. 겔브, 사라 밀러 칼디코트

다음은 이 책이 세상에 나오는 데 많은 도움을 주신 분들이다. 짐 디아고 스티노(Jim D'Agostino), 애너리에사 앤더슨(Annaliesa Anderson) 박사, 에드 바셋(Ed Bassett), 토니 부잔(Tony Buzan), 데비 해피 코헨(Debbie Happy Cohen), 레슬리 '덕' 코플랜드(Leslie 'Duck' Copland), 존 포글러 (John Fogler), 조안 겔브(Joan Gelb), 샌디 겔브(Sandy Gelb), 데지레 그루버 (Desiree Gruber), 욜란더 해리스(Yolanda Harris), 메리 호건(Mary Hogan), 마빈 하이에트(Marvin Hyett), 미치 호프먼(Mitch Hoffman), 조엘 자페(Joel Jaffe), 레이먼드 킨(Raymond Keene)회장, O. B. E., 켄 코블란(Ken Koblan) 박사, 서린더 쿠마르(Surinder Kumar) 박사, 데브라 쿠르츠(Debra Kurtz), 밀러(Miller)가(家) 사람들, 제프 몬다(Jeff Monda), 반다 노스(Vanda North),

스티브 오드랜드(Steve Odland), 데니스 퍼먼(Dennis Perman), 톰 퀵(Tom Quick), 레딩(Reading)가(家) 사람들, 수잔 로안(Susan Roane), 웬디 로스만(Wendy Rothman), 데일 슈스터만(Dale Schusterman) 박사, 리처드 셰리던(Richard Sheridan) 박사, 로버트 탄고라(Robert Tangora), 미하엘 타인만(Michael Thieneman), 윈 웽거(Win Wenger) 박사, 존 웨이(John Wai) 박사, 다이애나 휘트니(Diana Whitney), 마이클 윙(Michael Wing). 이들 모두에게 감사를 표한다.

연구에 도움을 주고 끊임없이 영감을 준 다음 사람들과 조직에게 감사를 보낸다. 버지니아 대학 다든 비즈니스 스쿨(Darden School of Business)의 제임스 G. 클로슨(James Clawson) 교수, 노스웨스턴 대학 CANet(Complexity In Action Network) 소장이자 켈로그 매니지먼트 스쿨(Kellogg School of Management)의 경제경영 및 의사결정과학 교수인 지니 에그몬(Jeanie Egmon), 킴벌 C. 파이어스톤(Kimball C. Firestone), 다트머스 대학 아모스 턱 비즈니스 스쿨(Amos Tuck School of Business)의 비제이 고빈다라잔(Vijay Govindarajan) 교수와 크리스토퍼 트림블(Christopher Trimble) 부교수, 에디슨 내셔널 히스토릭 사이트(Edison National Historic Site)의 레오나르드 드 그라프(Leonard de Graaf), 플로리다 주 포트마이어스 소재 에디슨&포드 윈터 사유지의 파멜라 마이너(Pamela Miner), 낸시 먼로(Nancy Munro), 미국 발명가 명예의 전당의 리니 파이바(Rini Paiva), 뉴욕 셔토쿼 연구소(Chautauqua Institution)의 존 슈미츠(Jon Schmitz), 사우스플로리다와 뉴욕의 전략 포럼(The Strategic Forum), 카렌 스트라우스(Karen Strouse), 밥 트로이어(Bob Troyer). H. 웨인 후이젱가 비즈니스 및 기업가 스쿨(H. Wayne

Huizenga School of Business and Entrepreneurship)의 에디슨 연구지원팀의 팀장인 칼라 위드로(Carla Withrow)와 조시 로이어(Josh Loyer), 우수한 학생인 데릭 바티(Derek Bartie), 대학원생 리젯 베넷(Lisett Bennett), 에리카 버니(Erika Burney), 패트리샤 캠벨(Patricia Campbell), 스티브 쿡(Steve Cooke), 리사 폭스(Lisa Fox), 시리타 조셉(Syreeta Joseph), 에프티미아 카리페데즈(Efthimia Karipedes), 수니타 카울(Sunita Kaul), 주디 리(Judi Li), 자네트 포라(Jeannette Porras), 프랭클린 램찬다니(Franklin Ramchandani), 켈리 티클라빌카(Kelly Ticlavilca)가 참여했다.

펭귄 퍼트넘(Penguin Putnam) 출판사의 뛰어난 팀원들에게도 감사한다. 특히 스티븐 모로우(Stephen Morrow), 에리카 임라니(Erika Imranyi), 레니 텔레스카(Lenny Telesca), 멜라니 골드(Melanie Gold), 트레나 키팅(Trena Keating)이 큰 도움을 주었다. 또한 리터러리&크리에이티브 아티스트 에이전시(Literary and Creative Artists Agency)의 뮤리엘 넬리스(Muriel Nellis)와 제인 로버츠(Jane Roberts)에게도 감사를 전한다.

에디슨 정신의 산 증인으로서 이 책의 집필에 크게 기여한 다음의 사람들에게도 고마운 마음을 금할 길이 없다. 러트거스 대학 토머스 에디슨 신문(Thomas A. Edison Papers)의 편집장이자 총 편집인인 폴 이스라엘(Paul Israel) 박사, SRI 인터내셔널(SRI International)의 사장 겸 CEO인 커티스 칼슨(Curtis Carlson) 박사, 미국 발명가 명예의 전당 회원인 헬렌 M. 프리(Helen M. Free) 박사, 로버트 E. 칸(Robert E. Kahn) 박사, 도널드 B. 켁(Donald B. Keck) 박사, 로버트 S. 랑어 주니어(Robert S. Langer Jr.) 박사, 제임스 E. 웨스트(James E. West) 박사.

우리는 진정한 에디슨 정신에 입각하여 세 가지를 충족시킬 자료를 개발했다. 결국 이 책에 담지 못한 에디슨의 혁신사례, 자료, 인용구 등은 우리의 웹사이트(www.innovatelikeedison.com)에 실었다. 언제든 웹사이트를 방문하여 에디슨을 향한 관심의 폭을 넓히길 바란다.

치열한 준비가 이끈 에디슨의 성공

_커티스 R. 칼슨

에디슨은 궁극의 발명가로 통한다. 실제로 그는 전구, 축음기, 활동사진을 비롯하여 수많은 제품을 발명했다. 많은 이들이 그를 세기의 천재로 기억한다. 아무것도 없는 실험실에서 눈부신 발명품을 창조하여 세상에 내놓은 사람. 하지만 그는 이미 100년도 더 전에 활동했던 사람이다. 우리처럼 평범한 사람이 이런 사람에게서 무엇을 배울 수 있을까?

이 책은 그동안 알려진 통속적인 이미지만으로는 에디슨을 설명할 수 없다는 사실을 증명한다. 그에게서 배울 것은 여전히 산더미처럼 쌓여 있다. 겔브와 칼디코트는 에디슨을 훌륭한 발명가로만 보아서는 안 된다고 말한다. 실제로 그는 혁신과 기업가 정신, 개인적 성공의 역할 모델이다. 지금까지 우리에게 자극을 주는 본보기인 것이다. 더구나 전 세계 경제가 치열한 글로벌 경쟁의 시대에 들어선 지금, 에디슨은 그 어느 때보다 중요한 의미가 있다.

위대한 발명가는 얼마든지 있다. 하지만 에디슨은 세계를 뒤바꿀 제품과 서비스로 새로운 시장을 차례차례 공략하는 데 성공한 유일한 인물이다. 따라서 이것만은 확실하다. 우연만으로는 결코 이만큼 오랫동안 성공을 유지할 수 없다.

에디슨은 경쟁자들에 비해 훨씬 생산적인 방식으로 일했다. 이 책은 에디슨의 혁신 비법을 알기 쉽게 설명한다. 그의 아이디어를 이용해 우리 모두가 혜택을 누리는 방법을 직접적이고 분명하게 알려줄 것이다.

혁신은 새로운 고객가치를 창조하고 시장에 전달하는 것이다. 단순히 발명, 창조, 팀워크만을 혁신이라고 할 수는 없다. 새로운 제품이나 서비스도 고객이 손에 쥐기 전까지는 가능성 있는 아이디어일 뿐 아직 혁신이 아니다. 또한 이 혁신이 지속되려면 기업가에게 충분한 수익이 돌아가서 생산이 계속되어야 한다. 에디슨은 이노베이터(innovator, 혁신가)였다. 물론 발명가이기도 했다. 하지만 발명은 그가 고객을 위해 놀라운 가치를 창조하는 과정의 일부일 뿐이다.

성공적인 혁신을 창조하려는 열망으로, 에디슨은 더 많은 성공의 기회를 만들 수 있는 과정을 연구하고 개발해냈다. 그것이 바로 지금 우리가 우수혁신사례라고 부르는 것이다. 에디슨은 하나의 기업에서 다수의 상품과 서비스를 개발하는 데 필요한 자원을 한데 끌어 모은 최초의 인물이었다. 이렇게 그는 현대적인 연구 실험실을 마련했다. 그리고 그것이야말로 고금을 통틀어 가장 중요한 발명품 중 하나라고 할 수 있다.

에디슨은 혁신을 위해 포괄적인 접근법을 시도했다. 메이저 시장의 부름을 받으려는 목적으로 먼저 신제품 개발을 위해 다방면의 전문가로 이루어진 팀을 구성했다. 그런 다음 제품 생산을 위해 제조사를 설립했다. 그리고 이 제품을 돈다발로 바꾸기 위해 새로운 비즈니스 모델까지 개발했다. 이 모든 것들은 '그냥' 발명가가 갖춰야 할 자질이 아니다. 제대로 숙련된 이노베이터의 자질인 것이다. 결과적으로 에디슨의 우수혁신사례는 우리 모두가 적용할 수 있다. CEO나 갓 대학을 졸업한 사람, 또는 남는 시간에 새로운 아이디어의 제품화를 구상하는 사람도 상관없다.

이 책의 큰 줄기는 에디슨의 삶, 그의 위대한 성과물 그리고 그에게 영감을 주었거나 그와 경쟁했던 사람들 이야기로 채워진다. 모든 위인이 그러하듯, 에디슨도 큰 실수를 저질렀다. 그가 자신의 우수혁신사례를 위반한 것도 여러 차례다. 직류보다 교류가 나은 점을 받아들이지 않았다는 사례는 유명하고, 원반형 디스크를 장착한 더 우수한 축음기가 발명된 이후에도 고집스럽게 원통형 실린더에만 집착하기도 했다. 이러한 사건들은 혁신의 기본에 충실한 것이 얼마나 중요한지를 보여주는 단적인 사례다. 설령 그 장본인이 에디슨이라 해도 예외는 아닌 것이다.

이 책은 에디슨이 우수혁신사례를 개발하고 사용했던 과정을 함께 밟아본다. 한 가지 예로, 에디슨은 새로운 영역에 진출하기 전에 늘 철저하게 검토한 다음 과제를 수행했다. 가능한 한 모든 걸 읽었다. 성공에 이르는 실질적인 경로를 눈앞에 생생히 그려 보일 수 있을 때까지 계속 준비한 것이다. 전구는 전체 전기배급 시스템의 일부일 뿐이다. 발전기, 전기 플러그, 절연체, 전기 계량기를 비롯하여 수백 가지 다른 부품까지 경제적으로 개발할 능력이 있어야 시장에서의 성공으로 이어질 수 있다.

에디슨의 혁신 사례를 정리하는 데 도움을 주기 위해, 이 책의 저자들은 '혁신 역량(Innovation Literacy)'이라는 개념을 도입했다. 이것은 당신이 갖춘 혁신 기술의 범위를 측정하는 동시에 새로운 기술을 추가할 하나의 틀을 제공해 줄 것이다.

나는 동료인 윌리엄 W.윌모트와 함께 2006년에 《Innovation: The Five Disciplines for Creaeing What Customers Want》이라는 책을 출간했다. 우리가 설명하는 5가지 훈련은 혁신 과정에 있는 그리고 에디슨과 같은 혁신의 사례를 연구하는 선도적인 조직들을 기초로 한다.

이 책의 목적 중 하나는 혁신이 연구되고 향상되어야 할 훈련이라는 점을 분명히 하는 것이다. 이 책은 그만큼 성공에 필요한 기초적인 요소를 담고 있다. 신기하게도 '훈련'과 '혁신'이 모순의 관계라고 잘못 알고 있는 사람이 의외로 많다. 사실 두 단어는 모순 관계인지도 모른다. 하지만 에디슨이 보여주었듯이, 올바른 기술을 갖추고 꼭 필요한 실행 과정을 거친다면 누구나 창조력을 발휘하고 혁신의 능력을 현저히 높일 수 있다. 이러한 기술과 실행 과정이 없다면, 성공의 기회는 날아가 버릴 것이다. 이 책은 당신의 조직에 우수혁신사례를 적용하는 방법을 보여주는 실용적인 지침을 고스란히 담고 있다.

미국의 비영리 기술개발 단체인 SRI 인터내셔널 발명가로서 컴퓨터 마우스, 윈도우, 하이퍼텍스트 등 여러 가지 핵심적인 PC 부속품을 개발한 더글러스 엥겔바트는 이런 말을 했다.

"우리가 나아지면 나아질수록, 우리가 나아질 수 있는 능력 또한 더 커진다."

이것이 바로 에디슨이다! 그는 더 나아질 수밖에 없었다. 당신도 더 나아질 수 있다. 이 책이 그 길을 안내할 것이다.

CONTENTS

PART 1　세상을 뒤바꾼 이노베이터

1. 불을 밝히다

우리의 능력을 모두 발휘한다면, 우리는 말 그대로 자신에게
깜짝 놀랄 것이다. _토머스 에디슨 Thomas Edison

세상을 뒤바꿀 실험 준비가 끝났다. 1879년 10월 21일 오전 1시 30분, 32세의 토머스 에디슨과 그의 동료 찰스 배슬러, 프랜시스 젤은 뉴저지에 있는 에디슨의 먼로파크 실험실 한가운데로 모였다. 그곳엔 높다란 나무 스탠드가 세워져 있고 유리관, 측정기기 그리고 각종 선들이 얽혀 있었다. 에디슨은 스탠드 꼭대기에 달린 전구에 온 신경을 집중했다.

전구 아래쪽 진공 봉인도 꼼꼼히 점검했다. 유리를 불어 만든 동그란 모양의 전구 안쪽에는 얇은 플래티늄 도입선[1] 두 개가 탄화 면사 필라멘트와 연결되어 있었다. 전구의 가느다란 필라멘트도 제자리에 잘 붙어 있었다.

---

1) Lead-in Wire, 단자와 필라멘트를 전기적으로 연결하는 부분 — 옮긴이 주

에디슨은 만족스러워하며 젤에게 물었다.

"준비됐지?"

"응."

젤은 스탠드 꼭대기에 있는 튜브 안으로 수은을 흘려보내기 시작했다. 수은은 튜브로 흘러들며 산소를 천천히 램프 밖으로 밀어냈다. 램프 안쪽은 서서히 진공 상태가 되었다. 에디슨은 알코올램프 불로 유리 전구 바깥을 은근하게 가열했다. 따뜻한 열기로 전구 내부의 습기가 사라졌다. 동시에 공기가 빠지는 속도도 빨라졌다. 다시 전구의 공기를 빼내자, 큰 거품이 수은 속으로 쑥 밀려들어갔다.

이제 테이블 위의 축전지를 켤 차례다. 에디슨은 축전지 한쪽 극과 전구 도입선을 전선으로 연결했다. 전류가 흐르고 필라멘트가 달아올랐다. 불그레한 빛이 남은 공기를 모두 제거했다. 에디슨은 더 이상 산소 거품이 보이지 않을 때까지 필라멘트 가열을 여러 번 반복했다.

이 과정이 끝나자 유리 세공업자 루트비히 보엠이 전구 밑면을 완전히 막았다. 이로써 그들은 드디어 완벽에 가까운 진공 상태를 유지할 수 있게 되었다. 완벽한 진공 상태를 만드는 작업은 그 당시 백만 번에 한 번 성공할까 말까 한 일이었다. 이 기적 같은 일을 먼로파크 직원들이 해냈다. 에디슨은 완벽하게 밀봉한 전구를 테이블 위 조그만 스탠드에 올려놓았다. 축전지 양극과 전구를 잇는 전선을 톡톡 두드리자 필라멘트가 빛을 뿜었다. 마침내 실험실이 빛으로 가득 찼다.

에디슨의 연구팀과 보조 팀원들이 줄줄이 에디슨의 연구실로 들어섰다. 에디슨의 도안을 보면 무엇이든 척척 만들어내는 모형 제작의 대가 존 크루에시,

세계 곳곳을 여행하며 에디슨의 공상적 개념을 방정식으로 만든 수학자 겸 물리학자 프랜시스 업튼 그리고 연구실 조수인 존 로슨과 마틴 포스까지 모든 이들이 그 역사적인 현장에 있었다. 6시간이 지난 후 젤이 동료에게 속삭였다.

"아직도 빛나고 있어!"

지금껏 수많은 실험을 했지만 필라멘트가 이렇게 오래 견딘 건 처음이었다. 손목시계로 시간을 확인한 업튼이 살짝 웃었다. 배츨러와 에디슨은 그 시각에도 쉬지 않고 여분의 탄화 면사를 만들고 있었다. 예기치 않은 문제가 발생할 경우를 대비해야 했기 때문이다.

오후 3시, 실험이 시작된 지 13시간 30분이 지났다. 에디슨은 축전지 전압을 높여 필라멘트의 빛을 더욱 밝게 했다. 4시가 되자 유리 전구에 금이 가기 시작했다. 환하게 빛나던 필라멘트가 깜빡깜빡하다 결국 꺼졌다. 압력 테스트 1시간을 포함하면 불빛은 총 14시간 30분 동안 실험실을 밝혔다. 에디슨이 감격에 겨워 소리쳤다.

"이 빛이 몇 시간이나 지속되다니. 이제 100시간 동안 켜는 것도 가능해!"

이렇게 해서 오늘날 우리가 사용하는 전구가 탄생한 것이다.

에디슨은 전구 실험을 성공시킴으로써 한 가지가 아닌 다섯 가지를 발명한 것이다. 진보적인 진공 프로세스, 탄화 처리한 면사로 만든 수명이 긴 필라멘트, 필라멘트에 전류를 흐르게 하는 플래티늄 도입선, 필라멘트를 고정시키는 방법 그리고 이 모든 기술을 진공 상태의 유리 전구 속에 완벽히 구현한 기술까지 모두 새로운 발명이었다.

에디슨의 먼로파크 팀은 여기서 한 걸음 더 나아갔다. 전구 실험이 성공한 뒤 1년이 채 지나지 않아 에디슨 램프 워크에서 전구를 최초로 상품화해 판매하기 시작했다. 그로부터 약 2년이 지난 1882년 9월 4일, 세계 최초의 발전소가 펄 스트리트 일대를 환하게 비췄다. 드디어 전력의 시대가 활짝 열린 것이다.

전등을 켠 채 이 책을 읽고 있다면 에디슨의 발명이 이 모든 것을 가능하게 했다는 점을 잠시 되새겨 보라. 그는 전구를 발명하는 데 성공했을 뿐 아니라, 전력을 보급하고 그것이 제대로 사용되는지 점검하는 획기적인 시스템까지 개발했다.

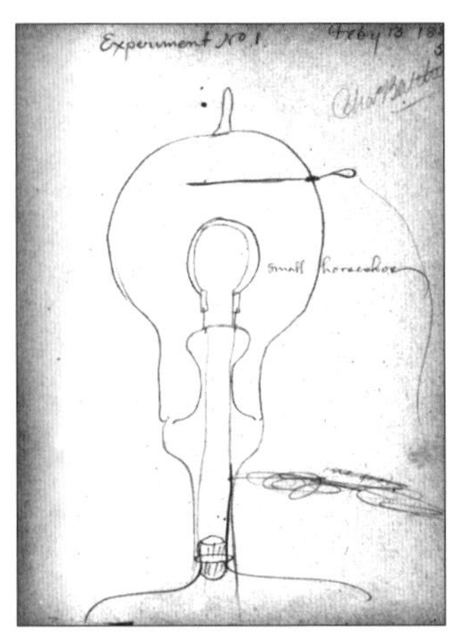

▲1880년 2월 13일, 에디슨이 노트에 그려 찰스 배츨러에게 보여준 도안이다. 발열 수명을 늘리기 위해 마분지에서 착안한 새로운 필라멘트를 묘사하고 있다.

오늘날 전구는 반짝이는 아이디어, 명석함, 독창적 사고방식을 상징한다. 그리고 전구를 탄생시킨 에디슨은 비범한 천재의 아이콘이 되었다. 에디슨은 여기서 그치지 않았다. 그는 전 세계를 환하게 밝힐 아이디어를 계속해서 쏟아냈다. 그리고 자금 마련, 생산, 배급, 모니터링, 마케팅 등을 지속적으로 개선하며 아이디어들을 실현해나갔다. 그 후 축음기와 활동사진 역시 똑같은 과정을 밟아, 근대 엔터테인먼트 산업의 시작을 알릴 수 있었다.

에디슨은 실험실 연구원에게 적용하는 자신만의 규칙이 있었다. 하지만 그에 대해 물을 때마다 에디슨은 이렇게 대답했다.

"어이쿠, 규칙 따위는 없소. 다만 뭔가 이루기 위해 노력할 뿐이지."

그의 삶과 업적에 대해 연구할수록 그가 혁신을 위해 얼마나 엄격한 규칙을 적용했는지 알 수 있다. 에디슨이 세계 최초로 설립한 R&D 단지인 뉴저지의 먼로파크와 웨스트 오렌지에서 이 규칙들은 잘 드러난다.

에디슨은 최초로 혁신을 위한 시스템을 창조했다. 역사 속에서 미국이 혁신의 주도권을 잡을 수 있었던 것은 무엇보다 그가 연구에 몰두한 결과라고 할 수 있다. 에디슨이 존재하기 전까지 혁신은 고독한 천재나 만들어내는 것이라 여겼다. 물론 에디슨은 천재다. 하지만 그의 천재성이 빚어낸 최고의 걸작은 바로 '성공으로 향하는 체계적인 접근법'을 만든 것이다. 누구나 따라 할 수 있는 접근법 말이다.

에디슨의 삶을 따라가다 보면 비즈니스 혁신과 개인적 성공이 함께 이뤄졌음을 알 수 있다. 자기 계발서의 고전인 나폴레온 힐[2]의 《놓치고 싶지 않은 나의 꿈 나의 인생》[3]은 당시 저명한 인사들의 이야기를 담고 있다. 물론 그 가운데 에디슨도 포함되어 있다. 하지만 우리는 이 책에서 에디슨을 새롭게 만나려 한다. 그동안 통념 속에 가려져 있던, 세월이 흘러도 변치 않는 그의 영감을 찾아내기 위해서다.

지금부터 우리는 개인적 성공과 비즈니스 혁신을 동시에 이룰 수 있는 에디슨식 접근법을 살필 것이다. 당신은 그의 핵심 비법을 삶에 적용하기만 하면 된다.

---

2) 세계적인 성공학 연구자. 1908년~1928년까지 20년에 걸쳐 앤드루 카네기가 건네준 명단 507명을 직접 조사해 성공의 원리를 정리하고 《성공학 노트》를 완성함. 이후 일반인들을 위한 다이제스트판으로 정리한 《놓치고 싶지 않은 나의 꿈 나의 인생》은 성공학의 명작으로 손꼽힘.―옮긴이 주
3) 인용되는 도서 중 국내 출간된 것에 한해 한국어로 표기함. ―편집자 주

혁신을 받아들여라

기업뿐 아니라 모든 조직에 필요한 한 가지 역량은 바로 혁신이다.

_피터 드러커Peter Drucker

알렉산더 그레이엄 벨, 헨리 포드, 조지 이스트먼, 하비 파이어스톤, 존 D. 록펠러, 조지 웨스팅하우스, 앤드루 카네기. 모두가 미국을 혁신으로 이끈 비상한 천재들이다. 그중에서도 에디슨은 가장 눈에 띈다.

에디슨을 비롯한 이노베이터들의 노력 덕분에 미국은 혁신 강대국의 위치에 오를 수 있었다. 미국은 지난 10년간 혁신이라는 면에서 상대적 우위를 차지했다. 하지만 그 위치는 지금 흔들리고 있다. 한국, 중국, 인도를 비롯한 신흥 경제 대국의 도전 때문이다. 최근 비평가들은 미국이 오랫동안 독점해온 핵심 기술과 제품 디자인 프로세스 분야가 위기에 처했음을 경고한다. 저명한 칼럼니스트 토머스 프리드먼은 컴퓨터 하드웨어, 소프트웨어, 이동 통신, 의학 기술 분야에서 미국 중심의 사고방식은 이미 구식이라고 지적했다.

그는 세계가 새로운 경쟁의 시대에 돌입했다고 말한다. 이제 모든 분야의 비즈니스가 오직 '혁신'으로만 살아남을 수 있다는 것이다. 숨 막히는 도전을 목격한 국가경쟁력위원회(U.S. Council on Competitiveness)는 국가 혁신에 관한 조사를 실시했다. 그 결과 글로벌 혁신의 주도권이 미국을 벗어나기 시작했다는 것이 사실로 밝혀졌다. 다음은 2005년에 발표된 보고서 내용의 일부다.

−세계 최고의 혁신적 IT 기업 20개 중 6개만이 미국에 남았다. 이는 지난

30년간 100% 이상 하락한 수치다.

- 글로벌 비즈니스 투자 유치국 1위 자리가 2003년 미국에서 중국으로 넘어 갔다.
- R&D에 투자하는 GDP 비율을 보면 한국, 스웨덴, 핀란드, 이스라엘, 일본이 모두 미국보다 높다.
- 기초 연구를 위한 미국 연방 기금은 2010년까지 계속 하락할 것으로 예상된다.

그렇다면 이렇게 된 원인은 무엇일까? 미국이 R&D 주도권을 잡도록 이끈 것은 다름 아닌 에디슨이었다. 미국은 이렇게 잡은 주도권을 바탕으로 전 세계를 발명과 혁신의 시대로 몰아갔다. 하지만 제2차 세계 대전 이후 미국 R&D 분야의 구조와 프로세스에는 근본적인 변화가 거의 없었다.

미국 최대의 B2B 출판사인 리드 비즈니스 인포메이션이 간행하는 〈R&D 매거진〉 2005년 1월호에 이런 내용의 기사가 실렸다. 주요 내용은 1950년대 중반 이후 미국 R&D 부문의 인사 체계가 사실상 변하지 않았다는 것이다. 이는 미국이 혁신에 적극적으로 임하지 않았음을 여실히 보여준다. 더구나 인사 체계가 변하지 않았다는 것은 R&D 부문에만 문제가 있다고 볼 수 없다. 사실 R&D는 제품의 기초 연구에서 시작해 아이디어를 탐색하고 평가를 거쳐 생산과 판매에 이르는 일련의 과정이다. 조직 내 모든 사람, 모든 기능, 모든 단계와 연관되어 있는 것이다.

미국이 심화되는 글로벌 경쟁에 대응해 혁신에 다시 불을 붙일 방법은 무엇일까? 조직이 우선순위에 따라 전략을 세우고 이를 실제 상황에 적용하려면 어떻게 해야 할까? 이 문제를 주도적으로 해결하기 위해 필요한 능력은 어떻게 키울 것인가? 이 모든 질문의 답은 이미 우리가 물려받은 유산 속에 있다. 에디슨이 이미 체계적인 혁신 방법을 고안해냈으니 말이다. 그의 방법을 되새긴다면 당면한 문제를 해결할 수 있다.

물론 혁신은 발명 이상의 개념이다. 에디슨도 그 사실을 잘 알았다. 그는 먼로파크와 웨스트 오렌지에 뛰어난 연구소를 설립했다. 그리고 그곳을 중심으로 전략적·기술적 혁신, 제품과 서비스 혁신, 프로세스 혁신, 디자인 혁신 등 다방면에서 다양한 혁신을 이끌었다.

에디슨은 어떻게 이처럼 다양한 혁신을 이끌었을까? 어떤 방법으로 아이디어를 구하고 그것을 혁신에 적용한 것일까? 창조적이며 낙관적인 태도를 유지하려면? 또 우리는 어떻게 이런 점을 자신의 성공에 적용할 수 있을까?

그뿐만 아니다. 그는 어떤 기준으로 채용 과정을 진행하고 동업자를 선택했을까? 아이디어를 상품화하여 시장에 팔기 위해 활용한 기술은 또 무엇일까? 절대적인 규칙이 있었을까? 독특하고 참신하며 여전히 생산적인 그의 혁신과 성공은 도대체 어떤 체계로 이루어졌을까? 그렇다면 우리는 그의 방식을 삶과 조직에 어떻게 적용할 수 있을까? 지금부터 이 모든 질문의 답을 찾아보자.

읽고 쓰는 능력부터 혁신하라

당신이 영어 교사라고 상상해보자. 교장이 당신에게 학생들과 셰익스피어 연극을 해보라고 제안했다. 학생들이 모두 읽고 쓸 줄 안다면 일은 매우 쉬워진다. 그런데 학생들이 문맹이라면 어떨까? 대사를 읽거나 주의 사항을 노트에 받아 적지도 못한다면? 연극을 완성하기는 무척 힘들 것이다.

당신이 영어 교사가 아니라 조직의 리더로서 혁신을 하려면 어떻게 해야 할까? 아마 컨설턴트의 도움으로 개발한 전략을 수행하는 방법을 떠올렸을 것이다. 하지만 조직원들이 혁신에 관한 이야기를 못 알아듣거나 혁신에 필요한 태도와 사고방식조차 익숙지 않다면 혁신은 이루기 어려워진다.

언어 능력(literacy)은 읽고 쓸 줄 아는 능력이다. 최근에는 언어 능력의 의미가 의사소통을 유창하게 해내는 정도의 개념으로 확대되었다. 미국 문맹퇴치 연구소는 언어 능력에 대해 이렇게 말한다.

"언어 능력은 모국어를 읽고 쓰고 말할 수 있는 개인의 능력, 더 나아가 가정과 사회에서 능숙한 수준으로 소통하는 데 필요한 문제 인식과 해결 능력을 의미한다."

유네스코(UNESCO, 국제연합교육과학문화기구)는 훨씬 광범위한 정의를 내놓았다.

"언어 능력은 글을 상황에 맞게 사용해 의미 파악, 이해, 해석, 창조, 의사소통을 하는 능력이다. 이는 개인이 자신의 목표를 달성하고, 지식과 잠재력을 개발하며, 사회에 참여할 수 있도록 하는 일련의 학습 과정을 포함한다."

개인이 목표를 달성하기 위해 당장 갖춰야 할 것이 무엇일까?

바로 태도, 전략, 기술의 혁신이다. 우리는 이 3가지가 반드시 업무 지식에 포함되어야 한다고 믿는다. 그러기 위해서는 지속적인 노력이 필요하다. 이제부터 이러한 업무 지식을 '혁신 역량(Innovation Literacy)'이라 부를 것이다. 비제이 고빈다라잔에게 다음과 같은 질문을 던졌다.

"경쟁적인 비즈니스 환경에서 개인과 조직의 능력을 극대화하는 요건은 무엇인가?"

그는 이렇게 대답했다.

"모든 구성원이 혁신을 위한 역량을 갖춰야 합니다. 조직의 꼭대기에서 맨 밑바닥까지 말이죠. 금융, 마케팅, 경영 교육 분야의 직원들을 혁신 문맹에서 탈출시키는 것과 같은 원리입니다. 혁신은 아이디어나 창조력에만 국한되지 않습니다. 아이디어를 현실로 이끌어내는 총체적 훈련입니다. 전면적인 혁신이 필요합니다. 반드시 이뤄내야 할 일이죠."

▲프랜시스 업튼이 직접 스케치한 그림. 에디슨 먼로파크 팀의 낙천주의와 열정을 볼 수 있다.

현재 조직의 리더로 활동하고 있거나 언젠가 리더로 성장할 꿈을 갖고 있는가? 그렇다면 혁신 역량을 갖춰야 한다. 다행스러운 점은 누구나 이것을 배울 수 있다는 것이다. 에디슨이 강조했듯이 인간은 모두 놀랄 만한 잠재력을 갖고 있다. 이제 잠재력을 성취로 이끄는 에디슨식 체계를 익힐 차례다.

에디슨의 5가지 혁신 역량

이 책은 성공적인 혁신을 이룬 에디슨의 비법에 초점을 맞추고 있다. 하위 25가지 요소들은 각 역량을 뒷받침한다. 이들은 당신이 혁신 역량을 갖추도록 도울 것이다. 이제부터 당신은 에디슨처럼 혁신을 이루게 될 것이다.

직무상 매일같이 혁신이 필요한가? 에디슨의 비법은 당신의 노력을 완성시켜 활기를 되찾아줄 것이다. 업무를 마치고 집에 돌아와 당신의 가장 창의적인 자아를 불러내고 싶다면? 그때도 이 책이 도와줄 것이다. 그럼 '혁신'이란 말 자체가 생소한 사람이라면 어떨까? 이보다 더 좋은 출발점은 없다.

에디슨은 프로세스를 혁신하기 위해 철저하게 훈련한 최초의 인물이었다. 게다가 혁신 문화를 알리고 유지하는 면에서도 마법에 가까운 솜씨를 발휘했다. 실제로 혁신이 현실적인 문제를 해결하는 돌파구를 제공하는 경우가 많다. 이러한 주장을 뒷받침하는 사례가 있다.

미국 가전 업체인 월풀은 역사적으로 성장이 더딘 산업분야에서 고군분투하며 숱한 기업들과 국제적으로 경쟁해야 했다. 하지만 혁신에 초점을 맞춤으로써 2006년 〈비즈니스위크〉지가 선정한 세계 100대 혁신 기업에 당당히 올랐다. 월풀의 부사장이자 최고기술책임자(CTO)인 마이크 티엔먼과 대화를 나눌 기회가 있었는데, 그는 이렇게 말했다.

"지난 5년간 회사에 필요한 혁신 수단과 프로세스를 모두 갖췄습니다. 하지만 혁신의 '소프트웨어'는 아직 제자리걸음이죠."

여기서 소프트웨어란 개인의 태도, 의사소통 기술 그리고 사고방식을 지원하는 관리 문화 등을 가리킨다.

에디슨에게 혁신은 인간성과 기업가 정신 그 이상을 의미한다. 과학, 학습, 전략, 문화의 힘까지 아우르는 개념인 것이다. 이 책은 혁신의 비법을 알려주는 데 그치지 않는다. 더불어 이노베이터가 되는 방법까지 알려준다.

이 책을 집필하게 된 것은 '개인의 성공과 조직의 혁신은 떼려야 뗄 수 없는 관계'라는 에디슨의 사고방식에서 영감을 받았기 때문이다. 성공하기 위해서는 이노베이터처럼 생각하는 법부터 배워야 한다. 당신이 조직을 성공적으로 이끌고자 한다면 지금 그 어느 때보다 혁신이 중요하다.

혁신에 필요한 5가지 역량은 이 책의 심장과도 같다. 아래 내용은 특히 노력이 필요한 영역에서 성공하기 위해 꼭 필요한 기술이다. 이를 위해 뛰어난 전략가로 불리는 게리 하멜의 개념을 차용했다.

에디슨의 5가지 혁신 역량은 다음과 같다.

- 문제 해결 중심의 사고방식
- 만화경식 사고
- 100% 완전한 몰입
- 마스터 마인드 협력
- 고객을 위한 최고 가치 창조

1) 문제 해결 중심의 사고방식 Solution-Centered Mindset

자신이 보고 싶다고 생각한 것을 보는 현상을 사고방식(mindset)이라 한다. 정도의 차이는 있지만 사고방식은 의식적 또는 무의식적으로 늘 그 기능을 발휘한다. 당신이 하이브리드 자동차를 사기로 했다고 가정해보자. 일단 스스로에게 물을 것이다.

'나에게 가장 적합한 하이브리드 카는 뭐지?'

신문과 잡지에서 연비가 좋은 자동차에 관한 기사나 광고를 유심히 볼 수도 있다. 마음속에 '하이브리드 카'를 각인시키기 전에는 그냥 지나쳤을 일인데도 말이다.

사고방식은 목적의식을 반영한다. 목적의식은 갖가지 인지 능력을 끌어모아 체계적으로 정리한다. 다시 말해 목적 자체가 인지 능력을 높이는 것이다. 심리학자 에이브러햄 매슬로는 말했다.

"망치를 다룰 줄 알아야 못 하나하나의 문제점이 눈에 들어온다."

문제 해결 중심의 사고방식은 광범위한 혁신 수단의 문을 여는 열쇠다. 에디슨의 목적은 명확했다.

'자연의 비밀을 밝혀 인류의 행복을 위해 사용한다.'

그는 자신의 성공을 굳게 믿었다. 목적이 뚜렷했기 때문이다. 성공에 대한 믿음이 있었기에 계속해서 노력할 수 있었다. 해결책을 찾는 데 몰두했기에 조금의 흔들림도 없었다. 덕분에 믿기 어려울 만큼 힘든 도전을 감당하고 숱한 좌절을 극복해 나갔다. 세상을 밝히겠다는, 당시로서는 지극히 공상적인 목표도 현실로 만들었다. 문제 해결 중심의 사고방식을 고집한 덕분이다.

에디슨은 자신의 목적을 열정적으로 추구하며 낙천주의적 감각을 강하게 키웠다. 이것이 동료와 투자자, 고객, 나아가 국가 전체에 긍정적인 영향을 미쳤다. '카리스마 넘치는 낙천주의'가 바로 이것이다. 목적을 향한 에디슨의 열정과 카리스마 넘치는 낙천주의는 독서를 통한 학습으로 단련되었다.

그는 배움에 대한 열망이 컸다. 평생 온갖 책과 희곡, 잡지, 과학 전문지, 신문 등을 닥치는 대로 읽었다. 그의 지칠 줄 모르는 독서는 아이디어와 통찰력, 영감과 결합해 문제 해결의 돌파구를 마련해주었다. 또한 꼬리에 꼬리를 무는 날카로운 질문과 방대한 지식은 참신한 실험 접근법을 개발하는 바탕이 되었다. 에디슨식 실험의 특징은 이러한 독서 습관에서 비롯한 엄격한 객관성과 인내다. 그의 성공을 앞당긴 것도 바로 이 두 가지 특징의 결합이었다.

문제 해결 중심의 사고방식은 혁신 대상을 현실화하는 발판이며 원대한 포부를 충족시키는 첫걸음이다. 이 책을 잘 따라오면 에디슨이 어떤 방법으로 이러한 역량을 개발했으며, 당신이 어떻게 이 역량을 키울 수 있을지 알게 될 것이다.

2) 만화경식 사고 Kaleidoscopic Thinking

에디슨은 실용적인 해결책을 찾는 최고의 접근법을 찾아냈다. 방법은 다음과 같다. 우선 어마어마한 아이디어를 쏟아낸다. 그런 다음 여러 가지 문제를 한꺼번에 생각하면서도 각각의 문제를 다각도로 바라본다. 전력 연구에 몰두했을 때도 에디슨은 40개에 이르는 프로젝트를 동시에 수행하고 있었다. 그는 자신의 뛰어난 재능을 '머릿속 만화경[4]'에 창조적으로 연결했다.

'만화경식 사고'란 실용적으로 활용할 수 있는 창의력을 개발하는 에디슨의 비법이다. 에디슨처럼 각각의 문제를 모든 각도로 생각하면 다양한 프로젝트를 마술처럼 동시에 수행하게 된다. 당신은 만화경식 사고를 통해 창조적인 해결 방법을 찾고, 아이디어의 패턴을 인지하는 능력을 개발하게 될 것이다.

상상력과 논리를 모두 사용하면 습관적인 사고 패턴에서 벗어날 수 있다. 뉴턴, 아인슈타인, 레오나르도 다빈치가 그랬던 것처럼 에디슨도 은유와 비유 그리고 시각적 사고를 자유자재로 활용했다. 이 방법은 의외로 익히기 쉽다. 에디슨처럼 마음의 눈으로 사물을 그려내 종이에 옮겨보자. 분명 당신의 혁신 비법 중에서도 가장 유용한 도구가 될 것이다.

---

4) 원통형 장난감. 돌리면 여러 가지로 변하는 무늬가 보임. —옮긴이 주

3) 100% 완전한 몰입 Full – Spectrum Engagement

과로했거나 스트레스를 받는가? 이런 상태로는 혁신에 효과적으로 집중하기 어렵다. 먼저 지쳐 쓰러지지 않고 과중한 업무를 성공적으로 관리하는 방법부터 찾아야 한다. 에디슨처럼 말이다. 시간 관리 정도로는 어림도 없다. 에디슨은 아무리 시간이 부족해도 창조적 영감까지 마르지는 않는다는 것을 잘 알았다. 그는 지칠 줄 모르는 에너지를 과시했다. 게다가 표현의 범위도 엄청났다. 무엇을 하든 에너지가 넘쳐흘렀고 현재에 충실했다.

수많은 작업과 역할을 효율적, 열정적, 창조적으로 해내는 능력은 그의 성공에서 가장 중요한 몫을 했다. 놀라운 양의 에너지를 비축하고 높은 성과를 촉진시키는 최적의 리듬을 알았던 것이다.

이것이 바로 '100% 완전한 몰입'이다. 에디슨을 가득 채운 에너지는 우리도 얼마든지 채울 수 있다. 100% 완전히 몰입하는 연습을 하면 일과 여가, 고립과 협력, 집중과 이완 사이에서 균형을 잡을 수 있다.

4) 마스터 마인드 협력 Master – Mind Collaboration

100년 전쯤에 나폴레온 힐이 '마스터 마인드 그룹(Master – Mind Group)' 개념을 소개한 적이 있다. 그에게 '천재적인 그룹'이란 뛰어난 팀워크 결과로 시너지를 내는 것 이상의 의미다. 그는 마스터 마인드에 대해 "일정한 목적을 이루기 위해 둘 이상의 사람들이 모여 조화롭게 지식과 노력을 모으는 것"이라고 정의했다. 올바른 환경에 어울릴 수 있다면 각자의 지능을 활성화시켜 긍정적이고 창조적인 에너지의 틀로 확장할 수 있다는 의미다.

마음의 본질에 대한 힐의 아이디어는 사고와 물질, 에너지의 본질에 대한 에디슨의 철학에서 영감을 받았다. 주위에서 '일 잘하는 팀'이 작업하는 것을 보면 영락없이 에디슨의 비법을 따르고 있음을 알게 된다. 이것이 바로 '마스터 마인드 협력'을 발휘하는 팀을 만들기 위한 에디슨의 접근법이다. 이제 당신도 '일 잘하는 팀'을 만들어 그 힘을 극대화할 수 있다.

5) 고객을 위한 최고 가치 창조 Super-Value Creation

에디슨은 경영에 창조와 발명이 필요하다는 사실을 일찍 깨달았다. 물론 처음부터 혁신을 염두에 두지는 않았다. 하지만 그는 발견했다. 가장 큰 보상을 받는 창조(creativity)는 시장을 겨냥한 아이디어에서 나온다는 것을 말이다. 상품은 창조에서 나오며 고객의 욕구를 충족시켜야 상품이 잘 팔린다는 사실도 꿰뚫었다.

개인의 행복과 성공의 핵심은 '타인을 위한 가치 창조'다. 남을 도와야 자신도 가장 큰 기쁨을 느낄 수 있다. 자신이 사랑하는 일을 하며 행복을 추구하는 것도 이와 연관되어야 한다. 이 가치는 특히 수입이 넉넉한 사람들이 필요로 하는 것과 연결될 때 더욱 효과적이다.

마케팅, 브랜딩과 같은 현대 이론이 나오기 전부터 에디슨은 고객의 요구를 이해하고 충족시키기 위한 체계적인 접근법을 개발했다. 제품과 서비스에서 고객들이 발견할 가치를 직관적으로 측정하고 알아내는 전략을 개발한 것이다. 이것이 바로 그가 경쟁자들을 물리치고 1인자의 자리를 지킬 수 있었던 비법인 '최고 가치 창조'다. 에디슨은 고객에게 독보적인 가치를 안겨주었다. 이 책은 그가 어떻게 최고 가치를 창조하고 혁신 프로세스에 그의 접근법을 적용해나갔는지 보여준다.

　5가지 역량은 에디슨이 실제로 생각하고 행동으로 옮긴 것을 바탕으로 만들어졌다. 이 책은 당신이 갖춘 혁신 역량을 탐색하는 무대다. 우선 에디슨이 혁신에 유별난 열정을 쏟아붓게 된 이유를 살필 것이다. 대체 그가 어떠한 영향과 영감을 받았는지 그 과정을 알아보자.

　제2부에서는 본격적으로 5가지 역량을 탐구한다. 각각의 역량은 다시 5가지 팁으로 되어 있다. 각 팁의 마지막에는 '혁신 역량 키우기'라는 섹션이 마련되어 학습한 바로 그 순간부터 에디슨의 비법을 각자의 삶에 적용하도록 도울 것이다. '혁신 역량 키우기'는 실전 연습, 생각해보기, 조언, 참고 자료 등으로 이루어져 실천을 위한 가장 중요한 가르침을 되새기게 한다. 이 모두를 완벽히 습득했다면 이제 에디슨의 혁신 비법을 일터에 적용할 준비가 된 셈이다.

　제3부는 지속적인 혁신 프로세스 개선 방법을 담고 있다. 혁신의 영향력이 다른 사람들에게까지 미칠 정도로 자란 시점에 필요한 내용이다. 이것을 활용하면 현재의 혁신 역량을 전체적으로 측정할 뿐만 아니라 자신의 강점과 개선이 필요한 부분까지 발견할 수 있다. 구체적인 계획을 세우는 것을 돕기 위해 에디슨의 비법을 종합한 '에디슨의 이노베이션 적용하기'를 한 면에 도식화하여 실었다. 목표를 설정하고 그것을 지속적으로 발전시키는 데 도움이 될 것이다.

　혁신 역량을 갖춘 인재를 많이 보유한 조직은 공동의 혁신 기반을 다지는 첫 단계에 있는 셈이다. 조직이 고용 관행, 보상 체계, 시장 전망, 아이디어 실험 수단, 팀 구축 방식 등에 혁신 역량을 적용하면 공동의 혁신 기반은 더욱 강해진다. 이 책의 마지막 장은 심화 자료를 제시한다. 조직 내 다른 이들에게 혁신 역량을 도입하는 과정을 관리하고 주도하기 위한 팁이다.

2. 에디슨의 삶

에디슨이 태어날 당시 상황은 이렇다. 제임스 K. 포크가 미국 대통령이었
고, 대영 제국은 빅토리아 여왕이 통치하고 있었다. 그가 열네 살 때 남북 전쟁
이 일어났으며, 죽기 30년 전에야 비로소 제1차 세계 대전이 끝났다. 에디슨과
포드가 미국 자본주의를 제패할 당시, 볼셰비키 당은 러시아 황제를 암살했다.
1919년에 이르러 국제 연맹이 발족했지만 1920년 공산주의가 소비에트 연방을
휩쓰는 틈을 타 히틀러가 독일에서 세력을 키우기 시작했다. 그리고 1929년 주
식 시장이 붕괴하자마자 미국에 대공황이 발생했다.

에디슨은 미국 오하이오 주 밀란에서 태어났다. 그때까지만 해도 말이 가장
빠른 교통수단이었다. 그가 살아 있는 동안 철로가 생겼다. 그 다음 자동차, 잠
수함, 비행기, 헬리콥터, 로켓이 차례로 등장했다. 에디슨은 청바지(1874), 코

카콜라(1886), 재즈(1900년대 초), 콘플레이크(1906), 토스터(1927), 미키마우스(1928)의 탄생을 목격했다. 에디슨이 세상을 바꾼 발명품을 내놓는 동안, 다른 이노베이터들도 부지런히 타자기(1873), 전화기(1876), 라디오(1901), 엑스레이(1895), 페니실린(1928) 등을 세상에 선보였다.

다윈(1809~1882), 프로이트(1856~1939), 간디(1869~1948), 마리퀴리(1867~1934), 아인슈타인(1879~1955) 등이 에디슨과 동시대에 살았다. 에디슨이 태어났을 당시 집과 공공건물, 거리를 밝힐 수 있는 건 양초와 횃불, 가스등이 전부였다. 누군가의 연설이나 음악을 들으려면 현장에 가는 수밖에 없었다. '활동사진'조차도 사람들의 상상 속에서나 존재했다. 에디슨의 상상은 이 모든 것을 뒤바꿨다. 그는 신세계를 꿈꿨다. 그리고 창조해냈다.

발명의 씨앗

"인간과 꿈은 같은 재료로 만들어졌네."

셰익스피어가 《템페스트》에서 한 말이다. 에디슨은 이 말을 매우 좋아했던 것으로 보인다. 그는 셰익스피어에 심취해 즐겨 인용했다. 젊은 시절에는 초일류 전신 기술자가 되겠다는 목표로 전신소에서 일했다. 그 당시 에디슨은 평소 미친 듯이 일에 몰두하다가도 가끔 휴식을 취할 때면 등을 잔뜩 웅크리거나 우스꽝스럽게 걸어 동료들을 웃기는 데 재미를 붙였다. 셰익스피어의 희곡《리처드 3세》중 첫 부분을 목청껏 읊기도 했다.

"지금은 불만으로 가득 찬 겨울……."

발명 도중 생각이 막힐 때도 이 대사를 노트에 휘갈겨 쓰곤 했다.

에디슨은 셰익스피어 연극의 배우가 되길 바랐다. 하지만 반귀머거리에 목소리 톤도 높아 누가 봐도 부적격이었다. 그는 자신의 혁신적인 사고방식에 셰익스피어가 영향을 미쳤다며 이렇게 말하기도 했다.

"내 아이디어가 아니라 모두 셰익스피어의 아이디어죠. 그도 마음만 먹었다면 얼마든지 발명가가 됐을 겁니다. 셰익스피어는 모든 것의 내면이 훤히 보이는 모양이에요. 그가 발명을 했다면 멋진 것들을 얼마나 많이 생각했겠습니까? 게다가 사물을 표현하는 방식은 얼마나 독창적인지! 그 말고 또 누가 그런 생각을 해낼 수 있을까요?"

셰익스피어가 19세기 미국에 있었다면 분명 '먼로파크의 마법사'에 대한 희곡을 썼을 것이다. 하지만 안타깝게도 셰익스피어는 에디슨에 관해 쓸 기회가 없었다. 대신 오귀스트 드 비예르 드 릴라당이라는 프랑스 소설가가 1886년에 에디슨이 등장하는 공상 과학 소설을 출간했다. 소설 속에서 에디슨은 인류의 능력을 뛰어넘는 인조인간 이브를 만든다. 당대의 로봇 공학 연구에 아이디어를 제공하고 괴물 프랑켄슈타인을 재탄생시킨 것이다. 《Edison: The Life of Innovation》의 저자 폴 이스라엘은 다음과 같이 말했다.

"비예르의 소설 속 무대인 1889년에 현실의 에디슨은 실제로 생명 복제에 몰두해 있었다. 물론 방식은 달랐다. 소설처럼 정교하게 인간을 그대로 재현해낸 것은 아니었으니 말이다. 그는 살아 있는 존재를 음성 녹음기와 활동사진 안에 담았다."

물론 사람들은 에디슨의 혁신을 굉장한 것으로 받아들였다. 지금의 우리로서는 상상도 못 할 정도로 말이다. 대중은 에디슨의 천재성에 혀를 내두르며 감탄했다. 우리는 그것을 동료 발명가였던 대니얼 크레이그가 에디슨에게 보낸 편지 내용에서 미루어 짐작할 수 있다.

"자네가 기계로 아기를 만들 수 있다고 해도 난 절대 의심하지 않을걸세!"

에디슨이 사상가, 발명가 그리고 기업가로서 이례적인 재능을 타고난 건 사실이다. 하지만 그는 열심히 노력할 마음만 있다면 누구나 눈부신 업적을 이룰 수 있다고 굳게 믿었다. 가장 효과적인 노력으로 최대의 이익을 얻기 위한 명쾌한 지침을 남기기도 했다. 이 책의 내용을 잘 익히면 그 지침을 삶에 적용할 수 있다. 그러기 위해서 에디슨의 성장에 핵심적인 영향을 끼친 어린 시절부터 알아보자.

에디슨은 한 인간을 넘어 전설이 되었다. 피터 드러커는 에디슨을 '모든 최첨단 기업의 원형'이라 불렀다. 도대체 어떤 방법으로 에디슨은 그러한 위치에 오를 수 있었을까? 그 비법을 알기 위해 지금부터 그의 삶에 더 가까이 다가갈 것이다.

행동 장애에서 비범함으로

어린 에디슨은 일반적인 학교 교육과는 잘 맞지 않았다. 레오나르도 다빈치나 아인슈타인이 그랬던 것처럼 말이다. 이 세 명의 천재가 오늘날 학교에 다녔다면 어땠을까. 아마도 주의력 결핍 장애(ADHD) 진단을 받고 행동 교정용 약물을 처방받았을지 모른다. 어린 다빈치는 주제와 상관없는 질문을 던지는 탓에 선생님은 당황하기 일쑤였다. 아인슈타인은 특수 학교로 전학까지 갔다.

선생님이 이렇게 말했기 때문이다.

"너는 아무것도 못 될 거야."

에디슨의 교사도 그를 괴짜로 여겼다. 그에게 '머리가 둔하다'고 말할 정도였다. 어머니인 낸시 에디슨은 이런 아들을 학교에 보내지 않고 집에서 가르치는 편을 택했다. 그녀는 유능한 교사였다. 아들의 '둔한 뇌'와 이상한 행동이 모두 비범한 재능에서 비롯되었음을 곧 알아차렸다. 이런 어머니의 확신은 에디슨의 재능에 날개를 달아주었다.

어머니의 지지가 에디슨의 눈부신 업적에 결정적 역할을 했다는 데는 이견이 없을 것이다. 그는 늘 어머니가 높은 목표를 세워주고 자신을 믿어준 덕분에 모든 업적을 이룰 수 있었다고 말했다.

"어머니는 진실했고 나를 신뢰하셨다. 어머니 덕분에 나는 늘 살 만한 가치가 있다고 느꼈다. 그 뿐만 아니라 자신에게 절대 실망하지 않으리라 다짐할 수 있었다."

낸시 에디슨은 아들에게 용기와 자신감 그리고 높은 목표 이상의 것을 주었다. 그가 어떻게 배워야 할지 모를 때, 최선의 길을 제시해 주기도 했다. 1912년 봄, 뉴저지 지역 학생들과의 대담에서 에디슨은 어머니에 관해 다음과 같이 말했다.

"어머니는 나에게 좋은 책을 신속하고도 정확하게 읽는 법을 알려주셨어요. 문학이라는 위대한 세계를 열어준 셈이죠. 제가 이런 교육을 받을 수 있었다는 사실에 늘 감사하곤 합니다."

에디슨은 셰익스피어부터 독파하기 시작했다. 그런 다음 에드워드 기번의 《로마 제국 쇠망사》, 데이비드 흄의 《영국사》 등 역사서도 탐독했다. 역사서를

▶10세의 토머스 에디슨

파고든 덕분에 기술의 진보가 문명의 발전에 얼마나 큰 기여를 해왔는지도 확실히 이해하게 되었다. 미국 독립전쟁 때 작가이자 국제적인 혁명이론가로 이름을 날린 토머스 페인도 에디슨에게 강한 영향을 주었다. 에디슨은 열세 살 때 아버지의 서재에서 페인의 저서 《이성의 시대》를 꺼내 읽었다. 오랜 세월이 지나 그는 당시의 감동을 이렇게 회상했다.

"책장을 넘길 때마다 정신이 깨어나던 느낌이 지금도 생생합니다."

어린 에디슨이 느꼈던 '깨어남'이란 자연세계를 향한 합리적인 의문의 힘을 뜻한다. 과학을 통해 이상에 다다를 수 있다는 사실을 깨닫는 것이다. 페인은 이렇게 썼다.

"과학의 원리는 다음과 같은 깨달음으로 이어진다. 인류의 창조주가 곧 과학의 창조주다. 따라서 인간은 과학을 매개로 신을 볼 수 있다. 인간이 신과 정면으로 마주할 수 있는 길이 바로 과학인 것이다."

한창 과학 서적에 빠져 지낼 때였다. 에디슨은 화학에 특별히 관심을 보였다. 어린 에디슨은 독서광이긴 했지만 사실 실험을 더 좋아했다. 돈이 생길 때마다 실험 장비와 화학 약품을 사들여, 지하 창고 구석에 최초로 화학 실험대를 만들 정도였다. 그의 어머니도 이를 허락해주었다. 그녀는 항상 아들을 응원했다. 아들과 그 친구들 때문에 이런 걱정은 했지만 말이다.

'이상한 실험을 하다가 집이 폭삭 내려앉아 온 가족이 노숙하게 되는 건 아닐까?'

10대에 수많은 명함을 거머쥐다

열세 살이 되던 해, 에디슨은 신문팔이 일을 시작했다. 그랜드 트렁크 철로를 따라 포트 휴런과 디트로이트 사이의 100km 가까이 되는 거리를 오갔다. 에디슨의 기업가적인 성향은 이 일을 시작하자마자 드러났다. 다른 소년들을 고용해 기찻길을 따라가며 빵과 사탕, 과일, 야채 등을 팔기 시작한 것이다. 화물칸을 임시 화학 실험실로 쓰게 해달라고 부탁하고, 자그마한 신문을 제작해 기차 안에서 팔기도 했다. 에디슨은 이 신문에 '주간 헤럴드'라는 이름을 붙여 몇 센트를 받고 팔았다.

에디슨이 철로에서 일할 무렵, 남북전쟁이 발발했다. 1862년 4월 6~7일 이

▲에디슨은 14세에 철로에서 신문을 팔아 번 돈으로 자기 집 지하창고에 화
학 실험실을 만들었다.

틀에 걸쳐 일어난 샤일로(shiloh) 전투 때문에 에디슨의 사업은 새로운 국면을
맞이했다. 에디슨은 사람들의 관심을 끌 만한 방안을 생각해냈다. 전쟁 소식과
유명한 사령관들의 활약상을 실은 전보를 미리 다음 역에 보내는 것이었다. 그
렇게 해서 신문을 찾는 이들이 늘면 역을 지나칠 때마다 가격을 5~10센트는
올릴 수 있을 거라고 기대했다.

'보통 사람들이 100부를 팔 때, 나는 1,000부를 팔거야.'

에디슨은 이 모험을 위해 〈디트로이트 프리 프레스〉의 편집자에게 돈을 빌
렸다. 예상대로 신문은 엄청난 수익을 올렸다. 에디슨은 이런 경험을 통해 전

신과 인쇄 기술을 더 배워야겠다고 결심했다. 신문 발행인 겸 기업가로 보낸 어린 시절의 경험을 바탕으로 에디슨은 꾸준히 발전했다. 그 결과 전 세계에 혁신의 바람을 몰고 온 주인공이 되었다.

지난 30여 년간 최신 기술을 갖춘 수천 명의 똑똑한 젊은이들이 실리콘 밸리에 모여들었다. 당시 새롭게 부상하던 정보기술(IT) 분야에서 행운을 거머쥐려는 첨단 기술자들도 마찬가지였다. 에디슨이 청년이던 시절에는 전신 기술이 현재의 IT와 같은 꿈의 분야였다. 그 무렵 에디슨은 기차에 치일 뻔한 세 살배기 아이를 구해주었는데, 공교롭게도 그 아이는 전신 기술자 제임스 맥켄지의 아들이었다. 맥켄지가 어떻게 보답해야 할지 몰라 하자 에디슨은 조금도 망설이지 않고 이렇게 답했다.

"전신 기술 좀 가르쳐주세요!"

이렇게 에디슨은 '번개 조작자들(Lightning Jockeys)'이라는 전신 기술자들의 사교 모임에 들어가게 되었다. 이 모임은 '금속판 두드리는 사람들' 또는 '번개를 쏘아 올리는 이들'이란 이름으로 알려지기도 했다. 에디슨은 쉬지 않고 연습을 반복했다. 첨단 분야에서 상당한 실력을 갖춘 기술자가 된 것도 그러한 시간들 덕분이었다. 당시에는 일류 전신 기술자들이 많이 필요했다. 기술자들은 모험과 기회를 좇아 이곳저곳으로 이동했다. 1863년부터 시작해 4년 동안 에디슨도 전신 기술자로서 실력을 갈고닦으며 미국 중서부 일대를 누볐다.

그는 머무는 곳마다 성지 순례라도 하듯 공공도서관을 샅샅이 뒤졌다. 전신 기술 분야에서 최고 수준을 유지하는 것만으로는 만족하지 못했기 때문이다. 에디슨은 지질학, 역사, 화학, 문학에 이르기까지 실로 광범위한 분야를 섭렵하며 온갖 매체를 탐독했다. 전쟁 소식뿐 아니라 정치, 국내의 사건과 사고, 경제 동향, 기술 진보 등 모든 영역에서 고르게 정보를 흡수했다. 위대한 인물들의 삶과 업적을 연구하는 데에는 특히 남다른 흥미를 보였다.

거인의 어깨에 오르다

위대한 인물은 늘 앞서간 뛰어난 이들을 본받으려 한다. 아인슈타인은 침대 가까이에 뉴턴의 사진을 걸어두었다. 뉴턴은 '거인의 어깨에 오르지 않았다면' 현재 자신은 없었을 거라고 말했다. 에디슨 또한 자신보다 앞선 위인들에게서 영감을 얻었다. 프랭클린, 패러데이, 링컨 모두 에디슨에게 영향을 끼친 인물들이다.

나는 마지막 사람이 떠난 지점에서 시작한다. _토머스 에디슨Thomas Edison

벤저민 프랭클린은 1706년 1월 17일, 미국 보스턴에서 태어나 1790년 세상을 떠났다. 그가 죽은 건 에디슨이 태어나기 57년 전이었다. 프랭클린은 자유, 자기 계발, 혁신에서 미국 전통의 기초를 세웠다. 에디슨은 이를 바탕으로 눈부신 업적을 이룩할 수 있었다. 프랭클린은 자신의 저서 《가난한 리처드의 달력》에 이런 말을 남겼다.

"에너지와 끈기가 모든 것을 제패한다."

에디슨의 등장을 예상이라도 한 듯한 내용이다.

프랭클린이 전기 분야에서 가능성을 발견한 것은 그야말로 혁명이었다.

1746년 고향에서 목격한 전기 실험에 홀딱 빠져 자신의 에너지와 끈기를 모두 이 연구에 바쳤다. 번쩍번쩍 빛을 내는 작은 번개 모양 기구, 움직이는 장난감 거미, 전기의 힘으로 켜지는 촛불 등으로 주변 사람들을 놀라게 하곤 했다. 발명을 계속하던 어느 날부터 이런 의문이 시작됐다.

'번개와 전기는 같은 것이 아닐까?'

유명한 프랭클린의 번개 실험은 그렇게 이뤄졌다. 1752년 6월, 그는 연의 끝부분에 열쇠를 매달아 번개 치는 하늘에 띄웠다. 예상대로 열쇠가 번개를 유인했다. 번개에서 나오는 전기로 인해 열쇠에 불꽃이 튀었다. 그는 불꽃을 일으킨 힘이 엄청나게 위험하다는 것을 감지했다. 피뢰침은 이렇게 발명되었다. 이후 피뢰침은 실험용 전기를 모으고 더 나아가 빌딩과 배 그리고 그 안의 사람들을 번개로부터 보호해주는 데 사용되기도 했다.

프랭클린은 자신의 아이디어를 실험하고 구체화하며 전기 연구와 적용 분야에 새로운 단어들을 추가했다. 그가 고안해낸 용어들은 에디슨의 발명에 기반이 되었다. 축전지, 전도체, 축전기, 충전, 방전, 미충전, 음전기, 양전기, 음, 양, 전기 충격, 전기 기술자 등은 오늘날에도 사용하는 단어들이다. 프랭클린은 84년간 영예로운 삶을 살았다. 22세 때 이미 자신의 비문을 발표해 유머 감각과 폭넓은 철학적 소양을 드러내기도 했다.

"B. 프랭클린 이곳에 눕다. 그 인쇄공의 몸은 글도 금박도 벗겨진 낡은 책 표지처럼 벌레의 밥이 되었다. 하지만 그의 업적은 사라지지 않으리라. 그의 믿음처럼 언젠가 또 부활할 테니. 그것도 교정과 수정을 거친 더욱 새롭고 세련된 아이디어로 말이다."

프랭클린이 떠난 지 1년 만에 그의 뒤를 잇는 '전기 천재'가 등장했다. 1791년

9월 22일 마이클 패러데이가 태어난 것이다. 그는 영국 런던에서 대장장이의 아들로 태어나 에디슨이 20세이던 1867년 죽었다. 14세가 되자 제본업자의 견습공으로 들어가 과학과 특히 관심분야였던 화학에 관한 책을 닥치는 대로 읽었다. 패러데이는 자신만의 실험실을 만들어 직접 화학 실험을 하기도 했다. 독서로 알게 된 사실들에 잔뜩 고무되었던 것이다. 19세에는 도시철학회(City Philosophical Society)의 일원이 되었다. 도시철학회는 과학을 탐구하며 자기계발을 도모하는 모임이었다.

1821년 패러데이는 전자기 회전 원리를 발견했다. 이 발견은 이후 전기 모터 발명에 발판이 되었다. 10년 후에는 전자기 유도 법칙을 공식화했다. 이 법칙이 오늘날 변압기와 발전기의 개발로 이어졌다. 패러데이 이전의 과학계는 전기를 기이하고 신기한 현상으로만 여겼다. 그는 이러한 관점을 완전히 뒤엎었다. 기술 혁명의 장을 마련한 것이다. 양전극, 음전극, 전극, 전해질, 이온 등의 단어를 만들어 프랭클린이 소개했던 단어들의 범위를 확대하기도 했다. 이렇게 패러데이는 에디슨을 비롯한 다른 많은 이들에게 혁신의 무대를 마련해주었다.

할 일이 이렇게 많은데 인생은 짧으니 서두를 수밖에.

패러데이도 프랭클린처럼 최고의 비문을 남겼다. 이것 또한 에디슨의 혁신을 예견하는 것으로 보일 만한 내용이다. 다음은 그가 노트에 적어두었던 비문이다.

"모든 게 꿈이다. 그래도 몇 번씩 실험하며 연구해볼 수는 있었다. 결과에 상

▲매년 명예의 전당에 입성한 이들에게 수여하는 메달이다. 에디슨과 링컨이 함께 새겨져 있다.

관없이 자연의 법칙을 담았다면, 그리고 그것이 현실이 된다면 근사할 것이다.”

미국의 16대 대통령 링컨은 제2차 연례 연설문에 아래와 같이 썼다.

“고요했던 과거의 진리는 폭풍우가 휘몰아치는 현재에 맞지 않습니다. 기회는 온갖 고난으로 둘러싸이어 있지만 우리는 그 기회를 이용해 일어서야 합니다. 우리는 지금 새로운 일들을 겪고 있습니다. 새롭게 생각하고, 새롭게 행동해야 할 때입니다.”

당시 15세였던 에디슨은 이 연설에서 대단한 영감을 받았다. 그리고 이것을 자신의 사명 선언문처럼 여겼다. 에디슨은 10대의 나이에 자신의 첫 신문인

《주간 헤럴드》를 발행하기도 했다. 자신의 영웅에 관한 고무적인 기사로 신문을 가득 채울 기회를 잡은 셈이다.

링컨은 발명가이자 혁신 옹호론자였다. 미국에서 유일하게 발명 특허를 받은 대통령이기도 하다. 링컨은 배가 암초에 걸릴 때를 대비해 구명 보트를 궁리했다. 군함이 암초에 걸릴 경우 군인이나 군수품을 얕은 곳까지 옮기기 위해서다. 그는 구명 보트에 불 피울때 바람을 불어 넣는 풀무를 장착해 수면 바로 아래에서 부풀게 했다.

링컨은 자유가 혁신의 무대를 만든다는 사실을 꿰뚫었다. 동시에 특허가 국가 발전의 틀을 마련한다고 믿었다. 그런 믿음을 바탕으로 최선을 다해 미국 특허 제도를 지원했고, 그 결과 1790년 최초의 특허가 발급되었다. 그는 특허 제도를 이렇게 표현했다.

"천재들의 흥미를 한껏 자극해 새롭고 유용한 것들을 발견하고 생산하도록 자극한다."

흥미와 자극을 결합해 새롭고 유용한 것을 만드는 데 에디슨을 따라갈 사람은 없었다. 실제로 미국 발명가 명예의 전당에서는 미국의 혁신에 링컨과 에디슨이 기여한 공로가 비슷하다고 보고 있다. 에디슨은 1973년 명예의 전당이 설립됨과 동시에 발명가로서 최초로 이름을 올렸다. 그리고 3년이 지나 이 기관은 에디슨과 링컨을 나란히 새긴 동메달을 만들었다.

▲1881년에 34세가 된 에디슨. 최초의 중앙 발전소를 실험하는 데 필요한 허가를 얻기 위해 뉴욕의 여러 사업가, 금융가, 정치가와 관계를 맺었다.

자신을 발명하다

동메달 하나만으로 에디슨을 기념하기에는 부족하다. 그는 지금도 여전히 우리에게 의미 있는 메시지를 전하고 있다. 링컨, 패러데이, 프랭클린 그리고 에디슨. 이들의 공통점은 '스스로 성장했다'는 것이다. 에디슨도 다른 위인들처럼 미국의 전통이라 할 만한 자기 계발을 위해 끊임없이 노력했다. 폴 이스라엘은 에디슨이 경력을 쌓아가는 과정을 이렇게 평했다.

"에디슨이 자기 계발이라는 이데올로기를 실천한 것은 단지 신분을 뛰어넘기 위해서다."

에디슨의 끝없는 야심은 전신 기술자로서 기술을 향상시키고자 하는 의욕으로 분출되었다. 자신의 분야에서 여러 기술 향상 기법을 개발한 것도 그런 의욕이 있었기에 가능했다. 그는 전신 기술자 훈련에 더 적합한 기술 도구를 만들어내는 데 혼신의 힘을 다했다. 하나의 전신선으로 여러 개의 메시지를 보내는 방법을 개발하고자 애쓴 것처럼 말이다.

1868년 에디슨은 보스턴으로 옮겨 서부연합전신회사의 최고 전신 기술자로 일하기 시작했다. 하루 12시간씩 일주일에 6일간 일하면서도 어떻게든 자신만의 발명 시간을 마련했다. 통신과 전신 기술 분야에서 자기 나름의 방식을 고안하던 중에 에디슨이 발명가로 거듭나는 전환점이 찾아왔다.

그는 전기 투표 기록기를 발명해 특허를 받아 뉴잉글랜드 입법부에 판매하려고 했다. 이것만 있으면 입법부 의원들은 앉은 자리에서 투표를 하고 정확한 결과까지 알 수 있었다. 하지만 이 발명품은 성공하지 못했다. 정치인들이 투표와 개표 사이에 로비할 시간을 두고 결과를 뒤집을 수 있는 방식을 원했기 때문이다. 당시 한 의원은 에디슨의 발명품이 민감한 정치적 사안을 유지하는 데 방해가 된다고 말하기도 했다. 결국 그의 기발한 발명품은 빛조차 보지 못했다. 에디슨은 실망하는 대신 여기서 교훈을 발견했다. 그리고 스스로 굳게 다짐했다.

'사람들이 사지 않을 물건에 아까운 시간을 낭비하지 않겠다.'

그 후 에디슨은 주식 시세 표시기 개발에 돌입했다. 상업적인 관심을 모을 거라고 확신했기 때문이다. 이번엔 꽤 성공을 거두었고 서부연합전신회사를 그만둘 여유가 생겼다. 에디슨을 이제 제대로 된 발명품에 시간을 쏟겠다고 선언하고, 주요 연구 대상인 전신 교환 기록 장치로 관심을 돌렸다. 그 당시 보스턴은 과학과 기술 그리고 문화적 담론에 개방적인 도시였다. 그렇다고 해도 젊은 발명가가 원대한 꿈을 이루기 위해 자금을 조달하기란 쉽지 않았다. 에디슨은 뉴욕으로 향했다. 1869년 봄의 뉴욕은 그에게 그야말로 탄탄한 기업 환경을 갖춘 도시였다. 에디슨은 당시의 뉴욕을 이렇게 표현했다.

"내가 조르지 않아도 사람들이 와서 돈을 쓴다."

뉴욕에서는 메이저급 전신 회사에서 발명가로 활동했다. 발명가가 되기 10년 전에는 자신의 화학 실험실을 만드는 데 돈을 투자했었다. 하지만 발명 계약으로 돈을 벌자, 장비를 사들이고 제조 공장을 세워 발명을 시작했다. 결국 에디슨은 뉴욕에 온 지 불과 2년 만에 선도적인 발명가로 명성을 떨치게 되었다. 사람들은 그를 '미국 최고의 전기 기계 기술자'라고 불렀다.

이 시기에 에디슨은 자동 전신 시스템을 연구했다. 그것은 전신 인쇄기를 한 단계 업그레이드한 것이었다. 두 개의 메시지를 각각의 목적지로 동시에 보내는 4중 전신기도 발명했다. 덕분에 전신선 하나로 여러 개의 메시지를 보내는 문제를 해결할 수 있었다. 전기 펜도 개발했다. 《이상한 나라의 앨리스》를 쓴 작가 루이스 캐럴은 전기 펜을 이렇게 평했다.

"다량의 사본을 만드는 기능은 유사 이래 최고다."

1970년대까지 널리 사용된 '에디슨 등사기'는 이 신기한 발명품에서 비롯되었다. 전기 펜은 이후 현대의 사무용품 기업 A. B. 딕의 설립에도 영향을 미쳤다. 1875년 에디슨은 '에테르의 힘(The Etheric Force)' 개념을 정립했다. 전신 장비 안에서 일어나는 불꽃에 주목해 직접 이름 붙인 것이었다. 하지만 이것은 당시 언론에게 비판의 대상이 되었다. 심지어 '에디슨의 새로운 헛소리'라고 평한 기자가 있을 정도였다. 훗날 사람들은 이것을 '고주파 전자기'라고 불렀다.

프로세스를 혁신하다

1875년 12월, 에디슨은 뉴저지의 먼로파크에 두 군데 부지를 구입했다. 뉴욕에서 남서쪽으로 56km 정도 떨어진 곳이었다. 그중 한 곳에 자기가 살 집을 세우고 나머지 땅에는 최초의 R&D 연구소를 지었다. 먼로파크에 R&D 연구소를 마련한 것은 세계를 변화시킬 만한 혁신이었다. 그로부터 6년간 에디슨과 그의 팀원들은 그곳에서 여러 가지 기막힌 발명품들을 만들어냈다.

폴 이스라엘은 먼로파크 연구소가 '현대 산업용 R&D의 초석이 된 새로운 혁신 모델'이었다고 말한다. 이 기간 동안 에디슨은 왕성한 생산력을 자랑했다. 백열전구와 세계 최초의 축음기를 비롯해 400여 개에 이르는 특허를 따낸 것이다. 그는 세계적인 유명 인사가 되어 '먼로파크의 마법사'로 통했다. 그중에는 막 발명된 탄소 저항 송신기도 있었는데, 벨의 전화기 기능을 개선한 것이다. 사실 벨이 초기에 발명한 수신기는 음질이 썩 좋지 않았다. 송신자가 말하는 단어가 하나하나 끊어지는 수준이었기 때문이다. 이런 벨의 전화기가 상용화될 수 있었던 것도 에디슨의 탄소 저항 송신기 덕분이었다.

1878~1881년에 걸쳐 에디슨은 백열전구를 실제로 상용화하는 복잡한 시스템을 개발했다. 강도 높은 연구를 거듭하던 어느 날이었다. 그는 훗날 전자공학의 기초가 될 '에디슨 효과(The Edison Effect)'를 발견했다. 전구 속 필

라멘트 가닥 사이에 금속판이 전류의 흐름을 조절하는 것이었다. 20세기 미국은 에디슨 효과를 기초로 진공관을 만들어 거대한 산업을 싹틔웠다. 라디오 방송, 레이더, 텔레비전 그리고 아날로그 컴퓨터도 에디슨 효과 덕분에 탄생할 수 있었다.

1881년 에디슨은 먼로파크 사무실과 실험실을 뉴욕 각지와 주변 수도권으로 옮겼다. 매 순간 여러 작업에 몰두하기 했지만 관심사는 이미 달라져 있었다. 이후 5년 동안 에디슨의 관심사는 뉴욕에 최초로 전기 시스템을 제조, 설치하고 지속적으로 개선하는 것이었다. 물론 그 다음 목적지는 뉴욕을 넘어 전 세계였다.

1887년 에디슨은 뉴저지 웨스트 오렌지에 이전보다 훨씬 큰 산업 연구 실험실을 지었다. 신속하고 저렴한 발명품 개발을 위해 현존하는 '최고의 장비, 최대의 실험실, 가장 우수한 설비'를 갖추겠다는 의지의 출발점이었다. 이 전략은 성공을 거두었다. 웨스트 오렌지 실험실은 에디슨이 먼로파크에서 발견한 개념들을 더 발전시켰다. 오늘날 우리가 산업 R&D라 일컫는 것의 전형이 된 것이다. 이것은 집중적인 연구 설비와 주요 생산 과정을 결합한 결과였다.

웨스트 오렌지 연구 단지는 화학, 물리학, 금속학 연구 실험실을 두루 갖추었다. 다양한 분야의 책들을 진열한 도서관도 있었다. 처음에는 동력실, 기계실, 실험실을 갖춘 5개의 건물로 구성된 단지였다. 하지만 에디슨은 항상 변화를 받아들이는 자세로 일했다. 그는 변화가 필요하다고 느낄 때마다 그에 맞게 설비를 확장하고 수정했다. 동시에 갖가지 프로젝트도 훌륭히 수행했다. 제1차 세계 대전(1914~1918) 동안 에디슨 센터는 부지를 2만여 평이나 늘리며 최고의 전성기를 누렸다. 그곳에서 일하는 직원만도 수천 명이었다.

에디슨은 자신의 연구팀원들에게 '촌뜨기'라는 애칭을 붙였다. 스스로를 '왕초 촌뜨기'라고 부르기도 했는데 그 촌뜨기들이 웨스트 오렌지에서 완벽한 축음기 시스템을 만든 것이다. 방법은 전구를 상용화하기 위해 개발했던 것과 같았다. 이러한 혁신 과정을 통해 그는 레코딩 산업을 태동시켰다.

'귀를 위해 축음기가 있다면 눈을 위한 무언가도 만들어야겠다.'

그렇게 에디슨은 활동사진을 발명했다. 앞서 연구한 이들의 도움을 충분히 활용한 것은 물론이었다. 무성 영화 기술을 개발하고 축음기를 무성 영화 사운드 트랙으로 활용했다. 말하는 영화의 발명을 시도한 것이다. 에디슨은 조수였던 윌리엄 케네디 로리 딕슨과 함께 세계 최초의 영화 스튜디오 '블랙 마리아'를 설계하고 건축하기에 이르렀다.

제너럴 일렉트릭 컴퍼니와 뉴욕 양키 스타디움

에디슨은 전 세계에 전구의 발명을 알렸다. 그것으로 돈을 벌 수 있는 비즈니스를 시작한 것이다. 전구로 세상을 밝히는 시스템은 생각했지만 그 당시 전구 산업을 위한 인프라는 턱없이 부족한 상태였다. 1889년 에디슨은 자신이 설립한 여러 전구 회사를 하나로 모으기 시작했다. 각각의 회사를 모아 '에디슨 제너럴 일렉트릭 컴퍼니'를 만든 것이다. 하지만 경쟁자들이 속속 생겨났다. J.P. 모건과 같은 거대 금융 기업까지 관여하게 되자 결국 경쟁사들과 함께 1892년 제너럴 일렉트릭 컴퍼니(GE)로 통합하였다.

에디슨은 자신의 이름이 기업명에서 사라지는 걸 달가워하지 않았다. 전구 사업에서 완전히 손을 떼는 방식으로 불쾌함을 드러냈을 정도였다. 잠시 GE의 대주주로 남아 있었지만 연구 자금을 마련하겠다는 이유로 그마저도 팔아버렸다. 그는 이렇게 선언했다.

"이제부터 완전히 새로운 일을 하겠다. 사람들이 전기와 관련하여 내 이름을 잊어버리기 전에 그 무엇보다 위대한 일을 할 작정이다."

새롭게 눈을 돌린 곳은 전자기를 이용해 철광석을 추출하는 일이었다. 하지만 수년간의 노력과 엄청난 자금을 투입한 광석추출 회사는 파산하고 말았다. 그 와중에 에디슨이 팔아치운 GE의 주가는 400만 달러 이상으로 치솟았다. 에디슨은 이 엄청난 실수에 어떻게 반응했을까?

"다 망한 거지 뭐. 그래도 끝내주게 행복한 시간이었잖아?"

행운의 여신은 이런 에디슨을 버리지 않았다. 다행히도 축음기와 활동사진 덕분에 재정적으로 여유로웠던 것이다. 에디슨은 20세기를 맞아 성능 좋은 축전지를 만들기로 결심했다. 자동차를 비롯한 운송 수단에 사용하기 위해서다.

이 연구가 상용화 단계에 이를 무렵, 휘발유가 새로운 자동차 연료로 각광받기 시작했다. 다행히도 에디슨이 개발한 축전지가 무용지물이 되어버리진 않았다. 축전지는 적지 않은 수익을 냈다. 공공 기관의 차에서 해상 부표에 이르기까지 모든 것의 동력원으로 사용되었기 때문이다.

에디슨은 어떤 난관에 부딪혀도 다시 일어섰다. 광석 추출 기술은 다른 채굴업자에게 팔았다. 광산 사업으로 입은 손실의 일부를 만회해야 했기 때문이다. 그런 다음 자신이 고안한 광석 파쇄 기술을 활용해 시멘트를 만들었다. '에디슨 포틀랜드 시멘트 컴퍼니'를 세워 흙 굽는 가마를 도입하기도 했다. 그 기술이 바로 오늘날 시멘트 산업의 표준이 되었다. 그가 고안한 시멘트 가루는 시간이 지나 다리와 댐 등 주요 건축 프로젝트에 널리 사용되었다. 뉴욕의 양키 스타디움도 이렇게 탄생했다.

에디슨과 여인들

에디슨이 24세 되던 해 어머니 낸시가 세상을 떠났다. 같은 해 그는 메리 스틸웰과 결혼했다. 그녀는 에디슨이 공동 설립한 뉴스 리포팅 전신소 직원이었다. 그들은 당시 사내 규정에 전혀 구애받지 않았다. 오히려 당당하게 연애를 즐겼다. 에디슨은 16세의 스틸웰이 일하는 곳을 지나칠 때마다 걸음을 멈추었다. 어느 날이었다. 그녀는 에디슨에게 이렇게 말했다.

"에디슨 사장님, 사장님이 제 뒤에 계시거나 근처에 계실 때면 전 금방 알아챌 수 있답니다."

그걸 어떻게 아느냐며 묻는 에디슨에게 스틸웰은 왜 그런지는 모른다고 했다. 에디슨은 결혼하자는 말로 답했다. 그로부터 8일 후 둘은 부부가 되었다.

어머니의 빈자리를 채우기 위해 에디슨이 결혼했다는 점은 쉽게 짐작할 수 있었다. 세 명의 아이를 낳긴 했지만 실제로 그들의 관계는 그다지 좋지 않았다. 에디슨은 그녀가 건강 염려증 환자라고 불평했다. 아내가 밤낮을 가리지 않는 자신의 일을 이해하지 못하는 데 실망했기 때문이었다. 실제로 그의 노트엔 아내의 처녀 시절 성인 스틸웰(Stilwell)을 스틸 시크(Still Sick)으로 바꿔 쓴 흔적이 남아 있다. 그녀 또한 남편의 무관심에 실망했던 것으로 보인다.

에디슨은 오로지 일에만 매달렸다. 아내가 병들었을 때조차 전혀 신경을 쓰지 않았을 정도였다. 1884년 8월 9일, 메리 에디슨은 결국 죽고 말았다. 아내가 살아 있을 땐 무관심했던 에디슨이지만 그녀의 죽음은 큰 충격이었다. 훗날 그의 큰 딸인 마리온은 당시의 아버지를 이렇게 회상했다.

"아버지는 슬픔으로 몸을 떨고 계셨다. 그리고 눈물을 흘리며 힘겹게 말씀하셨다. 간밤에 너희 어머니가 돌아가셨다고."

에디슨은 당시로서는 남자들의 영역으로 분류되던 분야에서 특히 빛을 발했다. 엔지니어, 화학자, 전신 기술자, 발명가, 과학자 그리고 사업가의 세계에서 그는 시대를 앞서갔다. 특히 여성의 능력과 잠재력에 관한 그리고 생각은 시대적 기준보다 훨씬 앞서 있었다. 에디슨은 남성과 여성이 평등한 파트너십을 이룰 수 있다고 믿었다. 여성을 소유물로 취급하는 데에도 반기를 들었다. 남자들의 '소유욕'이 여성들의 지혜와 능력을 발휘할 기회를 가로막는다고 믿었기 때문이다. 에디슨은 남자들이 여성들에게 자질구레한 일이나 맡기고는 자기계발에 필요한 기초 학습까지 막는다고 생각했다.

에디슨은 늘 더 나은 미래를 추구했다. '진정한 성(性) 평등'이 이루어져야 인류가 더 발전한다고 믿었다. 또한 자신이 혼신을 다해 창조한 신기술로 여성들이 하찮은 일에서 해방되고 그들의 잠재력을 온전히 깨우길 바랐다. '평등한 파트너십'을 강조하고 여성의 지적 능력을 존중한 에디슨의 사고방식은 미나 밀러를 두 번째 아내로 맞이한 데서 드러난다. 미나는 그가 꿈꾸던 여인이자 세기의 천재에게 어울리는 완벽한 파트너였던 것이다.

그녀는 발명가이자 사업가였던 루이스 밀러의 딸이었다. 밀러는 농기계를 비롯한 각종 장비를 개선해 무려 92개의 특허를 보유해 미국 발명가 명예의 전당에 이름을 올리기도 했다. 루이스 밀러는 교육에 특히 관심을 기울였다.

▲미나 밀러는 저명한 발명가 루이스 밀러의 딸로, 1886년 에디슨의 두 번째 아내가 되었다.

그는 셔토쿼 인스티튜션(Chautauqua Institution)을 설립하는 데에도 일조했다. 이곳은 독특한 교육 시스템으로 한 세기가 넘도록 번영을 누리고 있다. 수준 높은 문학, 철학, 윤리 교육을 통해 학생들에게 아름답고 기분 전환이 되는 환경을 제공한 덕분이다.

에디슨은 장인인 루이스 밀러에 대해 이렇게 쓴 적이 있다.

"그분은 내가 아는 한 가장 다정하고 사랑스러운 분이셨다. 게다가 모든 인류가 더 나은 삶을 살도록 돕는 데 평생을 바치셨다."

에디슨이 그녀와 만난 건 1885년 1월 뉴올리언스에서였다. 당시 그녀는 아버지와 함께 세계 산업 100주년 박람회를 방문했다. 그곳에서 루이스는 자신이 발명한 제초기인 버크아이의 여러 가지 신 모델을 소개했다. 같은 곳의 벨 전화기 부스에는 에디슨의 작품이 전시돼 있었다. 박람회가 끝난 후 에디슨은 사업 동료인 에즈라 질리랜드에게 미나에 대한 관심을 은근히 드러냈다. 그로부터 몇 달 후 보스턴에 살던 질리랜드가 그녀를 집으로 초대했다. 마침 그때 미나는 보스턴에서 여성 신학교에 다니고 있었다. 에디슨은 이 파티에 참석했고 이때부터 둘 사이에 사랑이 싹트기 시작했다.

1885년 여름, 에디슨은 미나를 만나러 간 셔토쿼에서 그녀의 가족을 만났다. 에디슨은 이미 그녀에게 홀딱 반한 상태였다. 헤어진 후에도 친구들에게 이렇게 고백할 정도였다.

"그녀의 부드럽고 우아한 태도와 아름다움 그리고 지적인 매력이 머릿속에서 떠나질 않아."

그녀가 없는 하루하루에 그리움은 커져만 갔다. 어느 날은 일기장에 이렇게 적기도 했다.

"이렇게 멋진 무도회가 끝나버렸는데 셔토쿼의 완벽한 그녀는 한 장의 사진조차 남기지 않았구나. 희망은 대체 언제까지 나의 이성을 농락할 셈인지."

에디슨은 뉴욕 북부의 세인트로렌스 여행에 미나를 초청했다. 세인트로렌스를 여행한 다음에는 뉴햄프셔의 화이트 산맥으로 갈 예정이었다. 그들은 서로 잘 통했다. 연애 기간 동안 에디슨은 미나에게 모스 부호를 가르쳐 여행 중에도 비밀스럽게 애정을 나눌 수 있었다. 에디슨과 미나는 서로의 손바닥을 톡톡 두드리며 메시지를 교환했다. 에디슨은 그때를 이렇게 회상했다.

"우리는 조금도 부끄러워하지 않고 서로의 애칭을 불렀다. 같은 차 안에 다른 사람이 세 명이나 있었지만 전혀 신경 쓰지 않았다."

둘 사이의 짜릿한 감정은 점점 커졌다. 에디슨은 뉴햄프셔로 향하는 차 안에서 그녀의 손바닥에 모스 부호로 특별한 메시지를 전했다.

"나와 결혼해 주겠소?"

그녀는 주저하지 않고 대답했다.

"네."

에디슨은 뛸 듯이 기뻐했다.

미나는 마음먹은 것은 무엇이든 성취해내는 명석한 여성이었다. 그녀는 남편의 위대한 작업에 도움을 주는 파트너이자 조력자가 되고자 했다. 에디슨의 작업에 완전히 매료된 그녀는 에디슨의 웨스트 오렌지 연구소를 자주 찾았다. 그리고 그곳에서 여러 가지 조명 실험을 노트에 기록하곤 했다. 집을 아름답게 꾸미고, 가족을 돌보고, 에디슨의 사업에 필요한 인맥을 조정하는 데도 탁월한 재능을 발휘했다. 이런 그녀에게 가장 힘들었던 일은 첫 번째 부인인 메리의 세 아이들을 자신이 낳은 아이들과 더불어 화목하게 키우는 것이었다. 당시 스무 살이었던 미나는 에디슨의 첫째 딸 마리온보다 겨우 일곱 살 많았다. 따라서 어머니 노릇을 하기가 더욱 힘들었다.

에디슨은 아내를 거의 숭배하다시피 했다. 그녀를 위해 뉴저지의 웨스트 오렌지에 저택을 한 채 구입하며 이렇게 소감을 밝혔다.

"나에게는 너무 과분한 집이지만 귀여운 아내에게 비하면 보잘것없다오."

언젠가 미나의 원예 노트에 이런 메모를 남기기도 했다.

"미나 밀러 에디슨은 세상에서 가장 사랑스럽고 귀여운 여성이다. 비천하고 촌스러우며 아무짝에도 쓸모없는 나를 이처럼 사랑해주다니."

그녀는 남편의 모든 작업에 물심양면으로 협조하며 가정 경영자로서 손색없는 솜씨를 자랑스럽게 여겼다.

1925년에 기자와 나눈 인터뷰에서 그녀는 이렇게 말했다.

"저는 늘 집을 잘 정돈하고 남편의 가정생활이 실험실에서 못지않게 결실을 맺을 수 있도록 힘썼을 뿐이에요."

시간이 흘러 에디슨의 건강이 악화되었을 때도 그녀는 남편을 극진히 간호했다. 마지막에는 에디슨이 미나의 목소리에만 유일하게 반응할 정도였다.

이노베이터의 신념과 가치관

에디슨은 형식적인 종교에는 별 흥미가 없었다. 에디슨의 어머니, 아내 미나, 장인 루이스는 모두 독실한 기독교 신자였고 정기적으로 교회에 나갔다. 에디슨은 자꾸 일요일인 줄 잊는다고 농담을 하곤 했다. 하지만 그는 신을 진심으로 믿었다. 자신이 과학과 수학으로 세상의 패턴을 파악할 수 있었던 것도 신이 태초에 우주의 질서를 정확하게 잡아준 덕분이라고 여겼다.

"이 세계는 무한한 지성이 지배한다. 세상에 존재하는 모든 것들이 무한한 법칙의 존재를 증명하고 있다. 이것은 의심할 여지가 없다. 수학적으로 증명된 매우 정확한 사실이니 말이다."

에디슨의 신이 자신만의 것은 아니었다. 그는 일기에 이렇게 적었다.

"신에 비하면 인간은 얼마나 조그만 생각에 머무는가. 나는 이렇게 생각한다. 그분이 만든 불변의 법칙은 이 세계와 수십억 다른 세계까지 지배한다. 인

간의 짧은 역사가 시작하기도 전에 이미 자신이 만든 그 불변의 법칙마저 잊을
정도로 넓은 세계를 관장하는 것이다. 왜 인간은 그분의 뜻과 관심사가 주는
교훈을 따르지 못할까? 그분이 목적을 가지고 창조한 유한한 인간의 능력을 하
찮은 일에 억지로 사용할 필요가 있을까?"

불변의 무한한 법칙과 신의 뜻에서 얻은 교훈을 따르는 것은 바로 정직, 존
중, 공정, 성실에 바탕을 두고 윤리적으로 살아가는 것을 뜻한다. 그는 최고 수
준의 개인 윤리와 비즈니스 윤리란 곧 '무한한 지혜를 쓸모 있게 구현해내는 것'
이라고 생각했다. 에디슨은 자신의 혁신이 인류가 더욱 윤리적으로 진화하는
데 일조하기를 바랐다. 그는 이렇게 단언했다.

"기계의 탄생 덕분에 인류는 속박의 굴레에서 벗어났다."

에디슨은 간디와 같은 주장을 펴기도 했다.

"비폭력은 모든 진화의 최종 목표다. 그리고 이것이야말로 가장 고차원적인
윤리에 이르는 길이다."

실제로 제1차 세계 대전 도중에 해군자문위원회가 에디슨에게 사업을 제의
한 일이 있었다. 하지만 그는 오직 방어용 무기 사업만 하겠다고 확실히 못을
박았다.

"살아 있는 것을 계속 해치는 한 우리는 그저 미개인일 뿐이다. 나는 살상용
무기를 발명하지 않았다는 사실이 매우 자랑스럽다."

에디슨의 신념과 가치관은 다음과 같이 요약할 수 있다.

"우리 모두가 이번 생에서 '남이 나에게 해주길 바라는 그대로 남에게 베풀
라'는 황금률을 실천하려고 노력한다면, 무엇을 믿든 미래의 어떤 일도 두렵
지 않을 것이다."

천재의 추락

에디슨의 사전에 실패란 없었다. 어떠한 결과가 나오든 그에겐 근사한 학습 기회였다. 물론 위대한 업적을 줄줄이 쌓은 인물이라고 해도 결점은 있었다. 온갖 노력 끝에 보란 듯이 망한 경우도 있었으니 말이다.

그의 판단 실수 중에서도 가장 악명 높은 것은 광석 사업이었다. 세간에는 '에디슨의 바보짓'이라고까지 알려질 정도였다. 사람들이 그를 어리석다고 한 것은 큰돈을 잃었기 때문만은 아니었다. 더욱 생산적인 일에 투자했어야 할 어마어마한 시간과 노력을 엉뚱한 데 쏟았기 때문이었다.

축음기를 발명한 초기였다. 녹음할 음악을 선택할 때 에디슨의 판단이 보기 좋게 빗나갔다. 이 역사적인 기계에 들어갈 음악을 자신이 직접 선택한 것이다. 그가 고용했던 음악가는 에디슨의 음악적 안목을 이렇게 평했다.

"쥐뿔도 없어요."

동료들도 그를 뜯어말렸다.

"음악에 관한 의견은 다 틀렸어. 1년 동안 적어도 4개의 성공을 기록하자고 했었나? 작년에 자네가 곡을 고르는 순간, 우리 목표는 묻혀버린 거야."

평소의 날카로운 판단력을 상실한 예는 또 있다. 그것은 직류와 교류의 효율성과 안전성에 관한 논의에서 비롯되었다. 당시 에디슨의 라이벌이던 조지 웨스팅하우스는 교류의 우수성을 내세운 반면 에디슨은 직류를 선호했다. 에디슨은 웨스팅하우스를 깎아내리고 교류의 위험성을 강조하는 데 혈안이 되어 있었다. 그는 시연회를 통해 교류로 동물을 감전사시킬 수 있다고 주장하고 다녔다. 원래 사형 제도에는 반대하던 그였지만, 이번만큼은 뉴욕 주에 압력을 가해 전기의자에 고압의 교류를 사용하도록 했다. 그런 다음 변호사를 시켜 그 전기의자에 '웨스팅하우스'라고 이름 붙였다.

애초에 이 의자를 고안한 목적은 교류의 치명적인 위험성을 널리 알리는 것이었다. 사형수는 전극 중 하나가 탈 때까지 17초간 최대 전압으로 감전되어야 했다. 전류가 멈추자 집행자들은 그가 죽었다고 생각했다. 물론 살아 있는 걸 확인하기 전까지 말이다.

사형수는 살아 있었다. 이를 확인한 집행자들은 서둘러 전류를 다시 흘려보냈다. 22초가 지나자 이 불쌍한 죄수의 몸은 안에서부터 타들어가기 시작했다. 이 끔찍한 사건이 발생하자 전 세계 언론은 에디슨을 맹렬히 비난했다. 이 일이 있고 몇 년 후에야 결국 교류가 직류보다 우수한 것으로 판명 났다. 전압을 올리고 내리는 변압기를 이용해 원거리 송전이 가능한 유일한 방법이 바로 교류였기 때문이다.

에디슨은 인종 편견으로 비판받기도 했다. 반유대주의자이자 인종차별주의자였던 헨리 포드와 각별한 사이였던 점도 비난의 대상이었다. 에디슨이 인종에 관해 선입견에 사로잡혀 있었던 것은 사실이다. 하지만 그가 최종적으로 사람을 판단하는 기준은 인종이나 배경이 아니라 그 사람의 능력이었다. 오늘날 실리콘 밸리가 그렇듯 에디슨도 그 어떤 선입견보다 성과와 결과를 우선시했다.

에디슨은 완고하고, 거만하며, 일을 할 땐 무자비한 면도 있었다. 사업을 하면서 재정적으로나 전략적으로 꽤 큰 실수도 숱하게 저질렀다. 평소엔 느긋한 편이었지만, 화가 나면 상대방을 향해 잡아먹을 듯 험한 욕설을 퍼부어 분노를 표출하기도 했다. 오죽하면 어떤 직원이 이렇게 털어놓을 정도였다.

“에디슨이 신랄하게 비꼬고 잘근잘근 씹어대면, 정말 사람 속이 바싹바싹 타들어 가요. 사람을 바보로 만들어서 자살하고 싶게 하는 데도 선수죠.”

이렇게 그는 ‘푸근한 천재’는 아니었다. 가끔씩 그가 쏟아낸 폭언은 오늘날의 직장에서는 도저히 용납할 수 없는 말들이었다. 하지만 그의 결점과 판단착오, 약점들을 알아갈수록 우리는 그의 재능과 성과를 더욱 깊고 다양한 각도에서 이해하게 된다.

자신이 늘 강조했듯 그는 마법사나 마술사가 아니었다. 심지어 에디슨은 자신이 천재로 불리는 것조차 싫어했다. 그는 단지 하나의 인간일 뿐이었다. 하지만 그중에서도 열심히 노력하고 잠재된 창조력을 모두 끌어내기만 한다면 누구나 위대한 성과를 이룰 수 있다고 믿는 인간이었다.

에디슨과 테슬라의 결투

니콜라 테슬라는 에디슨 못지않은 대단한 천재였다. 그는 장거리 송전이 가능한 효율적인 전력 시스템을 연구했다. 세르비아 인의 아들로 크로아티아에서 태어나 6개 언어를 구사하고 수학과 물리학, 공학에서도 남다른 재능을 보였다. 1882년엔 파리로 건너가 찰스 배틀러를 만났다. 전기에 대한 이해와 관심이 높았던 테슬라를 본 배틀러는 그에게 에디슨 컴퍼니에서 함께 일할 것을 권했다.

1884년 테슬라는 뉴욕의 에디슨 기계 공장에서 근무하기 시작했다. 하지만 테슬라와 에디슨은 곧 결별하게 된다. 테슬라는 나트륨을 이용한 아크 조명(Arc Lighting)의 기술을 개선하고 싶어 했지만 에디슨이 이를 무시해버렸기 때문이다. 에디슨은 자신의 백열전구에 비해 아크 조명 따위는 구식이라 생각했다.

1885년 테슬라는 에디슨 기계 공장을 떠났다. 그리고 직접 회사를 차려 교류를 이용한 동력기와 발전기를 생산하기 시작했다. 1885년 5월 6일, 그는 생애 최초로 특허 신청을 하고 이후 700개가 넘는 특허를 땄다. 대부분이 교류와 관련된 것이었다.

1888년 5월 16일에는 미국전기공학자협회(AIEE)에서 강연을 했다. '새로운 시스템, 교류 동력기와 변압기'라는 주제였다. 강연 직후 에디슨의 최대 라이벌이었던 조지 웨스팅하우스는 테슬라의 교류 특허권 중 40개의 권리를 사들였다. 이를 계기로 에디슨과 웨스팅하우스 두 회사 간에 교류·직류 전쟁이 시작된 것이다.

테슬라는 세계 최초로 수력 발전소를 설계했다. 덕분에 웨스팅하우스의 교류는 수월하게 에디슨의 직류를 누르고 널리 퍼질 수 있었다.

사실 에디슨과 테슬라는 모두 비범한 천재다. 둘 다 더 나은 세상을 만들겠다는 열정이 있었기에 잠도 거의 자지 않은 채 일할 수 있었다. 이 둘의 스타일은 극과 극이었다. 에디슨이 손이 새까매지도록 연구에 몰두하는 타입이었다면, 테슬라는 강박적인 세균 공포증이 있었다. 에디슨은 학교 교육을 경멸하고 스스로 학습했지만 테슬라는 최고급 유럽식 교육을 받았다. 그는 에디슨이 지나치게 경험에 의존한다고 느꼈다. 에디슨은 가족을 이루었지만 테슬라는 죽을 때까지 총각이었다. 결정적으로 에디슨은 소비자에 초점을 맞춘 발명가였지만 테슬라는 비즈니스에는 젬병이었다.

정리하자면 이렇다. 교류가 이롭다는 점에서는 테슬라가 옳았다. 하지만 시장과 대중을 사로잡은 것은 팀을 조직해 제도적인 혁신 비법을 개발한 에디슨이었다. 그에 비해 테슬라는 혼자 일하기를 즐기는 천재였다. 193cm의 장신인 이 세르비아 인은 고도로 복잡한 문제들을 세세한 부분까지 머릿속으로 풀어내는 신기한 능력의 소유자였다. 그는 진정 시대를 앞서가는 사람이었다. 하지만 테슬라에게는 발명품을 상용화해서 내다 파는 능력이 부족했다.

전 세계의 전화와 전신 서비스를 무선기술로 연결할 방법을 궁리하다가 롱아일랜드에 탑을 하나 세운 적도 있었다. 테슬라의 탑은 뉴스, 주식 현황, 날씨를 비롯한 사진 또는 개인 메시지를 전송하거나 정부와 군대의 커뮤니케이션 통로로 이용할 수 있었다. 그는 금융업자인 J. P. 모건에게 호언장담했다.

"무선 서비스가 전 세계에 널리 보급되면 지구는 하나의 거대한 뇌처럼 변할 겁니다. 어디에 있든 무선 서비스가 닿기만 하면 모든 이들이 서로 대화할 수 있게 되죠."

그러나 모건은 테슬라의 탑을 후원하지 않기로 했다. 전력과 통신을 모두가 자유롭게 쓸 수 있도록 한다는 테슬라의 생각이 모건에게는 위협이 되었기 때문이다. 모건의 자금줄은 다름 아닌 기존의 유선 서비스였다.

"누구나 전력을 끌어다 쓸 수 있다면, 우리는 어디다 계량기를 팔겠소?"

이것이 모건의 입장이었다.

둘 중 누군가가 노벨상 후보라는 루머가 몇 년 동안이나 언론을 장식했지만 둘 다 노벨상과는 인연이 없었다. 사실 1912년에 에디슨과 테슬라가 노벨상을 공동 수상할 것이라는 소문이 돌자, 테슬라는 공동 수상을 거부했다. 하지만 결국 그해 노벨상은 등대 조명을 개발한 발명가 구스타프 달렌에게 돌아갔다.

아이러니한 점은 1917년 테슬라가 AIEE에서 수여하는 '에디슨 메달'을 거절하지 않고 오히려 영광스럽게 받았다는 것이다.

이노베이터의 대중성

나에겐 신의 은총과도 바꿀 수 없는 동료들과의 우정이 있다.

_토머스 에디슨 Thomas Edison

에디슨은 미국인 특유의 저력을 훌륭하게 발휘했다. 한 신문은 그를 이렇게 평했다.

"에디슨은 여러모로 괴짜지만 어딜 보나 전형적인 미국인이다."

왜 그를 전형적인 미국인이라 표현했을까? 그의 카리스마 넘치는 낙천주의, 자기 계발을 향한 집념, 지속적인 열정은 미국 정신의 힘을 완벽하게 드러낸다. 이런 특성은 프랭클린과 제퍼슨, 링컨의 전통을 고스란히 잇는 것이기도 하다. 겸허한 태도, 근면 그리고 뛰어난 유머 감각은 이러한 자질을 훌륭하게 완성한다.

에디슨은 사회적으로 다양한 계층을 쉽게 옮겨 다녔다. 하지만 그런 지위와 상관없이 미국 대중에게 친근한 이미지로 떠오른다. 한 역사가는 그를 두고 이렇게 말했다.

"상식적인 사람과는 누구든 편하게 지낸다. 콧대 높고 잘난 척만하는 사람의 주변은 늘 휑하다."

기자들은 에디슨의 단정치 못한 외양을 보도하는 데 열을 올렸다. 그들은 에디슨을 이렇게 표현했다.

"여기저기 약품 자국이 남은 작업복, 더러운 손, 헝클어진 머리, 발명을 향한 열정으로 번뜩이는 두 눈. 하지만 에디슨은 자연스런 매력이 넘쳤다."

어떤 기자는 그의 매력에 대해 이렇게 말했다.

"에디슨은 마치 개구쟁이 소년 같다."

프로이트는 레오나르도 다빈치를 이렇게 언급한 바 있다.

"그는 성인이 되어서도 계속 어린아이처럼 지냈고 동시대인들은 그 때문에 당황하기 일쑤였다."

에디슨과 같은 시대에 살았던 아인슈타인도 천진난만하고 아이 같은 천성으로 잘 알려져 있다. 에디슨도 예외는 아니었다. 그는 평생 겉치레 따위는 모르며 아이처럼 배우려 했고 항상 열린 마음을 유지했다. 대중은 그의 이런 모습을 사랑했다. 그는 대하기 어렵거나 까다로운 사람이 아니었다. 그저 한 인간이자, 이웃이었다.

놀이를 좋아하는 천성은 유머 감각에 그대로 배어나왔다. 에디슨과 동시대를 살았던 전기 작가 프랭크 다이어와 토머스 마틴은 이렇게 전했다.

"그는 유머 감각이 뛰어났다. 온실의 화초처럼 자란 이들보다 훨씬 재미있는 사람이었지만 그의 유머는 늘 정도를 지킬 줄 알았다."

대중성과 유머 감각을 지닌 그는 온갖 장난에 능했다. 그가 가장 좋아했던 장난은 자기 회사 법무 부서로 찾아가 발명가로 취직시켜 달라고 조르는 것이었다. 상사를 못 알아봤다는 사실에 어쩔 줄 몰라 하던 하급 직원들도 곧 그가 편안하고 붙임성 있는 사람임을 알게 되었다.

이런 일도 있었다. 웨스트 오렌지 연구 단지의 경비가 회의를 마치고 회사에 돌아오는 에디슨을 알아보지 못했다. 그는 항의하는 대신 정문 밖에서 참을성 있게 기다렸다. 연구실 직원 중 한 명이 정문으로 나와 그를 알아볼 때까지 말이다. 비범한 천재라는 신비감에 이처럼 소박한 품성이 더해져 직원들은 그를 무척이나 좋아했다.

이노베이터의 우상이 되다

웨스트 오렌지 연구소가 절정기를 맞이하기 몇 해 전이었다. 에디슨은 자신이 운영하던 모든 사업을 하나로 통합했다. 1911년에 토머스 A. 에디슨 컴퍼니를 설립해 자신이 사장 겸 회장이 된 것이다.

당시 64세였던 그는 경영의 많은 부분을 믿음직한 동료와 직원들에게 위임하기 시작했다. 물론 죽는 순간까지 발명을 멈추지는 않았다. 끊임없이 특허를 신청한 결과 84세에 1,093번째 특허를 받을 정도였으니 말이다. 이때부터 에디슨은 세상을 바꿀 새로운 혁신을 이끄는 것에서 이미 나온 발명품을 세상의 변화에 맞춰 개선하는 쪽으로 관심사를 돌렸다. 그리고 자신이 남긴 업적을 확고히 굳히는 데 시간과 노력을 투자하기 시작했다.

제1차 세계 대전이 발발하자 에디슨에게 해군자문위원회의 지휘를 맡아달라는 제의가 들어왔다. 이 위원회는 군사 기술을 검토하고 개선하는 데 중점을 두고 있었다. 에디슨은 방어용 무기에만 관여할 것이며 화기 배치와 잠수 탐지 관련 연구에만 참여하겠다고 강하게 못을 박았다.

1920년대에는 절친한 사이였던 포드와 파이어스톤의 요청으로 자동차 타이어용 고무를 대체할 물질을 찾기 시작했다. 그는 수천 가지 물질을 실험해 눈에 띄는 성과를 얻었다. 1928년 에디슨은 특별 의회 명예 훈장을 받았다. 1929년에는 백열전구 발명 50주년을 맞아 나라 전체가 에디슨 기념 축제로 들썩였다.

이 시기에 그의 건강은 이미 악화된 상태였지만, 살아 있는 신화로서 그의 명성은 하늘 높은 줄 모르고 치솟았다. 당시 후버 대통령, 마리 퀴리, 린드버그 그리고 헨리 포드에 이르기까지 각계각층의 저명인사들은 미국 혁신의 신화이자 문화계의 아이콘인 에디슨을 칭송했다.

1931년 여름이 끝날 무렵, 영원히 꺼지지 않을 것만 같았던 에디슨의 생명력도 점차 빛을 잃기 시작했다. 몇 차례 혼수상태에 빠졌다가 돌아오길 반복하던 에디슨은 1931년 10월 18일 이른 아침, 결국 세상을 떠나고 말았다. 후버 대통령은 그의 장례식이 치러진 10월 22일, 세계를 밝힌 한 인간의 삶을 기리는 뜻으로 전국적으로 1분간 소등할 것을 부탁했다. 그 시간 전국의 라디오 방송도 침묵을 지켰다. 그 무엇보다 '꿈이라는 재료'로 기술을 창조해낸 한 사람을 추모하기 위해서였다.

PART 2 이노베이터를 위한 5가지 혁신 역량

1. 문제 해결 중심의 사고방식

비전과 꿈을 영혼처럼 소중히 여겨라.
그것이 바로 당신의 궁극적 성취를 위한 설계도이다.
_나폴레온 힐 Napoleon Hill

문제 해결 중심의 사고방식(Solution-Centered Mindset)은 당신 안의 에디슨 파워를 끌어내는 첫걸음이다. 에디슨은 평생 숱한 문제에 시달리면서도 항상 자신의 성공이 당연하다고 믿었다. 이런 생각을 스스로에게 끊임없이 암시하며 문제를 해결해나간 것이다. 혁신의 대가는 엄청난 부로 이어졌다. 에디슨은 문제가 크고, 도전 과제가 어려울수록 온 힘을 다해 뛰어들었다. 어떤 장애물이나 실패도 그를 막을 순 없었다. 좀처럼 해결의 실마리가 잡히지 않아도 그는 절대 굴복하지 않았다.

에디슨과 그의 연구실 직원들은 강도 높은 실험과 연구를 '사냥'이라고 불렀다. 에디슨의 성공을 이끈 놀라운 힘은 바로 이 사냥을 준비하는 과정에서 시작된다. 즉 문제 해결을 겨냥해 자신의 사고방식 자체를 세팅하는 것이다.

그렇다면 문제 해결 중심의 사고방식의 핵심은 무엇일까? 우리는 그 방법을 자신과 조직에 어떻게 적용할 수 있을까? 이제부터 그 답을 찾을 것이다. 에디슨처럼 이노베이터로 거듭나기 위한 첫 번째 역량을 소개한다. 문제 해결 중심의 사고방식은 다음 5가지 팁으로 구성된다.

- 목표와 열정을 동일 선상에 두어라
- 카리스마 넘치는 낙천주의를 키워라
- 거침없이 지식을 모아라
- 끊임없이 실험하라
- 엄격하게 객관성을 유지하라

1) 목표와 열정을 동일 선상에 두어라

구글에 '목표 설정'이라는 주제를 검색해보면 자그마치 200만 가지에 달하는 자료가 뜬다. 이렇게 자료는 무수히 많지만 사실 꼭 필요한 것들은 모두 에디슨의 접근법에 압축되어 있다. 앞서 언급한 것처럼 나폴레온 힐은 《놓치고 싶지 않은 나의 꿈 나의 인생》을 쓰면서 에디슨에게서 큰 영감을 받았다. 힐은 사람들이 성공을 이루고 조화로운 삶을 살려면 욕망조차도 자신의 신념과 아이디어에 완벽히 맞춰야 한다고 강조한다. 개인의 성공을 이끄는 열정은 결국 자기 안의 욕망에서 시작되기 때문이다. 그는 이렇게 덧붙였다.

"모든 성취의 출발점은 희망도 소망도 아닌 열망이다. 단, 강렬하게 요동치는 열망이라야 모든 것을 능가한다.”

아마추어 화학자였던 청년기부터 이노베이터의 우상으로 국제적인 명성을 떨친 말년에 이르기까지 에디슨의 일상은 목표와 열정이 잘 조화되어 있었다. 에디슨의 감정은 늘 아이디어에 매여 있었고, 그의 ‘강렬하게 요동치는 열망’이 눈부신 업적을 이끌었다. 목표와 열정이 일치한 덕분에 목표에 도달하는 과정 자체를 즐길 수 있었던 것이다. 그는 이렇게 말하기도 했다.

“나는 평생 단 하루도 일한 적이 없다. 늘 재미있게 놀았다.”

에디슨은 상업적으로 성공해야만 자신이 사랑하는 일을 계속할 수 있다는 사실을 일찍 깨달았다. 하지만 오로지 돈만을 목표로 일한 적은 없었다. 막대한 부는 단지 부수적인 현상에 불과했다. 그의 일에 대한 철학을 들어보자.

“돈이 발명가의 노력에 대한 보상으로 보이기 쉽다. 하지만 나는 발명하는 내내 엄청난 희열을 느낀다. 사실 나에게 돌아오는 가장 큰 보상은, 일 자체가 주는 즐거움이다. 그리고 그것은 세상이 성공이라고 떠들기 전에 이미 이루어진다.”

에디슨은 자신 안에서 추진력을 찾았다. 그의 마음속은 지식을 추구하는 욕망으로 들끓었고 사람들에게 삶의 질을 향상시킬 제품과 서비스를 제공하겠다는 열망으로 가득 차 있었다. 늘 넘치는 에너지를 유지할 수 있었던 것도 그 덕분이다.

어린 시절부터 품었던 ‘자연의 비밀을 밝혀 세상을 뒤흔들겠다’는 욕망은 마지막 숨을 쉴 때까지 조금도 줄지 않았다. 처음으로 자신만의 화학 실험대를 마련하고, 전신 회사에서 초일류 전신 기술자가 되겠다는 계획을 세우고, 모든 가정에 축음기를 보급하며, 전 세계를 빛으로 밝히겠다는 꿈을 꿀 때까지도 에디슨은 항상 목표를 분명하게 정했다.

그는 무엇을 성취하고 싶은지 정확히 알았다. 덕분에 무엇을 찾아야 하는지도 생생하게 그릴 수 있었다. 그의 목표는 언제나 열정과 맞닿아 있었다. 그것이 목표가 실현되는 과정 하나하나를 신명나게 즐기는 원동력이 되었다.

현대 심리 연구에서도 에디슨의 접근법은 이미 인정을 받았다. 누구나 이 방법을 이용하면 성공의 필수 요소를 키울 수 있다는 사실도 밝혀졌다. 발달심리학자 존 S. 데이시와 캐슬린 레논은 과학자, 작가, 비즈니스 리더, 음악가, 기타 창의력이 뛰어난 개개인을 성공으로 이끄는 것이 무엇인지 연구했다. 수십 년간의 연구 끝에 그들이 발견한 개인의 성공을 이끄는 가장 중요한 동기는 바로 '목표 지향적 열정'과 '자기 통제를 통한 인내심'이었다.

데이시와 레논은 성인기에 이 두 가지 특질을 모두 계발할 수 있다고 강조한다. 에디슨이야말로 그 생생한 증거다. 그들은 미하이 칙센트미하이, 폴 토런스, 데이비드 퍼킨스, 로버트 웨버 등 여러 심리학자들의 연구를 인용해 자신의 일에 엄청난 에너지를 쏟아 붓게 하는 원인이 바로 '목표 지향적 열정'이라고 결론 지었다.

개인이 성공을 이루는 데에는 '자기 통제'가 결정적인 역할을 한다. 목표 지향적 열정을 완성시키는 것이 바로 자기 통제이기 때문이다. 데이시와 레논은 자기 통제를 '좌절 앞에 굴하지 않는 의지'라고 정의한다. 좌절 앞에 굴하지 않으려면 인내할 줄 알아야 한다. 이것이 열정을 뒷받침하는 힘이다. 열정은 목표를 위해 적절하게 쓰일 때에야 비로소 제 역할을 할 수 있다.

에디슨이 성공할 수 있었던 이유는 바로 이런 목표 지향적인 열정 덕분이었다. 그에겐 꿈틀대는 욕망이 있었기에 어떤 문제든 차근차근 해결할 수 있었다. 어려움 앞에선 오히려 에너지가 더 솟구쳤다. 에디슨의 동료는 이렇게 말했다.

"그는 심각한 난관을 앞에 두고 있을 때 한층 더 신 나 보였다. 허리가 뻐근할 지경이 되어도 그의 머릿속에는 늘 새로운 아이디어가 넘쳐났다. 이런 내 생각이 터무니없다고 느낀 적도 있었다. 하지만 그가 엄청난 장애물과 맞닥뜨렸을 때 정말로 행복해 보였던 표정만큼은 도무지 떨칠 수 없었다."

신경과학 임상 교수인 리처드 레스탁 박사는 에디슨의 접근법에 힘을 실어 준다. 레스탁은 각종 목표에 관련된 기억이 빨리 사라지는 것이 단지 정보의 양이 많아서가 아니라, 뇌를 활성화할 만큼 견고하게 정리되지 못했기 때문이라고 주장한다. 실제로 어떤 목표를 정해 그것을 이루기 위한 행동을 기억하기 위해서는 뇌의 감성적인 부분과 이성적인 부분이 연계되어야 한다. 한마디로 생각, 계획 등 이성적인 부분을 담당하는 전두엽 피질과 기쁨, 슬픔 등 감성적인 부분을 담당하는 변연계를 연결하면 목표를 효과적으로 기억하고 행동으로 옮길 가능성이 매우 높아진다는 것이다.

결국 혁신을 성공시킬 핵심 열쇠는 바로 목표를 설정하는 방법이다. 세상에는 이미 목표 설정 방법에 관한 정보가 넘쳐난다. 그렇다면 대부분의 조직은 왜 혁신에 실패할까? 그 이유는 목표를 분명히 정하고 그것을 열정과 동일 선상에 놓는 것이 말처럼 쉽지 않기 때문이다. 따라서 개인이 혁신을 이루려면 먼저 명확한 목표를 열정과 일치시키는 구체적인 방법부터 이해해야 한다.

혁신 역량 키우기: 목표와 열정을 동일 선상에 두라

에디슨은 자신이 정한 목표를 이루는 데 탁월했다. 하지만 창조적인 사고방식이 얼마나 중요한지 알아채지 못했다면 아무리 에디슨이라도 결과가 달라졌을 것이다. 당신도 그가 실천했던 이론을 그대로 익혀 실전에 적용할 수 있다. 이해를 돕기 위해 목표 실현에 꼭 필요한 요소를 그의 이니셜 SMART EDISON으로 정리했다. 여기서 실생활을 'SMART'하게 이끄는 것이 바로 'EDISON'이다. 그럼 SMART부터 시작해보자.

S-Specific 명확한가: 얻고자 하는 것을 잘게 나눠 명확하게 정의한다.
M-Measurable 평가할 수 있는가: 단계별 성과를 어떻게 평가할지 정한다. 목표 달성은 어떻게 확인할 것인가?
A-Accountable 책임질 수 있는가: 책임감을 갖고 목표에 최대한 몰입한다. 팀을 이루어 목표를 정할 때는 책임 소재를 분명히 밝혀둔다.
R-Relevant 적절한가: 목표가 삶의 목적과 가치에 부합하는지 확인한다.
T-Timeline 시간 계획이 있는가: 목표 실현까지 정확한 일정표를 짜둔다. 여기서 나폴레온 힐의 말을 꼭 기억하라.
"목표는 마감이 정해진 꿈이다."

이제 EDISON 차례다.

E-Emotional 감성적인가: 목표를 실현하려면 감정적 요소가 반드시 뒷받침되어야 한다. 레스탁을 포함한 여러 전문가들이 주장하고 에디슨이 몸소 확인했듯이 말이다. 에너지와 흥을 돋우는 방식으로 목표를 실현하라. 그런 다음 반드시 이루고 싶다는 열정을 느껴라.

D-Decisive 확고한가: 꿈꾸는 것만으로는 부족하다. 당신의 능력을 최대한 발휘해 목표를 이루겠다고 결심하라. 아직 목표 실현에 이르는 길을 발견하지 못했더라도 확고한 결심을 갖는 것 자체는 매우 중요하다.

I-Integrated 일관성이 있는가: 무엇을 실현할지 신중하게 결정하라. 당신이 추구하는 목표 하나하나가 다른 목표나 삶의 목적에 적합한지도 면밀히 검토해야 한다. 이때 당신의 목표와 개인적 이익에 만족하기보다 항상 더 높은 가치를 바라보라.

S-Sensory 감각적인가: 오감을 총동원해 목표가 실현된 모습을 생생히 그려 보라. 목표를 그리고, 말하고, 춤춰 보라. 가능하다면 맛도 느껴보라.

O-Optimistic 낙천적인가: 목표를 실현하는 모든 과정에 긍정적인 태도로 임하라. 그리고 당신의 목표가 이루어지는 것이 우주의 섭리처럼 당연하다는 듯 행동하라.

N-Now 바로 지금: 현재를 기준으로 목표를 만들어 표현하라. 그리고 지금 당장 시작하라!

사무용품 기업 오피스디포의 CEO 스티브 오들랜드는 어떻게 오피스디포가 목표와 열정을 연결시켰는지 밝혔다.

"목표를 설정할 때 수치를 정하는 것보다 직원들의 잠재력을 이끌어내는 것이 더 중요합니다. 가능치를 스스로 낮게 판단하느라 자신의 진짜 능력을 제대로 발휘하지 못하는 사람들이 많죠. 회사에서 재무적인 관점으로만 성과를 측정한다면, 사람들은 그것만 생각하기 쉽습니다. 이때 회사가 세운 재무상 목표를 반복해 강조하면 오히려 역효과가 날 수 있습니다. 직원들이 이렇게 생

▲1926년 여름, 에디슨은 뉴욕 셔토쿼에 있는 밀러 가문의 별장 뒤뜰에 앉아서 미국 전체를 감동시킨 라디오 연설을 했다.

각해버리기 때문이죠. '흐음, 주당 12% 수익을 내는 것이 우리 목표란 말이지.' 그럼 모두 12% 수익만을 위해 일하겠지요. 나는 우리 직원들이 그 이상을 만들어내길 원합니다. 12%라는 목표를 넘어 다른 방면의 성취까지 생각할 수 있길 바라는 거죠.

그러기 위해서 우리는 비전 선언문을 만들어 직원들에게 방향을 일러주고 있습니다. 오피스디포 직원들은 늘 특정 제품이나 서비스를 넘어선 해결책을 모색합니다. 이성적으로 설명한답시고 목표에 한계를 두면 안 되죠. 한계를 마주할 때 '비이성적'일 줄 알아야 합니다. 모든 발명은 비이성적인 사고에서 비롯되니까요. 사람들이 상상하는 것을 포착하려면 이성이 아닌 영감을 활용해야 합니다. 에디슨이야말로 이런 방면에 뛰어난 인물이었죠. 오피스디포에는

5만여 명의 직원이 있습니다. 이들을 한데 모으기 위해서는 영감을 불어넣는 목표가 있어야 합니다. 그래야 모두 뭔가 색다른 것, 발명할 만한 것 그리고 그 것을 이루기 위해 협력하는 방법까지 알 수 있는 겁니다. 결국 가능과 불가능 의 유일한 차이는 바로 목표죠."

2) 카리스마 넘치는 낙천주의를 키워라

에디슨은 천성이 낙천적이었다. 다이어와 마틴은 그를 이렇게 표현했다.

"에디슨은 무척 낙천적이고 희망에 가득 찬 사람이었다. 언제나 어린아이처 럼 열린 마음으로 하루를 시작하곤 했다. 그에겐 행복을 부르는 재능이 있었다. 어제의 실망과 실패는 내일의 가능성일 뿐이라는 듯 훌훌 털어버렸다."

에디슨이 미래를 보는 관점은 매우 단순했다. 그 자신이 털어놓았듯 모든 것 의 밝은 면만을 보았다. 먹구름 사이에서 한줄기 빛을 발견하는 이런 능력은 아버지에게 배웠다.

그의 아버지 새뮤엘은 삶이 시험대에 오를 때마다 지칠 줄 모르는 낙천성으 로 헤쳐 나갔다. 남북 전쟁 중 혹독한 경제적 시련이 오자 정치가에서 여관 주 인, 농부, 곡물 상인으로 끊임없이 생업을 바꿔야 했다. 이때 어린 에디슨은 그 런 아버지를 곁에서 지켜볼 수밖에 없었다. 에디슨이 15세가 될 때까지도 그 의 아버지는 숱하게 직업을 갈아 치웠다. 오직 먹고 살기 위해서였다. 다행히 그의 아버지는 어려움을 겪으면서도 사물의 밝은 면을 볼 정도로 긍정적인 성 격이었다. 그의 머릿속엔 늘 맡은 일에 대한 낙천적인 생각만이 가득 차 있었던 것이다.

동료들은 하나같이 에디슨이 모든 프로젝트에 행복한 태도로 임했다고 전한다. 이것이 바로 위기가 고개 드는 순간까지도 그가 긍정적인 관점을 유지하는 비결이었다. 한때 에디슨의 연구원으로 일했던 E.G. 애치슨 박사는 에디슨의 낙천주의를 이렇게 표현했다.

"1880년 하반기에 먼로파크 연구소에서 실험을 한 적이 있어요. 하지만 원하던 실험 결과가 나오지 않았죠. 전 실험이 완벽하게 망했다고 생각했습니다. 그때 에디슨이 들어왔어요. 실험에 대해 잠잠히 듣다가 대뜸 실패가 아니라고 밝게 말하더군요. 자기는 모든 실험이 성공이라고 본다는 겁니다. 원래 추구하던 결과를 얻는 데는 실패했을지 몰라도 다음 작업할 때에 필요한 교훈을 얻는다는 거죠. 최소한 기분 전환이라도 되고요. 에디슨이 성공할 수 있었던 것은 이렇게 모든 실험을 행복한 자세로 대했기 때문이라 생각합니다."

에디슨이 역경에 굴하지 않았던 것은 모든 실험을 긍정적인 관점으로 본 덕분이었다. 그는 사람들이 너무 빨리 포기해버리기 때문에 성공에서 멀어진다고 믿었다.

인간의 가장 큰 약점이 바로 포기다. 한 번 더 시도해보는 것이야 말로 성공으로 가는 가장 확실한 길이다. _**토머스 에디슨** Thomas Edison

최악의 상황이 닥쳐도 에디슨은 낙천적인 면모를 잃지 않았다. 1914년 엄청난 화재가 웨스트 오렌지 단지를 덮쳤다. 이 불은 새로 지은 축음기 공장 여섯 채를 깡그리 태우고도 모자라 다른 건물 일곱 채마저 집어삼켰다. 처음에는 조그만 나무 창고에 난 사소한 화재였다. 하지만 공교롭게도 창고 안에는 불이 잘 옮겨 붙는 영화 필름이 있었다.

불길은 창고가 있던 축음기 작업실 건물 전체로 번졌고 뒤이어 시멘트로 지어진 주위 건물과 구조물로 걷잡을 수 없이 퍼져버렸다. 그때는 20세기 초였다. 시멘트까지 불에 타던 시절이었다. 이 참사 앞에서 에디슨은 어떻게 반응했을까? 당시 67세였던 그는 맹렬한 기세로 타오르는 불꽃을 담담히 바라볼 뿐이었다. 그런 다음 10일 안에 축음기 제조를 재개하겠다고 선언하고 즉시 재건축 계획을 꼼꼼히 짜기 시작했다.

에디슨이 잃은 자산은 건물과 구조물, 축음기 녹음 원본, 제조 설비 그리고 고가의 장비들을 포함해 7백만 달러에 달했다. 건물들은 정기 보험으로 2백만 달러까지 보상을 받았다. 에디슨 컴퍼니가 가입한 개인 보험까지 포함한 금액이었다. 결국 에디슨은 사비를 털어 부족한 부분을 채워야 했다.

불이 나자 당시 22세였던 그의 아들 찰스가 아버지 곁으로 달려갔다. 고령에 충격으로 쓰러지지나 않을까 걱정했기 때문이다. 하지만 에디슨은 아들에게 웃음을 보이며 얼른 어머니(미나)를 모셔오라고 일렀다. 평생 이런 구경을 언제 또 해보겠냐며 말이다.

끔찍한 화재마저 무색케 한 이 일화는 그의 정신에 뿌리 깊게 자리 잡은 낙천성을 가장 잘 보여준다. 폴 이스라엘은 이렇게 표현했다.

"다른 이들이 재앙과 실패를 볼 때 그는 늘 기회와 개선 가능성을 보았다."

에디슨은 화재가 난 김에 아예 헨리 포드가 개발한 최신식 공장 설계의 이점을 축음기 공장 재건축에 활용하고자 했다. 헨리 포드는 그 당시 최고의 현대식 공장 설계 기술을 자랑했다. 에디슨은 이렇게 말했다.

"지금 콘크리트 건물을 수선하는 중인데, 기계 배열이 제대로 되었으면 좋겠어. 가능한 한 포드의 방식에서 이점만 취해서 말이지."

낙천적인 성격은 에디슨의 거부할 수 없는 매력이었다. 주위엔 언제나 사람들이 몰렸다. 동료, 고객, 협력 업체 사람들, 기자, 발명가들의 신임까지 한 몸에 받았다. 상황이 좋지 않을 때마저도 사람들은 일단 그를 믿어주었다.

에디슨이 축전지에 1년을 매달린 적이 있었다. 하지만 그런 노력에도 기대한 결과를 얻지 못했다. 당시 동업자였던 월터 S. 맬러리가 에디슨에게 물었다. 성과도 없는 새 축전지 발명을 왜 그렇게 고집하느냐는 것이었다. 이 질문에 에디슨은 쾌활하게 대답했다.

"성과 말인가? 이보게 친구, 사실 대단한 성과가 있었지. 통하지 않는 수천 가지 실험 방법을 배우지 않았나."

에디슨은 모든 일을 성공으로 향하는 길이라 여겼다. 일이 잘 풀리지 않을 때조차 잠시 주춤하는 정도에 지나지 않았다. 카리스마는 남이 나를 따르게 하는 비범한 능력이다. 에디슨의 '카리스마 넘치는 낙천주의'는 혁신에 대한 열렬한 지지를 이끌어냈다. 그리고 그의 긍정적인 태도는 재정적인 후원자들에게도 에너지를 불어넣었다. 덕분에 지속적으로 회사의 직원들과 고객의 마음을 사로잡을 수 있었다. 동료 연구자였던 대니얼 크레이그의 말처럼 말이다.

"에디슨! 자네의 자신감 넘치는 표정과 관심이 항상 우리에게 새로운 활력을 불어넣는다네."

에디슨의 이름이 미국 전역에 알려지면서 그의 긍정적인 사고방식은 더 큰 파장을 불러일으켰다. 그는 국가가 힘든 시기를 극복하도록 용기를 북돋았다. 갖은 불행에 시달리던 미국인들은 에디슨의 연설에서 힘을 얻었다.

"용기를 내십시오. 그동안 경기 침체로 어려워하는 분들을 많이 보았습니다. 하지만 지금까지 우리는 이러한 위기를 만날 때마다 더욱 강해지고 발전했습니다. 과거 우리의 아버지들이 그랬던 것처럼 우리도 용감해져야 합니다. 저를 믿으세요. 함께 전진합시다."

셰익스피어의 팬임을 자처하던 에디슨은 그의 희곡 대사 하나에서도 진리를 찾았다.

"의심이란 것은 시도할 마음까지 사라지게 만드는 배신자다. 마음속에 의심이 싹트기 시작하면 우리는 분명 손에 넣을 수 있었던 것들마저 놓치게 된다."

그는 매사에 낙천적이었다. 무엇이든 일단 시도했고 결국 세계를 뒤바꿀 혁

▲에디슨 축전지의 전력과 수명이 개선되었음을 보여주기 위해 가파른 언덕을 올라온 자동차. 그 옆에 에디슨이 서 있다.

신의 결과물까지 손에 넣었다. 20세기 초 심리학자 카렌 호나이는 무언가를 성취하겠다고 진심을 담아 결심하면 대부분 정말 성공에 이른다는 사실을 밝혔다. 그리고 실패를 단정 짓는 대부분의 이유가 의심 때문이라고 보았다. 실제로 사람들은 이런 의심 때문에 전력을 다해보지도 못한 채 너무 빨리 포기한다. 에디슨도 이와 비슷한 말을 했다.

"누구에게나 아이디어가 있다. 대부분의 사람들은 그것을 실현시키기 위해 부단히 노력한다. 문제는 그 과정에서 성공이 불가능하다는 생각이 들면 쉽게 낙담한다는 것이다. 하지만 낙담하기엔 너무 이르다. 살면서 겪는 실패의 상당수가 자신이 얼마나 성공에 다가갔는지 모르고 포기해버리기 때문에 일어난다."

펜실베니아 대학 긍정심리학연구소 소장이자 《학습된 낙관주의》의 저자인 마틴 셀리그만 박사도 에디슨의 접근법이 옳다는 것을 다시 한 번 확인시킨다. 그는 대부분의 낙천주의자들이 비관주의자들보다 나은 결과를 얻는다고 말한다. 학교, 인간관계, 운동, 직장에서 남들보다 더 높은 성과를 올린다는 것이다. 낙천주의자는 감기와 기타 질병에 대한 저항력도 강하고 회복도 빠르다. 또한 인간관계를 중시하기 때문에 그 관계가 더 오래 지속한다.

낙천주의자는 그렇지 못한 이들보다 돈도 훨씬 많이 번다. 비관주의자가 뛰어난 업무 능력과 정확한 문제 분석력을 갖췄다고 해도 결과는 마찬가지다. 물론 비관주의자의 눈에는 낙천주의자들이 그저 현실감 떨어지는 이들로 비칠 수 있다. 낙천주의자들이 장밋빛 유리를 통해 세상을 보는 경향이 있다는 의견도 어느 정도 일리가 있으니 말이다. 하지만 오랜 시간에 걸쳐 연구한 결과, 낙천적인 자세가 결과적으로 더 좋은 결과를 이끌어낸다는 사실이 확인되었다.

당신이 비관주의자라면 이 글을 읽고 이렇게 반응할지 모른다.

"아, 그래? 대단하군. 난 뭘 해도 안 되는 팔자란 거지? 그래, 내 상황이 절망적이란 것쯤은 나도 알아."

하지만 상황은 얼마든지 바뀐다. 셀리그만이 강조했듯 낙천주의 역시 배울 수 있기 때문이다. 낙천주의는 개인의 혁신 역량을 키우는 필수 요소다.

혁신 역량 키우기: 카리스마 넘치는 낙천주의를 키워라

모든 역경과 실패 그리고 골치 아픈 일들은, 더 발전하기 위한 씨앗을 품고 있다. _**나폴레온 힐** Napoleon Hill

낙천주의가 뒷받침되어야 혁신도 가능하다. 《EQ 감성 지능》의 저자 대니얼 골먼에 따르면 낙천주의는 감성 지능[5]을 이루는 중요한 부분인 동시에 리더십을 기르기 위해서도 꼭 필요하다.

골먼과 셀리그먼을 비롯한 여러 전문가들은 누구나 이것을 계발할 수 있다고 말한다. 방법은 간단하다. 셀리그먼의 '낙천적 설명 방식(Explanatory Style)'을 익히면 된다. 여기서 설명 방식이란 장애물이나 역경에 마주쳤을 때 스스로를 다스리는 것이다.

비관론자들은 악재가 눈앞에 닥치면 부정적인 면에 집중해 그것을 자신의 문제로 받아들인다.

'다 내 잘못이야.'

---

5) 자신과 타인의 감정을 이해하고 삶의 질을 높이는 방향으로 통제할 수 있는 능력 ―옮긴이 주

이 난관이 영원할 거라 생각해버리고,

'절대 나아질 리 없어.'

앞으로 더 큰일이 이어질 거라 여긴다.

'이제 내 삶은 끝장이야.'

이러한 독백이 비관적인 결론을 부르는 자기 암시가 되어버린다.

같은 상황에서도 낙천주의자는 완전히 다르게 반응한다. 이들은 문제에 영향을 미친 외부의 원인을 먼저 살피기 때문에 어떤 것도 함부로 자신의 문제로 받아들이지 않는다. 성공을 기대하며 행복을 당연시하는 것이다.

그들에게 부정적인 사건은 성공으로 이어지는 인생길에 잠시 스치는 돌발 상황일 뿐이다. 설사 일이 더 꼬이더라도 그것을 하나의 현상으로만 볼 뿐이다.

좋은 일을 대하는 자세도 다르다. 낙천주의자는 스스로 행운을 만들었다고 믿지만 비관주의자들은 그냥 운이 좋았다고 느낀다. 낙천주의자가 좋은 일이 일어나는 건 당연하며 앞으로도 계속될 거라 생각하고 있을 때 비관주의자는 그 운마저도 곧 떠나버릴 거라며 불안해한다. 낙천주의자는 이렇게 다가온 행운으로 삶 전체가 더 행복해질 거라고 여기지만 비관주의자는 아직 부족한 면을 보고 투덜대기 바쁘다.

사실 알고 보면 비관적으로 자기 암시를 거는 습관은 고치기 쉽다. 해결책은 간단하다. 자신을 조금 더 낙천적인 태도로 다스리는 연습을 하는 것이다. 이 과정을 통해 비관주의자의 자기 패배적인 설명 방식으로부터 자유로워지기만 하면 된다.

지금 충분한 시간과 노력을 들여 혁신적인 제품이나 서비스를 연구 개발했다고 상상해보자. 모든 준비가 끝났다. 회사 경영진에게 제안서를 제출하고 프레젠테이션까지 할 기회까지 얻었다. 그런데 그들에게서 허무한 대답이 돌아왔다.

"안 돼."

비관주의자들은 이런 상황을 자신의 책임으로 돌린다.

'모든 게 내 잘못이야. 내 제안서가 부실했어. 나도 부실하긴 마찬가지고.'

그들은 이런 상황이 영원할 거라고 믿는다.

'내가 다 날려버렸어. 이런 기회는 다시 오지 않을 텐데.'

마지막으로 이 불행이 다른 영역까지 번질 거라 결론 내린다.

'난 완전히 실패작이야. 내 인생은 전혀 쓸모가 없어.'

반면 낙천주의자의 내면에서는 좀 더 현실에 목소리가 들린다. 그들은 회사의 거부를 자기 탓으로 돌리지 않는다. 대신 이렇게 생각한다.

'이 경영진은 혁신을 잘 받아들이지 못하는군. 이들을 설득하려면 더 강한 방법이 필요해.'

그리고 이 상황이 영원할 거라고 생각할 시간에 더 나은 미래에 집중한다.

'다음 분기에 경영진이 새로 구성되잖아? 그때 다시 도전해봐야지. 내 아이디어에 투자할 벤처 투자자도 찾아봐야겠어. 지금 이 상황을 어떻게든 해결해서 더 이상 이 일이 발목을 붙잡지 못하게 할 거야.'

그들은 불운이 번질 거라고 결론 내리는 대신 이렇게 결심한다.

'이건 오히려 좋은 학습 기회야. 이번 일을 발판 삼아 앞으론 뭘 하든 더 잘 해내겠어.'

여기서 가장 중요한 것은 내가 스스로 선택할 수 있다는 점을 이해하는 것이다. 불행한 사건을 비관적으로 해석하는 습관이 있더라도 우리는 얼마든지 스스로 변화를 택할 수 있다. 어려운 상황에 직면했는가? 얼마든지 카리스마 넘치는 낙천주의의 힘을 이용할 수 있다. 난관에 부딪쳤을 때 이렇게 스스로에게 물어보라.

'에디슨이라면 어떤 반응을 보였을까? 그는 이 일을 어떻게 해석했을까?'

에디슨은 에너지 넘치는 활동가였다. 몸과 마음 모두 말이다. 그는 인간의 뇌가 우주에서 가장 심오하고도 강력한 문제 해결 장치라는 사실을 알고 있었다. 그리고 성공이야말로 인간에게 필수적인 요소라고 생각했다. 훗날 셀리그만 박사와 다른 연구자들은 성공 메커니즘의 에너지가 방전되는 것은 비관주의 때문이라는 점을 증명했다.

낙천주의자들은 항상 더 나은 결과를 얻는다. 스스로 해결책을 찾기 위해 열정적으로 몰입하기 때문이다. 결코 긍정적인 생각이 요정을 불러들여 성공의 마법 가루를 뿌려서가 아니다.

3) 거침없이 지식을 모아라

아이들은 대부분 호기심이 많다. 어린 시절 에디슨의 호기심은 도가 지나칠 정도였다. 세상을 알고자 하는 갈증은 끝없는 질문으로 이어졌다. 에디슨은 말을 배우자마자 모든 것에 대해 무차별적으로 질문을 던졌다. 그것도 아주 예리하고, 집요하며, 때로 포괄적으로 말이다. 남들이 당연하다고 여기는 것들도 예외가 아니었다. 에디슨에게 뭔가 문제가 있는 건 아닌지 가족들이 걱정할 정도였다. 다이어와 마틴의 이야기를 들어보자.

"에디슨은 끝없이 질문했다. 보통이 넘는 강심장에 호기심이 지나칠 정도여서 이해력이 부족한 건 아닌지 의심을 사기도 했다."

에디슨의 아버지는 이렇게 회고했다.

"아들의 끝없는 호기심을 채워주려 애를 많이 썼다. 물론 가끔은 그 애가 좀 평범한 안목을 지녔으면 좋겠다고 생각한 적도 있었다."

에디슨이 포트 휴런의 학교에 머문 건 석 달도 채 안 된다. 그는 당시를 이렇게 회상했다.

"도무지 학교에 어울릴 수 없었다. 항상 반에서 꼴찌였는데 나는 사실 꼴찌가 뭔지 모른다. 선생님은 나를 이해하지 못했고 아버지 역시 내가 멍청하다고 생각하시는 것 같았다. 하마터면 나 자신도 내가 정말 바보라고 믿을 뻔했다."

다행히 그의 어머니가 교육을 맡았다. 그녀는 아들의 조숙한 정신을 책의 세계로 인도했다. 에디슨은 당시를 행복한 시절로 기억했다.

"나는 산만한 아이였다. 어머니의 도움이 없었다면 결국 나는 어딘가 모자라는 아이로 여겨졌을 것이다. 어머니는 확신, 다정함, 선한 마음을 지닌 분이셨다. 내가 올바른 길을 걸을 수 있었던 것은 어머니께서 강한 힘을 길러주셨기 때문이다. 책을 빠르고 정확하게 읽는 법도 가르쳐주셨다. 덕분에 위대한 문학의 세계를 만날 수 있었다. 나는 어머니와 함께한 어린 시절의 독서 훈련을 항상 감사히 여긴다."

에디슨이 과학, 그중에서도 특히 화학에 열을 올린 것도 독서 덕분이었다. 집에서 공부하던 시절부터 자라난 에디슨의 독서 사랑을 다이어와 마틴은 놓치지 않았다.

"이 간단한 학습법이 배우기 좋아하는 습관을 낳았다. 그렇게 쌓은 문학적 취향은 오늘날까지 이어졌다. 에디슨은 책의 심장을 도려내는 사람이다. 실험에 유용하거나 가치 있는 것은 한 번만 읽어도 절대 잊지 않았다."

에디슨의 능력을 이끌어낸 것은 어머니의 교육만이 아니었다. 에디슨은 자신에게 맞는 최고의 학습 방법을 스스로 발견했다. 읽은 내용을 바로 눈앞에서 실험해 완전히 자기 것으로 소화하기도 했다. 훗날 그는 이렇게 말했다.

"눈으로 직접 보기 전에는 그 무엇도 완전히 납득할 수 없었다. 아무리 대단한 설명도 내 마음까지 전달되기에는 부족했다. 지식을 통해 모든 것을 직접 판단하길 바랐는데, 그게 잘 되지 않았다."

에디슨은 자신만의 지식 체계를 만들어갔다. 읽은 것을 실제로 만져보고 직접 실험하면서 말이다. 광석, 돌, 가루, 나뭇잎, 철사, 나무, 나무껍질 등 자연을 이루는 온갖 물질이 그 대상이 되었다. 실험을 통해 학습하고, 다양한 감각을 언어와 결합한 정보가 중요하다는 것을 그는 이미 알고 있었다.

> 발명을 하려면, 훌륭한 상상과 산더미같이 쌓인 쓰레기가 필요하다.
>
> _토머스 에디슨 Thomas Edison

에디슨은 배우고 싶은 게 생기면 가능한 한 빨리 배우고자 했다. 그래서 스스로 속독법을 익혔다. 그는 이런 말도 했다.

"전신 기술자가 된 후, 오랜 시간 연습한 끝에 인쇄물을 빨리 읽을 수 있게 되었다. 전체 글의 의미를 단번에 감지하는 데도 선수가 되었다. 사실 이 기술을 익히기는 생각보다 쉽다. 나는 이것을 학교에서도 가르쳐야 한다고 생각한다. 누구든 통달하면 하루에 책 두세 권 정도는 읽을 수 있다. 한 번에 한 단어씩만 읽는다면 독서는 노동이 되어버릴 것이다."

속독 기술을 익힌 덕분에 머릿속에서 끝없이 솟아나는 의문도 감당할 수 있었다. 에디슨은 어마어마한 범위의 주제에 대해 책을 읽으며 호기심을 채워나갔다. 스스로 이렇게 표현할 정도였다.

"그냥 책 몇 권을 읽은 게 아니다. 나는 도서관을 집어삼켰다."

에디슨은 자신을 발전시킬 열쇠가 바로 독서라고 확신했다. 목표를 이루기 위해 새로운 지식을 얻을 때도 늘 책을 활용했다. 전신 기술을 배우던 시절에는 전신 산업계의 유력지를 두루 읽은 덕분에 더 빠른 속도로 최고의 전신 기술자가 될 수 있었다. 결과적으로 책은 늘 그에게 훌륭한 자극제가 되어 새로운 아이디어를 개발하고, 문제의 실마리를 찾고, 참신한 발명을 하도록 도왔다. 무엇보다 독서는 그를 기막힌 혁신으로 이끄는 인도자가 되어주었다.

실험가이자 발명가로서 에디슨의 위치는 독보적이다. 깊고 방대한 독서량은 그가 성장하는 데 큰 영향을 미쳤다. 에디슨은 연구를 위해서라면 구할 수 있는 모든 정보를 다 찾아 읽었다. 혹시라도 덜 읽었을 때에는 아예 실험에 들어가지 않았다. 덕분에 독서에서 뽑아낸 정보를 토대로 가설을 세울 때마다 다양한 상황을 생각해볼 수 있었던 것이다.

어느 날 그가 웨스트 오렌지 연구소에서 기자와 인터뷰를 한 적이 있다. 사무실은 천 권이 넘는 책 더미가 벽면을 꽉 채워 동굴처럼 어두웠다. 이 인터뷰에서 그는 독서에 관한 애정을 표현했다.

"뭔가 발견해내고 싶을 땐 먼저 책을 찾아 읽습니다. 과거 누군가가 쓴 모든 것들을 샅샅이 뒤지는 거죠. 그러기 위해서 이 책들이 여기 있는 겁니다."

에디슨은 책을 통해 새로운 연구 대상을 발견하곤 했다. 또한 다양한 분야를 섭렵하고 여러 가지 일을 동시에 수행할 수 있도록 스스로를 단련해갔다. 에디슨의 서재에 어떤 분야의 책들이 주로 꽂혀 있었는지 다이어와 마틴은 이렇게 묘사했다.

"유명 잡지도 있고 기술 관련 잡지도 많다. 주로 전기, 화학, 공학, 기계, 건축, 시멘트, 건축 자재, 의약, 물과 공기, 동력, 자동차, 철도, 항공학, 철학, 위생학, 물리학, 전신, 광산, 금속학, 소재 등에 관한 것이다. 음악 잡지도 빼놓을 수 없다. 그밖에도 다양한 학계와 기술계 동향, 시대의 변화가 담긴 잡지가 있고, 연극 관련 주간지도 있다."

에디슨은 의문이 생길 때마다 먼저 책을 읽었다. 그런 다음 직접 실험을 했다. 이러한 학습 과정을 위해 서재를 따로 만들기도 했다.

"서재 위 선반은 광물 표본으로 꽉 차 있었다. 인간이 아는 모든 종류를 전 세계 곳곳에서 모은 것이다. 셀 수 없이 많은 표본에는 일일이 번호와 이름표가 붙어 있었다."

에디슨은 가능한 한 모든 감각 기관을 동원해 어마어마한 수의 표본을 관찰했다. 눈으로 구조와 색을 살피고, 냄새도 맡아보고, 심지어 살짝 맛보기까지 했다. 집중적인 독서로 얻은 지식을 바탕으로 모든 감각을 동원해 탐구하고 보완한 것이다. 에디슨은 이러한 노력 덕분에 연구 대상의 본질을 완벽하게 이해하는 능력을 키울 수 있었다. 오랫동안 그와 함께했던 지인도 이 점에 주목했다.

"그에겐 책과 관찰로 얻은 지식 외에도 사물의 보편적 질서를 이해하는 직관력이 있는 것 같았다. 그것은 자연에 존재하는 것들을 연결하며 이해하는 힘이다. 내 눈엔 그가 늘 사물의 핵심을 단번에 꿰뚫는 듯 보였다."

에디슨은 이러한 능력 덕분에 실험의 결과를 정확히 예측해낼 수 있었다. 처음 추측한 결과가 그대로 최종 답안이 되는 경우도 많았다. 그의 절친한 동료였던 프랜시스 업튼은 이렇게 표현했다.

"그를 오래 알고 지내며 가장 기억에 남은 것은, 놀라울 만큼 정확한 추측 능력이다. 에디슨은 계산을 통해 알아내는 것보다 훨씬 빠르게 결과의 본질을 알아챈다."

휴식을 위해 구입한 플로리다의 별장 안에도 드넓은 서재를 만들었다. 그곳에는 세계 최고 수준의 연구용 정원도 조성되었는데, 약 900종에 달하는 나무, 꽃 그리고 갖가지 식물 표본을 이 정원에 심었다. 에디슨은 이 휴가지에서 '빈둥대길' 즐겼다고 스스로 표현했지만 사실은 여가 시간에도 끊임없이 지식을 섭취한 셈이다.

혁신 역량 키우기: 거침없이 지식을 모아라

혁신에 조금 더 다가가려면 에디슨이 어떻게 했는지 이해해야 한다. 그러기 위해 먼저 학습 방법부터 살펴보자.

사람마다 정보에 다가가는 방법이 다르다. 눈으로 보고 익히는 걸 좋아하기도 하고, 들으면서 배우거나, 신체를 움직이며 배우는 것을 더 선호하는 사람도 있다. 이렇게 다양한 학습 방식은 다음과 같이 정리할 수 있다. 먼저 사물을 글로 보길 좋아하는 이들은 시각 중심 학습자로서 공상, 낙서, 시각화를 즐긴다. 청각 중심 학습자는 소리를 매개체로 정보를 얻는 편이며, 대개 훌륭한 경청자인 경우가 많다. 운동 중심 학습자는 무엇이든 직접 해보며 배우길 좋아한다. 그들은 실천적인 접근법을 주로 사용한다.

어떤 방식으로 학습하든 우리는 이런 말만을 듣고 자랐다. 바로 똑똑하거나 멍청하거나 둘 중 하나다. 하지만 한 가지 측면으로 섣불리 학습 능력을 판단해선 안 된다. 잘 듣지 못한다는 이유로 '머리가 둔하다'고 결론 내린 에디슨의 담임 교사처럼 말이다.

에디슨은 시각 중심인 동시에 운동 중심 학습자였다. 마음의 눈으로 사물을 그리길 즐기는 탓에 공상에 빠져 있다는 오해를 받긴 했지만 말이다. 독서에 열을 올리게 된 것도 그가 시각 중심의 성향을 가졌기 때문이다. 그는 늘 생생한 움직임에 이끌려 주제를 온몸으로 부딪쳐 탐구했다. 얌전히 앉아 있는 것은 체질에 맞지 않았다. 가끔은 이런 말도 했다.

"위대한 아이디어는 근육에서 나온다."

시각과 운동 중심의 학습자였던 에디슨이 청각 분야의 혁신을 두 번이나 이루었다는 사실은 유쾌한 아이러니다. 벨이 발명한 전화기의 수신 음질을 극적으로 개선시킨 탄소판 송신기도 그렇고 축음기 발명도 마찬가지다.

에디슨은 전신기와 전화기를 수시로 입에 물기도 하고, 축음기에 얼굴을 대 보기도 하며 소리의 진동을 측정했다. 모두 운동 감각을 이용하여 연구 대상의 특성을 온전히 파악하려는 것이었다. 그런 다음 그는 상상력을 동원해 시각화하여 추가적인 아이디어나 개선 사항을 스케치했다.

당신이 에디슨과 달리 청각 중심 학습자라면, 같은 내용이라도 녹음해서 들을 때 머릿속에 더 쏙쏙 들어올 것이다. 운동 중심 학습자에 가깝다면 무엇이든 직접 실험해보는 게 좋다. 그리고 시각 중심 학습자는 에디슨처럼 속독법을 이용해 학습 효과를 극대화시킬 수도 있다.

에디슨의 어머니는 아들이 가장 효과적인 공부 방법을 익히도록 지도했다.

그 덕에 책의 심장을 도려내는 듯한 놀라운 통찰력이 자랄 수 있었던 것이다. 이제부터 에디슨의 공부법을 살펴보자.

– 분명한 목표를 세워라: 무엇을 배우고 싶은지 확실한 목표를 세운 다음에 독서를 시작하라. 그래야 더욱 빠르고 효과적으로 배울 수 있다. 여기 고전적인 연구 결과가 있다. 두 그룹에게 똑같은 책을 읽게 했다. 한 그룹은 책 전체를 공부하게 하고, 나머지 그룹은 책에서 3가지 주제만 뽑아 공부하도록 했다. 정해진 시간이 지나 두 그룹 모두 시험을 치렀는데, 주제를 정해 준 그룹이 모든 면에서 나은 성적을 보였다. 3가지 주제 이외의 문제들까지도 말이다. 다시 한 번 강조한다. 뭔가를 읽고 적을 때는 분명한 목표를 세우고 시작하라.

– 뇌도 준비운동이 필요하다: 찾으려는 주제에 대해 이미 알고 있던 것들을 말이나 글로 표현하라. 이것이 바로 뇌를 위한 준비운동이다. 이 과정은 해당 주제에 관련한 뇌 영역을 활성화시켜 준다. 단 2~3분이면 주제에 관해 자신이 가지고 있던 지식 기반에 접근할 수 있다. 실제로 뇌가 준비운동 과정을 거치면 읽은 것을 기억해내는 능력이 엄청나게 향상된다.

– 내용을 훑어보라: 목차, 서문, 실전 연습, 장 요약, 리뷰 그리고 결론 부분을 먼저 읽어라. 가로세로 낱말 풀이를 하는 것과 같은 방식이다. 일단 테두리에서 시작해 안으로 들어간다. 실제로 대강 훑어보는 과정에서 이미 목표가 달성되는 경우도 많다.

– 요점을 기록하고 남들과 공유하라: 목표를 정하고, 뇌를 준비운동 시킨 다음, 책도 대강 훑어보았는가? 이제 내용 중 어디가 심장인지 귀신같이 찾을

수 있을 것이다. 책의 심장을 도려낸다는 것은, 결국 목표와 가장 밀접한 관련이 있는 부분에만 집중하고 나머지는 선택에 따라 건너뛴다는 의미다. 에디슨이 그랬듯, 당신도 독서의 핵심을 기록하라. 책을 다 읽었으면 독서로 얻은 정보를 다른 누군가에게 가르쳐주라. 배운 것을 표현하는 연습을 하면 원래 알던 내용을 환기시키고, 앞으로 무엇을 더 배워야 하는지도 확실히 알 수 있다.

지금 에디슨이 살아 있다면 분명 인터넷을 샅샅이 뒤져서 독서의 보조 수단으로 삼았을 것이다. 하지만 방대한 지식의 양만큼이나 그곳엔 근거 없는 이야기도 넘쳐난다. 목표를 분명히 세우는 습관을 들이면 인터넷을 통해 원하는 정보를 얻는 데에도 큰 도움이 될 것이다.

4) 끊임없이 실험하라

인내, 끈기 그리고 노력이야말로 성공을 위한 무적의 조합이다.

_나폴레온 힐 Napoleon Hill

우리는 이론이나 가설의 정당성을 밝히기 위해 실험을 한다. 하지만 단순한 생활 속의 경험만으로는 원하는 결과를 얻기에 부족하다. 반드시 구체적인 훈련이 바탕이 되어야 한다.

에디슨에게 실험이란 혁신 프로세스의 실질적인 원동력이었다. 에디슨이 살던 시대는 과학이 한창 꽃피던 시기였다. 하루가 멀다하고 다양한 가설이 줄줄이 쏟아지던 상황에서도 에디슨은 독자적인 실험 방법을 정립했다. 독서와 몸으로 부딪히는 탐색을 바탕으로 노트에 기록해 둔 통찰력을 덧붙여 폭넓은 지식 체계를 이룬 덕분이었다.

에디슨에게는 아무도 능가할 수 없는 비범한 발명을 해낸다는 자신감이 있었다. 실험가로서 업적을 쌓는 데도 이런 자세가 바탕이 되었다. 그는 이렇게 말할 정도로 의욕이 넘쳤다.

"실험은 내가 남보다 항상 앞설 수 있었던 유일한 길이다. 내가 하지 않으면 다른 누군가가 먼저 한다는 생각을 항상 되새긴다. 실험 없이는 발전도 없다. 실험을 멈추면 퇴보하고 마는 것이다. 실험 도중 뭔가 잘못되었는가? 그럴수록 문제의 밑바닥에 도달할 때까지 실험하고 또 실험하라."

에디슨은 자신이 수행하는 모든 실험 하나하나가 지식의 경계를 확장시키는 중요하고 의미 있는 과정이라고 여겼다. 에디슨은 눈에 보이는 결과만으로 실패 여부를 판단하지 않았다. 어떤 결과가 나오든 한 단계 높은 수준의 자료를 만드는 바탕이 되고, 이러한 경험이 쌓여 결국 해결책을 찾게 된다고 생각했다. 에디슨은 실험 과정에서 남들이 혀를 내두를 정도로 인내심을 보였다. 어떤 문제든 반드시 해결책은 존재한다고 굳게 믿었기 때문이다. 결국 인내심이 에디슨의 신념을 현실로 만든 것이다.

아래는 '에디슨이 과학계에 남긴 의미'에 대해 1915년 MIT 총장 리처드 맥로린이 연설한 내용의 일부다.

"에디슨은 과학 연구와 실험 방법론에서 훌륭한 선례를 남겼습니다. 그의 엄청난 파급 효과를 증명한 거죠. 위대한 진보는 십중팔구 방법론의 향상이 뒷받침될 때 이루어집니다. 물론 문제의 근원에 가까이 가본 사람들만이 그 사실을 알게 되죠."

완벽에 가까운 실험 방법이 먼로파크 연구소에서 탄생했다. 에디슨이 가히 예술이라 불릴 만한 실험 설비를 창조한 것이다. 결국 그 명성은 한 세기 이상 이어졌고, 덕분에 에디슨은 선도적 실험 접근법의 아버지가 될 수 있었다.

에디슨이 라이벌보다 한 발 앞설 수 있었던 것은 자신만의 독립적인 연구소를 만든 덕분이었다. 1870년대 초반, 영국을 여행하며 유럽의 정교한 실험 장비를 접할 기회가 있었다. 그때 에디슨은 자신만의 연구소를 창조해 미국에 도입하겠다고 마음먹었다.

에디슨의 먼로파크 연구소는 기존 연구실에서 보지 못한 온갖 실험 장비를 갖췄다. 물론 그중에는 그가 직접 고안한 장비도 있었다. 공장 기계에 사용하던 공구를 실험 환경에 도입한 다음, 거기에 온갖 종류의 최고급 화학 실험 장비를 더했다. 견본 제작에 필요한 공구를 갖춘 목재 작업대, 금속을 가공하는 증기 선반과 드릴도 실험 장비에 포함시켰다. 에디슨은 이처럼 독특한 최첨단 설비를 활용해 발명품이 쏟아지길 기대했다. 10일에 하나, 대박감은 6개월에 하나씩 말이다. 결국 에디슨은 먼로파크에 발명 공장을 만들겠다는 꿈을 실현시켰다.

에디슨은 늘 자기 연구소만큼은 최고급 장비와 소재를 갖춰야 한다고 고집했다. 이것이 직원, 고객 그리고 발명가 모두에게서 자신감을 이끌어냈다. 에디슨의 전기를 쓴 저자들은 한결같이 이렇게 말한다.

'그는 세상에 존재하는 모든 천연자원을 보는 즉시 이해할 수 있다고 확신했다.'

에디슨이 처음으로 마련한 최첨단 설비는 그의 독창적인 혁신을 보여줄 무대가 되었다. 그는 직원과 동료들에게 이 설비를 사용하려면 '에디슨의 방식'을 따르라고 지시했다. 직원들은 곧 다양한 가설을 세우고, 기본 가정들을 주의 깊게 살피는 법을 알게 되었다. 이때 실험에 꼼꼼히 주의를 기울이고 각 단계를 모두 기록하는 훈련도 받았다. 에디슨이 직원들을 자기 방식대로 혹독하게 훈련시켜 혁신 프로세스를 더욱 체계적이고 믿을 만하게 만든 것이다.

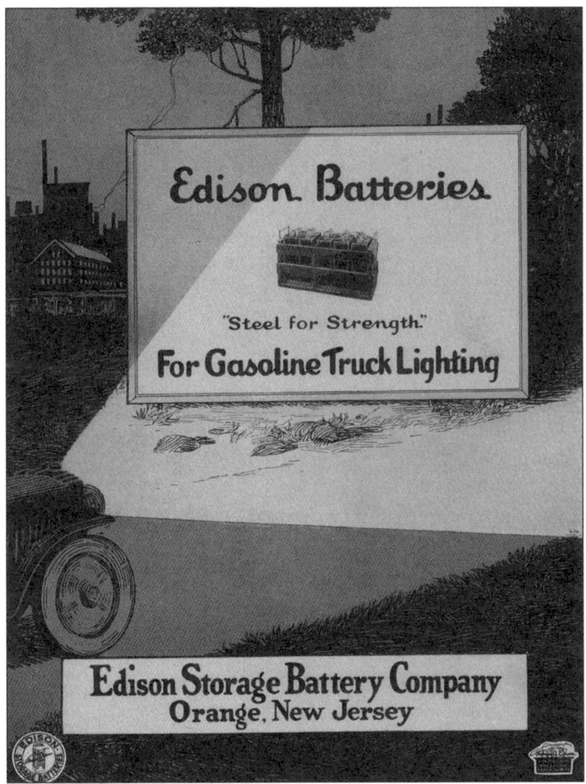

▲에디슨의 축전지를 시장에 알리는 전단지다. 트럭, 생산 설비, 기타 산업 분야에서 사용할 수 있다고 광고한다.

최초로 알칼리 전지를 개발한 것은 그가 실험 방법론 분야에 남긴 가장 눈부신 업적이다. 1800년대 후반까지만 해도 대부분의 전지는 덩치가 크고 거추장스러웠다. 주로 납과 황산으로 채워져 있어 무겁기도 하고, 가끔씩 내용물이 새기도 했다. 내용물에는 유독 성분이 들어 있어서 인체에 해로운 것은 물론이고 자칫하면 집까지 태울 위험도 있었다.

에디슨은 납이나 액체 화합물 없이도 전구와 휴대용 전지를 만들 수 있다고 확신했다. 먼저 휴대용 건전지에 사용하기 위해, 대체 물질을 찾을 만한 책들을 골라 폭넓게 독서하기 시작했다. 그 결과 여러 가지 가설을 얻을 수 있었고, 그것들을 검증할만한 실험도 설계했다. 그런 다음 숱한 실험으로 얻은 자료를 활용해 다시 새로운 가설을 세워 실험에 돌입하기를 반복했다.

가장 큰 난관은 완벽한 전도력을 갖춘 전지 양극을 만들어내는 것이었다. 그는 인내심을 갖고 실험을 거듭했다. 그 결과, 1년의 테스트 기간을 거쳐 최초로 해결책을 발견할 수 있었다. 독특한 화학조(Chemical Baths)를 사용해 종이처럼 얇은 순수 니켈 박편과 산화철 박편을 만들어낸 것이다. 그는 이 박편으로 금속 심을 둘둘 말았다. 그리고 이것을 3mm 두께로 압착해 니켈과 산화철이 포개진 얇은 샌드위치 모양으로 만들었다. 결국 에디슨의 축전지는 안전성, 효율성, 경제성이라는 모든 면에서 대단한 성공을 거두며 휴대용 전지의 새로운 장을 열었다. 축전지를 만들기 위해 몇 번의 실험을 했느냐는 물음에 에디슨의 연구실 직원은 이렇게 답했다.

"그걸 누가 알겠어요? 실험 때마다 번호를 매겨 1부터 1만까지 센 적은 있죠. 1만 번째가 되면 처음으로 돌아가 다시 1부터 1만까지 달리는 식이었는데, 사실 그렇게 몇 번을 돌았는지 모릅니다. 세는 것조차 지칠 정도였죠. 대략 5만 번 정도는 돼요."

에디슨은 해결책을 찾아 끈질기게 물고 늘어지는 자신의 습성을 이렇게 말하기도 했다.

"가치 있는 결과가 나올 거라 확신이 들면 일단 부딪친다. 그리고 실제로 결과가 나올 때까지 시도하고 또 시도한다."

에디슨은 모든 실험을 직접 설계할 정도로 에너지가 넘쳤다. 그의 열정과 끈기는 백열전구에 사용될 필라멘트를 개발하는 과정에서도 잘 드러난다.

에디슨은 언제나처럼 다양한 자료를 면밀하게 조사하고 검토하기 시작했다. 그중 대나무에서 필라멘트에 적합한 섬유를 찾아냈다. 대나무의 세포 구조가 일정하게 반복돼 압축하면 균일하게 타들어 간다는 사실을 발견할 수 있었기 때문이다.

그는 이 섬유야말로 상품화시키기 가장 적합한 원료라고 생각했다. 아이디어를 확인하기 위해 약 1천 종에 달하는 대나무의 특성을 테스트했다. 그리고 그중에서 가장 가능성이 높은 것을 몇 개 골랐다.

이제 그 대나무를 구해올 사람이 필요했다. 에디슨은 동료들을 수소문해서 대나무 공급을 위해서라면 '정글 한가운데까지 샅샅이 뒤져낼' 완벽한 사람을 추천받았다.

결국 윌리엄 H. 무어가 이 임무를 맡아 일본 교토 근처의 대나무 숲에서 이상적인 대나무 종을 구해왔다. 일본 현장에서 수천 번의 견본 테스트 끝에, 최상의 견본만 골라내 먼로파크로 가져온 것이다. 먼로파크에서는 더욱 광범위한 테스트가 이루어졌다. 무어가 가져온 것은 섬유의 원료가 되기에 완벽했다. 훗날 에디슨은 무어에게 이런 메시지를 남겼다.

"지시한 대로 원료를 찾으러 중국과 일본까지 다니느라 수고했소. 이번 여행은 대성공이오. 내가 요구한 것과 정확히 일치하는 원료를 찾아냈군."

다이어와 마틴은 이 일에 관해 설명을 덧붙였다.

"과학 조사나 실험 기록을 보면 원료를 찾기 위해 이러한 모험까지 했던 사례는 찾기 힘들다. 겉으로 봐선 대나무 껍질이나 그 비슷한 섬유를 찾는 것쯤은 너무 쉬워 보이기 때문이다. 하지만 수많은 원정대가 그 일을 위해 2년 동안이나 전 세계를 샅샅이 뒤져야 했다. 물론 모두 에디슨 연구소에서 파견된 이들이었다."

적합한 대나무를 찾자 탄화 필라멘트 견본 만들기에 돌입했다. 원료를 반죽하고, 섞고, 굴려서 두께가 0.2mm도 안 되는 아주 가느다란 필라멘트를 만든 것이다.

어느 날 에디슨 연구소 수석 실험가였던 찰스 배츨러가 필라멘트에 바를 탄소 덩어리를 반죽할 때였다. 몸이 뒤틀릴 만큼 길고 지루한 시간이 흐르고 있었다. 그는 완성된 견본을 에디슨에게 가져갔다. 당시 둘의 대화를 다이어와 마틴이 재현했다.

배츨러: 뭔가 잘못됐어요. 손으로 반죽하고 나면 부스러기가 나오거든요.
에디슨: 얼마나 반죽한 건가?
배츨러: 아! 한 시간 넘게요.
에디슨: 그래? 몇 시간만 더 하면 제대로 된 게 나오겠군.

정말로 배츨러는 몇 시간을 더 반죽하고 나서야 에디슨을 만족시킬 수 있었다. 다이어와 마틴은 뜻대로 되지 않던 탄소 덩어리와 타르 덩어리가 어느새 끈끈하게 달라붙어 가늘고 균일해졌다고 기록했다. 이것은 결국 나선형 필라멘트를 탄화시키는 데 꼭 필요한 원료가 되어 에디슨에게 특허를 안겼다. 그리고 최초로 상업적인 성공을 거둔 백열전구 재료로 쓰이게 된 것이다.

더 잘할 수 있는 방법은 어디에나 있다. 그걸 찾아라.

_**토머스 에디슨** Thomas Edison

"천재는 1%의 영감과 99%의 땀으로 이루어진다."

잘 알려진 에디슨의 명언이다. 여기서 땀은 실험실에서 보여준 끈기를 의미한다. 에디슨은 근면과 헌신 그리고 인내의 중요성을 이야기할 때도 이 말을 즐겨 썼다. 사람들은 프로세스 혁신을 마술이나 마법 정도로 보았다. 에디슨은 그 인식을 고쳐주고 싶었다. 다이어와 마틴의 설명을 들어보자.

"에디슨하면 어떤 이미지가 떠오르는가? 운이나 직감으로 새로운 성과를 올리는 씩씩하고 저돌적이며 에너지 넘치는 발명가? 자기 자랑으로 허풍이나 떨다 기회 잘 잡아 승리한 발명가? 사실 이런 이미지는 쉽게 사라지지 않았다.

에디슨에게는 남다른 상상력이 있었다. 새로운 발명을 목표로 나아가다보면 그 과정이 단조롭고 지루할 수 있다. 하지만 분명 아주 조금씩이라도 발전하고 있다면 긍정적인 길이다.

뉴저지 해변으로 가서 대서양 최고의 조약돌을 찾아오라고 한다면 에디슨이 어떻게 할까? 원하는 조약돌이 있을 만한 곳을 여기저기 뒤질 거라 기대한다면 오산이다. 그는 해변 전체를 끈기 있게 조사해 가장 완벽한 돌들을 골라낸 다음, 그것들을 하나하나 걸러내는 길고 험한 과정을 거쳐, 결국 그토록 찾아 헤매던 조약돌을 찾아낼 것이다. 여기에 수년이 걸린다고 해도, 그의 열정은 손톱만큼도 줄어들지 않을 것이다."

원대한 목표, 카리스마 넘치는 낙천주의, 지식을 향한 갈망. 이것들이 바로 실험에 필요한 인내심을 기르고, 문제 해결 중심의 사고방식을 강화한 요소들이다. 에디슨이 시장에서 결정적으로 경쟁자들보다 우위에 설 수 있었던 것은 그만의 혁신적인 실험 접근법 덕분이었다.

에디슨은 숱한 실험에서 발견한 것들을 꼼꼼하고 세심하게 기록해 엄청난 양의 데이터베이스를 구축했다. 놀라울 정도의 독서량과 이 데이터베이스가 합쳐져 다양한 범위에서 끊임없이 가설을 만들 수 있었다.

실험을 위한 설계만 보아도 그가 지닌 창조력의 깊이가 묻어난다. 실제로 그가 마련한 실험 접근법은 다양한 형태의 혁신을 성공적으로 완수하도록 도왔다. 덕분에 직원들도 포괄적이고, 창의적이며, 능숙한 솜씨로 실험을 수행할 수 있었다. 제도적으로 혁신을 발전시킬 중요한 도약을 한 셈이다.

혁신 역량 키우기: 끊임없이 실험하라

삶이란 결국 실험이다. 더 많이 실험할수록 더 나아진다.

_랠프 왈도 에머슨 Ralph Waldo Emerson

에디슨의 주요 실험 무대는 자신의 연구소였지만, 사실 그는 실험을 위해서라면 장소를 가리지 않았다. 대도시, 작은 마을, 사막 그리고 공원에 이르기까지 해답을 찾을 수 있는 곳이면 어디서든 실험을 했다. 문제 해결 중심의 사고방식만 있다면 경험한 모든 것에서 배울 점을 찾을 수 있다고 생각한 것이다.

당신의 실험 무대도 어디가 될지 모른다. 연구소일 수도 있고, 사무실, 뒤뜰, 교실, 상점, 인터넷 또는 집도 될 수 있다. 하지만 어떤 분야든 에디슨이 보여준 것과 같은 인내심이 없다면 장기적으로 성공하기는 어렵다. 모든 분야에서 끈기는 성공의 열쇠다. 혁신을 실현하는 과정에서도 결정적인 역할을 한다. SRI 인터내셔널[6]의 커트 칼슨과 빌 윌못은 공동 저술한 《Innovation》에서 이렇게 강조한다.

"반복, 또 반복하는 자에게만 혁신적인 해결책이 나타난다."

대통령, 시인, 철학자들 또한 끈기가 성공을 위해 꼭 필요하다는 데 동의한다. 에디슨이 76세이던 해 대통령이 된 캘빈 쿨리지는 에디슨의 끈기에 대해 이렇게 평가했다.

"세상에 끈기를 대신할 것은 없다. 재능도 소용없다. 재능이 있어도 성공하지 못한 사람은 널려 있으니 말이다. 천재성도 소용없다. 아무런 성과도 없는 천재성은 웃음거리나 마찬가지 아닌가."

에디슨과 동시대를 살았던 윈스턴 처칠은 삶의 철학을 이렇게 요약했다.

"절대 포기하지 마라. 절대, 절대로 포기하지 마라. 당신의 열정이 아직 살아 숨 쉬는 순간에도 성공은 실패를 향해 달려갈 준비를 한다."

성공한 인물들은 왜 각자 다른 삶을 살았으면서도 한결같이 끈기를 강조할까? 그들은 공통적으로 이미 성공한 다른 이들의 삶을 보고 배울 줄 알았다. 에디슨은 페인, 잉거솔, 패러데이, 프랭클린, 링컨 등 여러 인물의 삶을 공부했다. 덕분에 그들 모두가 역경을 극복하고, 실수로부터 배우며, 자신이 추구하는 일

---

6) 미국 캘리포니아 먼로파크에 위치한 선도적인 R&D 싱크탱크로, HD-TV와 로봇 수술, 애플사의 매킨토시 컴퓨터에 최초로 도입된 마우스 등 획기적인 과학성과를 이끔.

에 대해 고집과 끈기를 지녔음을 자연스럽게 깨달을 수 있었다.

성공을 이룬 사람들은 우주에서 가장 성능이 좋은 문제 해결 도구가 인간의 뇌라는 사실을 직관적으로 이해한다. 그리고 이 도구를 계속해서 작동시키는 힘이 바로 끈기라는 점도 알고 있다. 낙천주의자가 평생에 걸쳐 더 나은 결과물을 얻는 것도 같은 이유다. 그들은 웬만해선 포기를 모른다.

마틴 셀리그먼 박사의 말처럼 비관주의자는 끈기가 부족하다. 따라서 자기 패배적인 성향이 금세 드러난다. 모든 일이 순조롭게 돌아갈 때는 누구나 낙관적일 수 있다. 하지만 처칠이 강조했듯 정작 중요한 것은 실패 앞에서도 열정을 유지하는 것이다. 실패는 그저 허울일 뿐이다. 힘들수록 밝게 행동하라. 그런 개인이나 조직은 장기적으로 엄청난 성공을 이룰 수 있다. 삶의 실험 과정에서 끈기를 놓지 마라. 특히 기대했던 결과가 나오지 않아도 포기하지 않는 것이 중요하다. 이것이 바로 자기 안의 낙천주의를 표현하는 방법이다.

탄소가 약한 철을 강철로 변화시키듯, 끈기는 인간의 성격을 굳세게 한다.

_**나폴레온 힐** Napoleon Hill

5) 엄격하게 객관성을 유지하라

누구나 뛰어난 과학자가 될 수 있다. 하지만 그러기 위해서는 예기치 못한 상황을 용기 있게 대처하는 능력이 반드시 필요하다. 역경은 오히려 돌파구를 찾는 데 결정적인 역할을 한다. _**엘리 골드렛** Eli M. Goldratt, 《더 골》에서 에디슨의 카리스마 넘치는 낙천주의는 어떤 실험 결과 앞에서도 담담함을 유지하는 자세와 훌륭한 조화를 이뤘다. 에디슨은 청년기에 이미 무엇을 대할 때 긍정이나 부정으로 나누는 습관을 버렸다. 그리고 중립적인 자세로 실험 결과물을 보도록 스스로 단련했다. 실험 하나하나가 그에게는 해답에 다가가는 과정이었다. 자신이 찾아낸 것들을 분석할 때도 철저하게 객관적인 관점을 유지하며 늘 그 결과물을 가장 넓게 응용할 수 있는 가능성을 찾았다. 그의 통찰력은 바로 이러한 과정에서 생긴 것이다.

자신과 주변 상황을 객관적으로 바라보는 능력은 개인의 성공에서 매우 중요하다. 수집한 자료를 철저히 객관적인 눈으로 관찰하는 능력 또한 혁신을 위해 꼭 필요한 자질이다.

실험 과정에서 나타난 에디슨의 끈기는 사실 낙천주의의 결과물이다. 원대한 목표를 향해 헌신하려는 열정이 있었기에 배움에 대한 열망은 수그러들 줄 몰랐다. 그는 자신이 옳다고 세상에 알리는 것보다 진리를 찾으려는 욕망 자체를 더 중요시했다. 덕분에 실험 결과물을 가장 폭넓게 응용할 수 있는 가능성도 발견한 것이다.

에디슨은 모든 결과물을 사랑했다. 그리고 각각을 객관적인 시각으로 바라보았다. 이런 자세는 그가 장기적인 계획을 세우고 그것을 특유의 낙천적인 성격으로 실행해나가도록 도왔다. 한 실험에서 발견한 것을 또 다른 실험의 결과물과 연계하는 능력도 그의 객관적인 시각이 바탕이 되었다. 심지어 완전히 다른 목적으로 수행했던 몇 년 전의 실험 결과까지도 진행 중인 연구에 적용할 정도였다.

에디슨은 실험 결과를 빠뜨리지 않고 기록했다. 그 자료들이 모여 경쟁자들도 감히 대적하지 못할 정도로 방대한 데이터베이스가 되었다. 어떤 결과물이 나오든 객관적으로 바라보고 그것들을 연결할 줄 알았던 덕분에 혁신 프로세스의 속도를 높이고 여러 가지 패턴도 발견할 수 있었다.

1873년 영국에서 실험할 때였다. 에디슨은 코일이 감긴 해저 케이블을 통해 모스 부호로 몇 km나 떨어진 곳까지 점(·)이라는 신호를 보냈다. 그러자 이 작은 점이 자그마치 7m가 넘는 크기로 전신 테이프에 찍혔다! 에디슨은 이 뜻밖의 결과에 매료되었다. 이 왜곡의 근원을 규명하기 위해, 그는 연화성 탄소를 가득 채운 가감 저항기[7]를 고안했다. 하지만 연구소에서 탄소 가감 저항기를 실험한 결과, 이 기구는 심해의 상태에 따라 반응 여부가 달라졌다. 안정적인 상태에서는 아무런 반응이 없다가도 심해 상태가 불안정할 때만 반응한 것이다. 에디슨에게는 이런 사실마저 매력적인 새로운 결과였다. 해저에서 신호 왜곡이 일어나는 것은 탄소 때문이 아니라는 것을 발견했으니 말이다.

그로부터 3년 후, 벨이 전화기를 내놓은 지 몇 달이 지났을 무렵이었다. 에디슨에게 벨이 발명한 전화기의 송신 음질을 개선해달라는 의뢰가 들어왔다. 에디슨은 어디서부터 시작할지 이미 잘 알았다. 시작점은 말할 것도 없이 탄소였다. 7m가 넘는 기괴한 점이 나타난 것을 포함해 수차례에 걸친 실험이 거듭된 끝에 에디슨은 탄소 미립자와 떨림이 있는 금속판을 이용해 순식간에 탄소 저항 송신기를 고안해냈다. 결국 탄소 저항 송신기는 미국 통신 역사에 길이 남을 발명품이 되었고, 산업 표준으로까지 자리를 잡았다. 탄소 저항 송신기는 축음기에 활용되어 역사에 큰 획을 긋기도 했다. 에디슨은 한 분야의 작업 결과물에

---

7) rheostat, 압력 조절 물질로 채우도록 설계된 기다란 관.

서 쓸 만한 것을 골라, 다른 분야의 발명에 응용할 줄 알았던 것이다.

에디슨은 늘 객관적으로 생각하려고 노력했다. 원하는 결과가 나오기만을 바라지 않고 어떠한 결과든 교훈으로 삼았다. 그런 노력 덕분에 통신 산업 분야의 진보를 앞당기고, 엔터테인먼트라는 새로운 분야의 개척자가 될 수 있었던 것이다.

에디슨은 어떠한 결과물이든 쓸모없다고 내던지는 법이 없었다. 모든 실험 결과가 지식이 되었다. 도무지 설명이 되지 않는, 완전히 딴 세계에서나 나타날 법한 결과물까지도 소중히 여길 정도였다. 그는 어떤 내용이든 파기해버리거나 안 보이는 곳에 치워버리지 않고 그 결과물을 곱씹었다.

세계적인 가전제품 기업인 월풀에서 이와 비슷한 예를 찾아볼 수 있다. 〈비즈니스위크〉지가 선정한 2006년 100대 혁신 기업으로 선정된 월풀의 관리자들은 첫 번째 시도에서 원하는 결과가 나오지 않더라도 그 아이디어를 버리지 않는다. 경영진들 또한 성공하지 못한 제품 콘셉트를 묵살하는 법이 없다. 일단 보류 처리를 해두었다가 몇 년 후 고객 취향이 변하고 시장 상황이 새롭게 조성되었을 때 직원이나 관리자들이 검토해볼 수 있도록 한다.

원치 않은 결과를 어느 곳에 어떻게 사용할지 항상 고민하라. 이러한 자세는 경쟁자들이 놓치기 쉬운 혁신의 아이디어를 발굴하는 좋은 기회가 될 수 있다.

에디슨은 실험 도중 여러 번에 걸쳐 예외를 발견했다. 에디슨이 진동 자석을 이용한 음향 전신기 실험에 몰두했던 1875~1876년의 일이다. 그의 연구팀은 평소와는 다른 놀라운 광경을 보게 되었다. 자석 심과 레버(전신 기판) 사이에서 작은 섬광처럼 지나는 불꽃을 발견했는데 그것은 주식 시세 표시기에 철가루가 약간 묻어있을 때 전동자, 발전자 그리고 특히 전기 펜에 자주 나타나던 불꽃과 비슷했다. 전에 이 현상을 목격했을 때 에디슨 연구팀은 이 불꽃이 전자기 유도[8]로 인한 것이라고 생각했다. 그런데 이번에는 진동자(아주 작은 진동체)에 강한 불꽃이 일어났다. 그들은 전자기 유도 이상의 다른 힘이 존재한다는 강한 느낌에 사로잡혔다.

연구팀은 이 현상을 더욱 심도 있게 테스트해보았다. 그 결과 철 조각으로 진동자를 건드리면 불꽃이 생긴다는 사실과 함께 더 큰 철 조각으로 건드리면 불꽃도 더 커진다는 것까지 밝힐 수 있었다. 이것이 전자기 유도 효과인지 알아보는 과정에서 다음과 같은 사실도 발견했다.

'실험실 어디서든 금속관만 있으면 이 불꽃을 만들어낼 수 있다. 게다가 레버 끝에서 약 7cm 정도 떨어진 거리에 금속 조각을 놓기만 해도 불꽃이 튄다.'

그들은 그 불꽃이 검류계에 기록되지 않을 뿐 아니라 전자기에 의한 현상이라는 증거도 없다는 점을 확인했다. 결국 에디슨은 이런 결론을 내렸다.

'불꽃은 미지의 에너지로 인해 생긴 것이다.'

이번 결과는 지금껏 기록해두었던 어떤 결과물과도 일치하지 않았다. 이 실험에서 그가 얻은 지식은 무엇일까? 다름 아닌 세상에는 설명이 불가능한 것들도 존재한다는 것이다. 그는 이 이례적인 발견을 내던지고픈 충동을 억누르며 모든 자료를 객관적으로 면밀하게 검토했다. 이때 에디슨이 자신도 모르는 사이에 발견한 에너지가 바로 현재 우리가 '고주파 전자기'라고 부르는 것이다.

뜻밖의 결과물들은 이노베이터에게 중요한 학습의 기회를 제공한다. 이미 알고 있던 체계 속에 온갖 자료를 집어넣는다고 해서 모든 것이 깔끔하게 분류

---

8) 도체 주변에서 자기장을 변화시켰을 때 전압이 유도되어 전류가 흐르는 현상. ―옮긴이 주

되지는 않는다. 어떤 결과물이든 열린 자세로 받아들여야 한다. 엄격한 객관성만 있다면 어디서든 뜻밖의 해결책을 얻을 수 있다.

혁신 역량 키우기: 엄격하게 객관성을 유지하라

에디슨은 다양한 자료를 연결해 새로운 결과물을 만들었다. 그리고 이런 능력은 결국 위대한 혁신으로 이어졌다. 그는 실험과 연구로 얻은 모든 자료를 아무런 편견 없이 바라보는 일이 중요하다는 사실을 이미 알고 있었다. 하지만 열린 자세로 자료를 대하기 위해서는 그에 맞는 사고방식부터 갖춰야 한다. 이것은 혁신에 관심이 있는 사람이라면 반드시 길러야 할 능력이기도 하다.

물론 현실은 그렇지 않다. 산업계, 학계, 공공기관에서는 지금도 스스로 아무런 생각도 해보지 않은 채 미리 결정된 사안대로 해석하는 분위기가 만연한 것이 사실이다. 수익률 데이터는 월 스트리트의 기대치에 부응하기 위해 왜곡되고, 정부 정책에 맞춰 보고서가 수정되기도 한다. 학생들의 성적이 실제 능력보다 교수의 눈에 비친 충성도에 따라 매겨지는 것도 마찬가지다.

한 가지 예를 들어보자. 다음은 1920년대 일리노이즈 호손의 웨스턴일렉트릭 공장 관리자들을 연구한 결과다. 연구의 원래 목적은 공장 각 파트에서 생산성을 높이는 데 가장 효과적인 조명도를 찾는 것이었다. 그들은 원하는 결과를 얻었을까? 결과적으로 노동자의 생산성과 조도의 관계를 밝히는 데에는 실패했다. 사실 공장 노동자들은 연구가 진행된다는 것을 이미 알고 있었다. 관리자급의 기대에 부응하는 방향으로 생산량을 조정한 것은 어찌 보면 당연한 결과였다. 이런 현상을 가리켜 '호손 효과(Hawthorne Effect)'라고 한다. 피실험자가 실험자의 기대를 눈치채고 실험 결과를 은연중에 조작한다는 것이다.

조직 연구를 수행할 때는 반드시 이런 점을 주의해야 한다.

우리는 양자역학의 시대에 살고 있다. 지금 우리에게 확실한 것은 현존하는 지식이 모두 불확실하다는 사실뿐이다. 물리학자들은 인간의 인식 체계와 기대 심리가 무엇을 보든 이미 영향을 미친다고 확신한다. 정치, 광고, 관심 분야는 지금 이 순간도 무수한 정보를 쏟아내고 있다. 그 속에서 우리는 정신을 차리기 힘들다. 이처럼 불확실하고, 상대적이며, 주관적이고, 언론의 지배 아래 있는 환경에서 객관성을 유지하려면 어떻게 해야 할까?

먼저 겸손해져야 한다. 엄격한 기준에 따라 객관적으로 생각하는 습관이 반드시 더 나은 결과로 이끈다는 사실을 항상 기억하라. 객관성은 훈련을 통해서도 기를 수 있다. 심리학자 데이비드 퍼킨스는 이렇게 말했다.

"우리는 객관적으로 생각하다가도 갑자기 성급해지고, 편협해지며, 충동에 따라 마구 생각해버리는 경향이 있다. 객관적인 사고방식을 유지하려면 늘 노력해야 한다. 무엇이든 계속해서 영양분을 공급하지 않으면 말라죽어 버리기 마련이다."

퍼킨스의 말처럼 생각은 기술이다. 얼마든지 배울 수 있지만 그것을 유지하기 위해서는 끊임없이 노력해야 한다. 에드워드 드 보노는 사고기술 교육 분야의 선구자다. 그는 저서 《여섯 색깔 모자》에서 엄격한 객관성을 추구하는 능력을 개발하고 문제 해결 중심의 사고방식을 강화하기 위한 방법을 제시한다. 그의 훈련 기법에서 모자는 저마다 다른 유형의 사고방식이나 태도를 의미한다. 이때 각 개인은 본인의 진짜 견해와는 상관없이 자신이 쓴 모자의 관점으로 생각해야 한다. 이 과정만 충실하게 연습하면 객관성 유지를 방해하는 습관을 확실히 깨닫고 자신이 만든 마음의 틀을 벗어나 자유롭게 오갈 수 있다.

드 보노는 사람들이 이야기할 때마다 무의식중에 어떤 태도를 취하는 것에 주목한다. 바로 그런 것들이 효율적인 사고를 방해한다는 것이다. 어떤 자료에 대해 지나치게 긍정적이거나 부정적인 선입견을 갖는다면 객관적인 태도를 유지할 수 없다. 특정한 의견을 갖기도 전에 모든 자료를 포괄적으로 조합하는 데 실패하거나, 의식적으로 깨닫지도 못하는 사이에 감정이 제대로 된 인식을 방해하는 경우도 마찬가지다.

여섯 색깔 모자 기법은 문제를 대하는 다양한 태도를 구분하고 각각 서로 섞이지 않게 하는 간단한 훈련법이다. 이 방법은 개인 또는 그룹이 문제를 해결하고 의사 결정을 하는 데 아주 유용하게 사용될 수 있다. 다음은 각 모자에 대한 간단한 설명이다.

- 하얀 모자: 흰색은 중립과 개방의 색이다. 하얀 모자는 철저히 객관적인 정보의 수집에 중점을 둔다.
- 빨간 모자: 빨강은 주로 열정과 감정을 의미한다. 무의식에 가까운 감정과 느낌이 객관성을 흩뜨리는 경우가 많다. 빨간 모자를 쓰면 감정적이고 직관적인 반응, 예감 등을 마음껏 표현할 수 있다.
- 검은 모자: 검은색은 부정적인 관점을 대표한다. 검은 모자 사고는 제안된 아이디어의 허점을 꼬집으며 논리적으로 주장을 펼친다. 모든 아이디어를 철저하게 검은 모자의 사고로 면밀하고 신중하게 검토하지 않는다면, 뒤늦게 참담한 결과를 지켜보게 될 것이다.
- 노란 모자: 노랑은 눈부신 태양의 색이다. 긍정적이고 낙관적인 관점을 상징한다. 노란 모자 사고는 아이디어나 제안의 장점과 좋은 면만을 본다.

- 초록 모자: 초록 모자는 창조와 새로운 아이디어를 상징한다. 초록 모자 사고
  는 아이디어의 양으로 승부한다. 여기서 판단이나 비판은 잠시 미뤄두자.
- 파란 모자: 파랑은 청명한 하늘의 색이다. 파란 모자를 쓴 사람은 모든 과정
  을 조직하고 조율한다. 다른 모자를 쓴 사람들이 제 역할에 충실하도록 안내
  인이 되어주는 것이다. 모든 사람이 아이디어가 좋다고 칭찬하는 노란 모자
  사고 도중에 누군가가 의심이나 회의적인 관점을 표현한다면 검은 모자와
  파란 모자 사고가 나서서 회의가 원래 궤도에서 벗어나지 않도록 중재한다.

우리는 빨간 모자를 쓴 상태에서 결정을 내릴 때가 많다. 그게 옳을 것 같다
는 직감만으로 행동하는 것이다. 제너럴 모터스의 CEO였던 알프레드 P. 슬론
은 이렇게 말했다.

"사업적인 판단의 최종 단계는 직감을 믿는 것이다."

하지만 그 전에 살필 것이 있다. 가능한 모든 정보를 객관적으로 검토했는
지, 직관적 판단이나 선입견 또는 편견을 얼마나 잘 구별했는지부터 확인해야
한다. 결정적인 차이는 바로 여기서 나온다. 여섯 색깔 모자 기법은 우리가 스
스로의 사고 과정을 깨닫고 각각의 방식을 한층 효율적으로 수행하는 데 큰 도
움이 될 것이다.

레오나르도 다빈치는 젊은 시절에 이런 말을 했다.

"지식은 모든 것에 열려 있다."

에디슨이 모든 사물에 대한 지식을 찾아 헤맬 수 있었던 것도 그런 생각이
바탕이 되었다. 각 과정에서 누구에게도 비할 수 없는 끈기를 보여주었음은 물
론이다. 실험 분야의 표준이 된 열정, 목표 추구를 위한 낙천적인 성격, 지식에

대한 목마름, 실험 과정에서 보여준 놀라운 끈기 그리고 엄격하게 객관성을 유지하다가도 필요하다면 누그러질 줄 알았던 성격에 이르는 모든 요소들이 한데 섞여, 에디슨도 해결책을 찾을 수 있었다.

문제 해결 중심의 사고방식은 혁신의 기초다. 이 역량을 발판 삼아 다음 장에서는 두 번째 접근법인 만화경식 사고를 배워보자. 이 방법은 혁신에 필요한 창의력을 발휘하는 데 날개를 달아줄 것이다.

2. 만화경식 사고

에디슨의 뇌는 근사한 만화경이다. 머리를 이리저리 굴리면 다양한
생각들이 결합해 아이디어가 쏟아진다. 그것도 대부분 특허감이.
_특허 전문 변호사 에드워드 디커슨 Edward Dickerson

에디슨은 아이디어를 사랑했다. 익숙한 개념들도 참신한 방식으로 결합하며 늘 새로운 생각을 만들어냈다.

"300년쯤 살았으면 좋겠어. 그 정도는 바쁘게 살 만큼 아이디어가 넘치거든."

이렇게 한탄할 정도로 아이디어를 만드는 과정 자체를 즐겼다. 다음은 다이어와 마틴의 목격담이다.

"에디슨의 머릿속에는 아이디어를 창조하는 양분이 샘솟았다. 이런 생각들이 결국 그를 성공으로 이끈 것이다. 아이디어를 쏟아내는 에디슨을 지켜본 주변 사람들은 언제나 놀라움을 금치 못했다. 다른 이들의 눈에는 막다른 골목에 닿은 것처럼 보이는 상황에서도 빠져나갈 구멍이 얼마든지 있음을 보여주었다.”

복잡한 일에 부딪쳤을 때 다른 각도에서 바라보는 것을 '만화경식 사고(Kaleidoscopic Thinking)'라고 한다. 만화경식 사고는 아이디어를 창출하는 에디슨의 독특한 접근법이다. 에디슨은 늘 문제를 다각도로 살펴 풀어내는 과정에 흠뻑 빠졌는데, 이것이 바로 독창적 아이디어로 경쟁자를 물리치는 그의 마스터 키라고 할 수 있다. 하지만 오늘날 대부분 학교 교육은 그 반대로 가고 있다. 정답만 요구하는 교육이 창의력 계발을 막기 일쑤다. 하지만 얼마나 다행인가? 창의력은 성인이 되어서도 충분히 키울 수 있으니 말이다. 만화경식 사고는 다음과 같다.

- 항상 메모하라
- 아이디어 중독에 빠져라
- 패턴을 인식하라
- 아이디어를 시각적으로 표현하라
- 가지 않은 길을 택하라

1) 항상 메모하라

레오나르도 다빈치, 뉴턴, 피카소, 다윈, 마리 퀴리, 아인슈타인 그리고 에디슨. 이들의 공통점은? 메모광이라는 것이다. 10대를 거쳐 먼로파크 시절을 지나 그 후에 이르기까지 에디슨은 생각하고, 관찰하고, 상상한 것을 노트에 기록

했다. 다른 위인들이 했던 것처럼 말이다. 메모는 그의 일상이었다. 노트는 늘 완성되지 않은 단편적인 아이디어와 풍부한 그림으로 가득 찼다.

날카로운 관찰력으로 새로운 아이디어를 찾으면 그것을 다른 분야의 자료에 창의적으로 연결했다. 에디슨은 소년 시절부터 유난히 자연을 사랑해 언제나 주변을 예리하게 관찰했다. 그리고 그것들을 정리해 평생에 걸쳐 관찰 기록을 남겼다. 폴 이스라엘은 22세이던 에디슨을 이렇게 묘사한다.

"조그만 수첩에 습관적으로 메모하고 도안을 그렸다."

주변 세계에 대한 생각, 각종 화학·전신 실험의 결과는 이렇게 기록된 것이다. 에디슨은 연구팀 것들까지 합쳐 2,500여 개의 노트를 남겼다. 당연히 그의 연구소에는 노트가 산더미처럼 쌓여갔다.

에디슨은 이 노트들 덕분에 지적재산도 보호할 수 있었다. 1870년 10월, 그는 유명한 특허 변호사 레무엘 세렐을 만났다. 세렐은 에디슨에게 조언했다.

"특허청이나 법정에서 자기 발명품을 지키려면 기록이 꼭 필요하네."

그 말을 들은 에디슨은 노트에 이렇게 적었다.

"이 순간부터 모든 발명품을 빠짐없이 기록하겠다."

에디슨은 세렐의 조언을 깊이 새겨 메모를 할 때면 늘 특별한 목적을 생각하는 습관을 들였다. 덕분에 아이디어와 발명에 대한 소유권 분쟁을 대비해 노트 4권 분량의 공식 기록을 남겼다. 노트에는 다음과 같은 이름을 붙였다.

'골드&스톡 전신소'라는 제목의 노트 첫 장에는 이런 문장이 있다.

"이 노트에 담긴 내용은 위의 골드&스톡 전신소에 넘기지 않기로 한 아이디어들이다." 두 번째 노트는 "일상에 적용할 만한 아이디어와 지오 해링턴 크레이그가 의뢰한 빠른 전신을 위한 모스 시스템 발명 관련 아이디어 기록." 세 번째는 "모스와 자동 인쇄 변환 시스템. 오직 나의 아이디어로 발명됨. 어리석은 자본가의 의뢰는 결코 없었음." 네 번째 노트에는 "구상 중인 아이디어. 그리고 여러 가지 잡다한 기계와 물건들 실험"이라고 쓰어 있다.

에디슨은 메모하는 목적에 따라 노트를 여러 가지로 분리해서 필요할 때마다 활용했다. 덕분에 달변가가 될 수 있었다. 평소에 이런 말을 즐겨 쓰기도 했다.

"특정한 취향에 나를 가두고 싶지 않다."

에디슨은 노트에 적힌 내용들 사이를 자유롭게 오가며 서로 연결시켰다. 노트에는 이러한 만화경식 사고가 잘 드러나 있다. 그의 일은 훨씬 수월해졌다. 메모하는 습관이 다양한 프로젝트를 이끌어, 각기 다른 분야를 조사해 얻은 자료를 연결하고 조합하는 일을 도왔기 때문이다.

그는 평생에 걸쳐 전혀 다른 분야의 지식을 연결하기를 즐겼다. 1878년 9월, 에디슨은 발명가 윌리엄 월리스의 연구소를 찾았다. 연구소를 돌아보던 에디슨의 머릿속에 아이디어가 스치자 전기, 백열전구에 관한 모든 지식이 순식간에 연결됐다. 맙소사! 세상에는 한 가지 종류의 전류만 있는 것이 아니었다! 다양한 전류를 세분화해 그것을 밝혀낼 방법들이 한순간에 그의 머릿속에 떠올랐다.

에디슨이 독서와 실험 그리고 메모에 들인 엄청난 노력을 생각하면 이러한 영감을 얻은 것은 오히려 당연한 결과다. 에디슨은 번뜩이는 영감이 떠오를 때 어떻게 했을까? 우선 재빨리 노트부터 꺼내 아이디어를 휘갈기기 시작했다. 상상한 모든 것들이 노트에 적는 순간 실험 방법으로 변했다. 멕시코 대학의 교수이자 《Notebooks of the Mind》 저자인 베라 존 스타이너는 메모가 인간의

'내면세계'와 언어로 표현되는 '외부 세계'를 연결한다고 설명한다. 이것이 바로 에디슨이 머릿속의 아이디어를 세상 밖으로 끌어내는 방법이다.

그녀는 메모 자체를 완성하려 애쓸 필요는 전혀 없다고 강조한다. 에디슨처럼 아이디어를 잘게 나눠 부족한 그대로 기록하는 것이 중요하다는 것이다. 그녀의 설명에 따르면 어떤 생각이라도 인간의 내면세계에 머무르는 동안은 파편화되고, 불완전한 상태에 머무른다. 하지만 그것 하나하나에는 다양한 의미가 담겨 있다. 그녀는 이런 불완전한 메모들을 '응축된 생각의 언어'라고 표현한다. 전하려는 내용을 모스 부호 등의 전기 신호로 보내는 '전신 통화 방식'에 내면의 언어를 비유하기도 했다. 전신을 보낼 때 수많은 단어들을 한 단어 안에 집약하는 방식이 내면의 언어와 유사하다는 것이다. 이렇듯 메모도 전신기

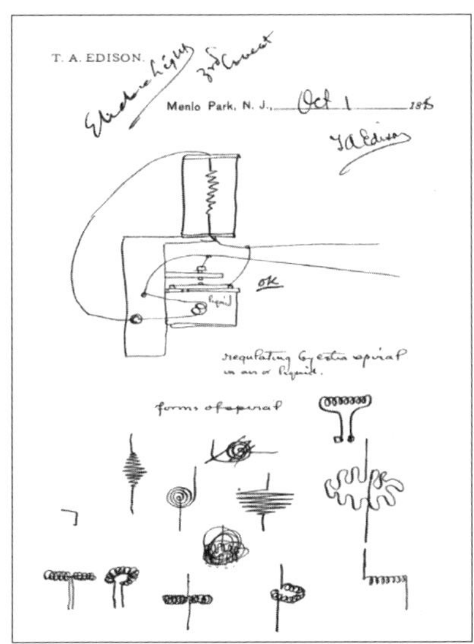

▲전구에 대한 발명 특허권 보호 신청을 위해 작성한 1878년의 메모. 문제를 다양한 각도로 보는 것을 즐긴 에디슨의 성향이 드러난다.

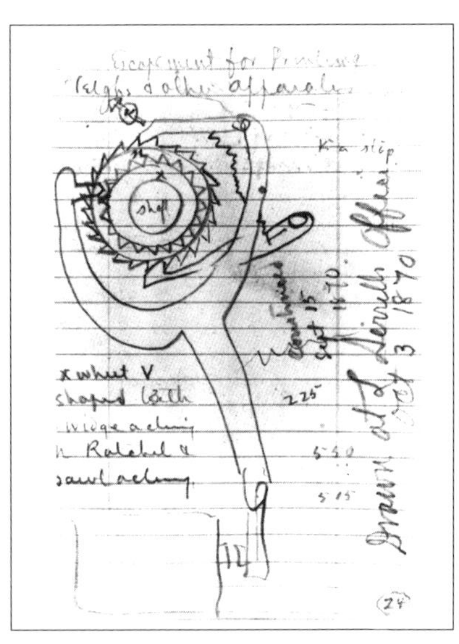

▲1871년 에디슨의 메모. 전신기의 속도 조절 장치를 스케치했다.

와 같은 방식을 사용하면 모든 걸 정확하게 산문체로 설명하지 않고도 새로운 연결 고리를 찾을 수 있다.

125페이지에 있는 에디슨의 메모를 보자. 여기저기에 단어와 그림들이 미완성인 채로 흩어져 있다. 이것이 존 스타이너가 말한 '전신기식 사고(Telegraphic Thought)'다. 아이디어가 떠오르자마자 메모를 하면, 표현하고자 하는 의미들이 단어와 스케치 하나하나에 응축된다. 에디슨은 아이디어를 처음 떠오른 상태로 메모지에 잘 담아두었다가, 필요할 때 완성된 형태로 만들어냈다. 정신없이 휘갈긴 메모가 세상을 바꾸는 혁신으로 다시 태어난 것이다.

혁신 역량 키우기: 항상 메모하라

업무 중 뭔가 써야 할 일이 있는가? 다른 이의 평가를 받을 좋은 기회다. 직장에서의 글쓰기는 대부분 시작과 중간과 끝이 필요하다. 명확하고 논리적인 흐름을 갖춰야 메시지가 정확하게 전달되기 때문이다. 출장 후에는 지출 보고서를 작성한다. 당신이 아무리 혁신적인 조직에서 근무하더라도 지출 보고서를 작성하는 데 이렇게 요구할 상사는 없을 것이다.

"창의력을 발휘해보게! 이젠 뭔가 새로운 걸 만들어보지?"

지출을 비롯한 각종 보고서, 제안서, 계획서, 경위서 등 직장에서 쓰는 글의 대부분은 타당한 근거를 갖춰 정리해야 한다. 등장하는 숫자들이 정확하게 맞아떨어져야 하는 것은 물론이다. 이렇게 순차적인 사고는 비즈니스 업무에서 매우 중요하다. 이때 새로운 아이디어를 낼 필요는 없다.

하지만 메모를 사용하면 훨씬 더 효율적으로 업무에서 성과를 낼 수 있다. 메모를 습관화하면 논리 따위에 개의치 않고 자유롭게 표현할 수 있다. 파편적이고 불완전하며 복합적인 생각의 과정을 기록하고 자극을 받으면 고도로 응축된 새로운 생각의 흐름이 생성된다. 시작은 어렵지 않다. 일단 빈 공책이나 일기장을 마련한다. 컴퓨터나 PDA로 기록하는 것이 더 편하다면 그렇게 해도 된다. 에디슨이 했던 것처럼 주제별로 여러 권의 노트를 마련해도 좋고 노트 한 권에 모든 것을 기록해도 좋다. 노트를 활용하는 방법은 무척 많다. 중요한 것은 노트를 몇 권 사느냐가 아니다. 내가 쓴 메모를 효율적인 성과로 연결 짓는 것이다. 지금부터 메모로 효율적인 성과를 얻기 위한 팁을 소개한다.

▲1928년 에디슨이 총 2,500권을 훌쩍 넘는 노트 중 하나에 뭔가를 적고 있다.

- 자신에게 맞는 시간대를 찾는다: 시간을 정해 몰두하길 좋아하는 사람이 있다. 아이디어나 영감이 떠오르면 즉시 메모를 해야 직성이 풀리는 사람도 있다. 자신에게 가장 잘 맞는 방법을 찾아보라.

- 먼저 기록하고, 나중에 정리한다: 생각과 느낌을 아무런 제약 없이 자유롭게 표현한다. 이것은 업무상 기록이나 학문적 기록이 아니다. 비판하거나 판단할 사람이 없다. 자기 내면의 비평가가 무언가를 써보기도 전에 검열하거나 편집하지 않도록 주의하라. 메모로 아이디어를 창출하고 그것을 실용화하려면 평가는 다음으로 미뤄야 한다.

- 노트를 활용해 정보를 기록한다: 아이디어, 사실, 이야기, 인용구, 단어의 정의, 농담 등 무엇이라도 좋다. 흥미를 끌고 영감을 주는 정보라면 모두 다 기록하라. 그 과정에서 새로운 아이디어나 그와 관련된 또 다른 아이디어가 샘솟을 것이다.

- 아무렇게나 낙서하고 그린다: 에디슨, 다윈, 레오나르도 다빈치 같은 위인들의 노트를 보라. 글뿐 아니라 스케치, 낙서, 도면 등이 어지럽게 흩어져 있다. 이미지를 가지고 놀아야 상상력이 자극된다.

- 주제를 정한다: 노트는 '자유 연상'의 무대다. 한 주제에서 다른 주제로 얼마든지 자유롭게 오갈 수 있다. 더 깊게 생각하고 싶다면 미리 주제를 정해두는 것이 도움이 된다. 《비즈니스맨을 위한 아티스트 웨이》의 저자인 줄리아 캐머런과 마크 브라이언은 실제 업무에 유용한 메모 체계를 정할 때 도움이 될 만한 몇 가지 질문을 제안한다. 치열한 경쟁 속에서도 흔들림 없이 창의성을 유지하려면 어떻게 해야 할까? 비판에 맞서서 창의성을 지키는 방법은? 자신만의 강점을 발전시켜 일에 적용하려면? 불가능한 업무량을 처리

할 방법은 없을까?

– 의식의 흐름대로 써보라: 글쓰기를 시작하면 최소 10분 동안 멈추지 마라. 횡설수설하는 것 같아도 멈추지 말고 손 가는 대로 써라. 습관적으로 연상하는 능력을 길러 또 다른 연결고리를 찾을 것이다.

존 웨이 박사는 메모하는 습관의 가치를 이렇게 말한다.

"쓰기 시작하면 뇌가 많은 것을 기억해야 한다는 부담에서 자유로워진다. 아이디어 중에서도 여러 방향으로 곁가지를 뻗어나가는 것들은 반드시 적어둬야 한다. 이런 메모는 화가의 스케치북이나 작곡가가 적어둔 아름다운 하모니만큼의 가치가 있다. 메모는 단지 생각을 기록한 공문서가 아니다. 창의력을 키우고 포착하는 매개체다. 일기부터 낙서에 이르기까지 무엇이든 메모의 대상이 된다. 마구잡이로 떠오른 생각이나 그에 관한 자세한 분석 그리고 어떤 생각을 시각적으로 표현하는 것도 메모로서의 가치가 충분하다. 아직 완성되지 않았고, 한계에 부딪친 것들이라도 중요한 메모 중 일부이다."

2) 아이디어 중독에 빠져라

훌륭한 아이디어를 내려면, 우선 아이디어 자체가 많아야 한다.

_토머스 에디슨Thomas Edison

'도취(euphoria)'란 무척 기쁘고 행복한 상태다. 아이디어에 도취하라는 말은 직감과 아이디어가 넘치는 순간의 행복과 기쁨을 느껴보라는 뜻이다. 에디슨은 새로운 아이디어를 낼 때마다 그것에 도취하기 위한 3가지 접근법을 사용했다. 바로 자유 연상, 유추적 사고, 공상적 스토리텔링이다. 누구나 쉽게 배워 응용할 수 있는 방법이지만 결과는 대단하다.

자유 연상

에디슨의 아이디어 도취 3단계 프로세스 중 첫 번째가 바로 '자유 연상'이다. 에디슨은 노트를 펼쳐 이미 적어 놓은 아이디어와 경험을 새로운 아이디어에 자연스럽게 연결했다. 그에게는 그때그때 떠오른 생각을 적고 그동안 적어둔 내용을 정기적으로 검토하는 습관이 있었다. 그 과정에서 새로운 가능성이 담긴 아이디어가 흘러넘치면 그것들을 다시 허겁지겁 노트에 적었다.

에디슨은 아이디어를 떠올릴 때 늘 목적을 정했다. 덕분에 '이 생각이 맞는 걸까? 제대로 가고 있는 걸까?'하는 걱정은 할 필요가 없었다. 그는 모든 아이디어가 연결되어 있기 때문에 언제가 되든 결국 원하는 결과를 얻을 수 있다고 확신했다. 이 단계에서 미리 순서를 따질 필요는 없다. 에디슨은 자유 연상을 통해 문제 해결에 도움이 될 만한 모든 접근법을 적었다.

에디슨과 20년간 연구실에서 함께 일한 연구원은 이렇게 말했다.

"에디슨은 지금까지 내가 알고 지낸 어떤 사람보다 많은 작업 방식을 생각해낼 수 있다."

이런 일화도 있다. 어느 날 에디슨이 회사 엔지니어들에게 과제를 주었다. 광석 분쇄기에 사용할 새로운 부품을 스케치하되, 가능한 모든 방법을 생각해보라는 것이었다. 한 엔지니어가 세 개의 도안을 마련해 재빨리 제출했다. 하지만 에디슨의 반응은 탐탁지 않았다. 엔지니어는 새로운 부품을 만들 방법은 세 가지뿐이라고 항변했다. 다이어와 마틴이 당시의 대화를 이렇게 재구성했다.

에디슨이 갑자기 홱 돌아서며 물었다.

"그럼 이 몇 안 되는 도안들이 이번 일을 해내는 유일한 방법이란 말인가?"

엔지니어가 대답했다.

"네, 확실합니다."

토요일 오후에 이런 대화가 오갔다. 월요일 아침, 에디슨은 대뜸 그 엔지니어의 책상에 다가가 가볍게 파일 하나를 건넸다. 엔지니어가 파일을 열어보니 새로운 부품을 만들 48가지 설계도가 그 안에 담겨 있었다. 게다가 아이디어의 내용은 가설의 수준을 훌쩍 뛰어넘었다. 그 결과 그 스케치 중 하나를 조금 더 발전시켜 성공적으로 새로운 부품을 개발할 수 있었다. 에디슨은 스스로 이런 재능을 자랑하지는 않았다. '아이디어 공장'이라는 별명은 기꺼이 받아들였지만 말이다. 어느 기자와의 인터뷰에서 그는 이렇게 말했다.

"제 머릿속에는 전구에 대한 3천 가지 이론이 있어요. 모두 합리적인 이론들이니 언젠가는 분명히 사실로 밝혀질 겁니다."

유추적 사고

유추적 사고는 서로 다른 듯 보이는 아이디어를 한데 모아서 보는 방식이다. 이것은 통찰력을 높이는 좋은 방법으로, 이 과정을 이용하면 처음에는 예상치 못했던 일련의 공통점을 발견할 수 있다. 에디슨은 평생 동안 문학적인 비유와 은유에 심취해 있었다. 늘 고전 문학을 즐기며, 전신소 시절에는 동료들이 '위고'라 부를 정도로 빅토르 위고를 좋아했다. 셰익스피어의 은유와 비유는 심지어 숭배했을 정도였다.

셰익스피어! 그의 작품에서 아이디어를 얻도록.

_토머스 에디슨Thomas Edison

에디슨은 유추적 사고가 발명의 기초가 된다고 굳게 믿었다. 1915년 인터뷰에서 그는 이런 말을 했다.

"발명가는 반드시 비유를 꿰뚫을 정도로 논리적인 마인드를 갖춰야 한다."

에디슨은 필라멘트를 통해 이동하는 전류가 전신 장비를 통과하던 메시지와 비슷하다는 사실에 착안해 전구를 발명했다. 기존 발전기의 2배 이상 전기를 발생하는 고효율 발전기는 전지의 전극과 발전기의 발전자 내부의 전류 흐름을 비교한 덕분에 이 두 가지가 같다는 생각에 도달했다.

에디슨은 평소 전신 분야에 대한 지식이 깊었다. 그런 그가 전화기를 전신기의 형태로 생각할 수 있었던 것은 오히려 자연스러운 일이다. 이때 에디슨은 전화기 수신 메시지를 글로 기록하는 문제를 고민하고 있었다. 그러던 중 당시 웨스턴유니언이 의뢰해 개발 중이던 엠보싱 방식의 레코더-리피터(Recorder-Repeater)와 유사한 기록 장치를 사용할 수 있다는 생각이 들었다. 그는 전신 장비에서 착안한 전화 메시지 기록이 레코더-리피터와 얼마나 유사한 방식으로 작동하는지부터 알아보았다. 그런 다음 레코더-리피터의 작동 방식과 기존 전기 펜의 겉면에 올록볼록하게 무늬를 찍어 만드는 엠보싱 가공으로 생성된 볼록한 자국 사이의 연관성을 유추해 도안으로 그렸다. 그 결과들이 모여 마침내 에디슨의 '말하는 기계'가 탄생했다. 여기서 끝이 아니다. 그는 다시 유추의 힘을 발휘했다. 귀를 위한 축음기가 있다면 눈을 위해서 활동사진 카메라를 만들겠다는 의욕을 불태웠다.

매사추세츠 대학의 존 클레멘트는 고차원적인 사고가 과연 어떻게 이루어지는지 알아보았다. 연구 결과 밝혀진 혁신적 태도의 핵심은 바로 '여러 분야를 넘나들며 유추해낼 수 있는 능력'이었다.

공상적 스토리텔링

에디슨이 활용한 '3단계 아이디어 도취'의 마지막 기술이다. 생활 속에서 상상한 것을 이야기로 만들어 무작정 써 내려가라. 그런 다음 마음에 드는 아이디어를 골라 소리 내어 말하라. 1890년 에디슨은 조지 파슨스 라스롭과 여러 차례 인터뷰를 했다. 당시 잘나가던 기자이자 전직 〈월간 애틀랜틱〉의 편집인이기도 했던 라스롭은 아이디어의 힘을 굳게 믿었다. 그는 위대한 발명가의 마인드와 성공 비결 그리고 미래에 대한 생각을 취재하고자 했다.

인터뷰 내용 중에서도 가장 주목받은 것은 원자와 분자에 관한 에디슨의 견해였다. 라스롭과 에디슨의 인터뷰 당시 원자 이론은 아직 초기 단계를 벗어나지 못했다. 그때만 해도 뉴턴의 법칙이 세상을 지배하고 있었다. 이때 에디슨이 밝힌 미립자를 다루는 기술에 관한 아이디어는 놀랍게도 현대의 나노 기술, 심지어 유전공학이 말하는 것과 흡사하다. 라스롭은 둘 사이에 오간 대화를 다음과 같이 적었다.

에디슨의 사고방식과 혁신 프로세스는 실용성이 돋보인다. 게다가 창조의 재료인 상상력이 풍부했다. 그는 늘 멋진 꿈을 꾸듯 살았다. 하루는 저녁을 먹다가 갑자기 자신만의 공상에서 빠져나오며 외쳤다.

"인간이 자기 몸을 이루는 원자들을 온전히 자기 의지로 통제하고, 떼어내고, 붙인다면 얼마나 멋질까요?"

그는 이렇게 설명했다.

"그렇게 되면 내 몸을 이루는 원자 중 하나에게 '원자번호 4,320야, 잠깐 나가서 장미의 일부가 되어라.' 하고 명령할 수 있지 않겠습니까? 어떤 원자든 몸 밖으로 빠져나가 광물이나 식물처럼 다른 물질의 일부가 되는 거죠. 그 녀석들을 소환하는 버튼만 누르면 흩어졌던 원자들이 되돌아오는 겁니다. 다른 물질의 일부가 되었던 경험을 가져와 그대로 내 지식이 될 테니 얼마나 근사합니까?"

'에디슨과의 대화'가 대중적인 호응을 얻자 라스롭에게 미래 세계를 다룬 공상과학 소설을 써보라는 제안이 들어왔다. 제목은 '진보(progress)'였다. 에디슨이 서기 2226년의 세계를 상상해 초안을 작성하면 라스롭이 실제 작품을 쓰는 것이었는데, 에디슨이 다른 일들로 바빠 결실을 맺지는 못했다.

이렇듯 '공상적 이야기'는 끊임없이 에디슨의 상상력을 자극했다. 그리고 불가능해 보였던 이야기들이 현실이 되었다. 백열전구, 말하는 기계, 활동사진은 모두 그의 상상이 빚어낸 결과다. 에디슨은 3단계 아이디어 도취법인 연상, 유추, 공상을 사용해 일상의 논리 위를 날아다녔다.

에디슨은 인간의 뇌를 가장 효과적으로 활용할 수 있는 방법을 찾고자 했다.

끊임없이 샘솟는 아이디어는 그런 과정에서 탄생한 것이다. 신경과학자 리처드 레스탁은 이렇게 말한다.

"뇌가 최상의 기능을 발휘하길 원한다면 모든 것을 순차적으로 다루는 태도부터 버려라. 세상이 합리적 질서와 순서에 맞춰 돌아가야 한다는 생각 자체가 잘못된 것이다."

레스탁을 비롯한 여러 연구자들은 창의력이 불가사의한 재능은 아니라고 말한다. 오히려 그것은 인간의 본질적인 능력이다. 복잡계(Complexity System)[9] 전문가인 빌 웰터와 진 에그몬은 창의력이 복잡해 보여도 결국 우리의 경험과 상상력을 바탕으로 한다고 밝혔다. 다만 새로운 방식으로 조합하는 연습이 필요할 뿐이다.

혁신 역량 키우기: 아이디어 중독에 빠져라

표준 창의력 테스트다. 자신의 아이디어 도취 수준을 평가해보자.

'대안 떠올리기' 연습 1

① 노트 또는 종이를 마련한다.

② 클립 사용법을 2분 동안 최대한 여러 가지로 적는다.

③ 적힌 방법 수를 반으로 나눠 1분간 기억 가능한 수를 점수로 계산한다.

---

9) 어느 장소에서 일어난 작은 사건이 그 주변에 있는 다양한 요인에 작용하고, 그것이 복합되어 차츰 큰 영향력을 갖게 됨으로써 멀리 떨어진 곳에서 일어난 사건의 원인이 된다는 견해. - 옮긴이 주

1분에 네 가지를 기억한 4점이 평균이다. 8점이면 뛰어난 것이다. 12점 이상을 얻었다면 아이디어 창출 능력 평가에서 천재적인 수준이라고 볼 수 있다. 우리도 자체적인 테스트를 실시했다. 그 결과 아이들 중 영재 그룹은 모두 천재적인 수준에 속한다는 사실이 밝혀졌다. 하지만 우리 회사의 고객 대부분은 평균을 벗어나지 못했다. 영재들은 어떻게 성인들보다 더 뛰어난 점수를 받았을까? 그들은 이 테스트가 쓰기 속도를 평가한다는 점을 즉시 깨달았다. 실제로 테스트는 순전히 '양'에 관한 것이다. 최대한 여러 가지 방법을 생각해내도록 요구한다. 당신의 응답이 얼마나 논리적인지에 따라 봉급을 결정할 회사 경영진이나 내용을 정리해 이사회에게 제출하라는 말은 어디에도 없다. 그런데도 조직 사회에 몸담은 이들은 대부분 습관적으로 이런 지시를 받은 것처럼 행동한다.

에디슨은 사고방식의 틀을 깨기 위해 꼭 필요한 요소가 자유 연상이라는 점을 알았다. 좋은 아이디어를 얻고자 한다면 일단 아이디어 자체가 많아야 한다. 다음 테스트를 통해 당신도 이 사실을 알고 있는지 확인해보자. 두 번째 테스트를 위한 팁은 다음과 같다. 에디슨처럼 생각하려면 순수하게 자유 연상에 집중하라. 똑똑한 아이들이 했던 것처럼 쓰기 속도만 생각하라. 분석이나 비판은 접어두고 무조건 빨리 답을 적는 것이 핵심이다.

'대안 떠올리기' 연습 2

① 벽돌 사용법을 2분간 가능한 한 많이 적는다.

② 천재에 해당하는 점수를 얻었는가?

③ 그럼 즉흥적으로 적은 답안을 상상력을 발휘해 설명한다.

'조직의 통념'에 물든 어른들의 점수가 낮은 것은 당연하다. 조직의 꽉 짜인 논리 정연함이 혁신을 방해하기 때문이다. 이것이 바로 '성급한 조직화'다. 성급한 조직화란 아이디어를 내기도 전에 체계적으로 정리하고픈 충동을 말한다. 자유롭게 날아야 할 생각의 날개를 꺾는 고약한 특성인 것이다. 이런 습관을 버리는 방법도 에디슨에게서 배울 수 있다. 먼저 기록하고, 후에 정리하라. 유추적 사고방식과 공상적 스토리텔링은 아이디어 도취 상태로 가는 길에 든든한 후원자가 되어줄 것이다.

유추적 사고 연습

언뜻 보기에 아무 상관없어 보이는 것들도 연결하면 환상적인 아이디어를 발견할 수 있다. 의외의 관계성을 발견해 생소한 연결고리를 만드는 재능은 에디슨의 창의력을 만드는 바탕이 되었다. 유추적 사고력을 기르려면 생소한 연결고리를 찾는 연습부터 해야 한다. 관계가 없어 보이는 것들 사이에서 연결할 만한 고리를 찾아보자. 밀접한 관련이 있는 것들이라면 지금껏 생각지 못했던 다른 연관성은 없는지 다시 한 번 살펴보라.

다음에 나열된 것들 사이에서 최소 3가지 이상의 연결고리를 찾아보자. 여기에는 정답이 없다. 창의적인 답안만 있을 뿐이다. 즐겁게 해보기 바란다.

① 웨스트 오렌지와 셰익스피어

② 전구와 자신의 직업

③ 전파와 파스타

④ 축음기와 종교

⑤ 혁신과 감자 칩

⑥ 시멘트와 야구

⑦ 에디슨과 인터넷

⑧ 전신기와 물

미국 발명가 명예의 전당에 2006년 입성한 로버트 랑어는 복잡한 문제도 유추적 사고를 이용하면 쉽게 해결할 수 있다고 밝혔다. 랑어는 투여한 약물이 분해되지 않고 목적지까지 도착하는 약물 전달 매커니즘(Drug Delivery Mechanism)을 촉진하는 중합체[10]를 개발했다. 쉽지 않은 작업이 진행되던 어느 날이었다. 그는 스스로에게 이렇게 물었다.

'비누처럼 표면이 미끈하고 서서히 녹으면 어떨까?'

결국 랑어와 그의 연구팀은 비누에서 시작한 유추적 사고 덕분에 중합체를 개발하는 데 성공했다. 이것은 현재 알약, 주사약은 물론이고 의료용 내장박판(Embedded Wafer)을 통해 생활 곳곳에서 이용되고 있다. 랑어는 유추적 사고가 또 다른 획기적인 아이디어로 이어진 경험도 덧붙였다.

"언젠가 TV에서 PBS 방송국 프로그램을 보고 있었다. 사실 그렇게 열심히 보지는 않았다. 그저 TV 속 사람들이 컴퓨터 산업에 쓰일 칩을 만드는 모습을 무심히 쳐다보고 있었다. 그때 갑자기 아이디어가 떠올랐다. '저거 약물 전달에 활용하면 괜찮겠는데! 약물 전달 장치 같은 마이크로칩을 개발하면 어떨까?' 랑어는 유추적 사고를 이용한 덕분에 MIT 동료 연구자들과 함께 약물 전

---

10) 기본 단위의 반복으로 이루어진 분자 화합물. 염화비닐, 나일론 등.—옮긴이 주

달 기술 분야에서 획기적인 진보를 이루었다. 이 기술은 이후 세계 특허 기술
에도 큰 영향을 미쳤다."

공상적 스토리텔링 연습: 이미지 흐름

윈 웽어는 30년 넘게 천재성을 연구했다. 일반적인 사람들도 천재성을 개발
할 수 있는 가장 효율적인 방법을 찾고자 한 것이다. 그의 이미지 흐름 기법은
에디슨의 공상적 스토리텔링 방식과 많이 닮았다. 이 방법을 사용하면 당신도
손쉽게 우뇌에 에너지를 불어넣을 수 있다.

① 우선 편안한 곳에 앉는다.

깊고 편안하게 '휴우~' 하고 한숨을 내쉬어 긴장을 풀어준다. 두 눈을 지그시
감고, 머릿속에 떠오르는 이미지들을 소리 내어 말한다. 간단한 연습만으로
최대의 효과를 얻고자 한다면 안내에 충실히 따르는 것이 좋다.

② 소리 내어 이미지를 묘사한다.

다른 사람에게 말하는 것이 가장 좋고, 녹음을 해도 좋다. 마음속으로는 아
무리 되뇌어도 에디슨이 만끽한 효과는 볼 수 없다. 묘사할 때는 다양한 감
각을 활용한다. 예를 들어 머릿속에 모래사장이 떠오르면 질감, 향, 맛, 소리
까지 살핀다. 해변의 맛을 설명하는 것이 이상하다고 생각할 수 있다. 하지
만 기억하라. 우리는 지금 역사상 가장 상상력이 풍부했던 인물처럼 생각하
는 방법을 연습하는 중이다. 더 생생한 이미지를 떠올리려면 무엇이든 현재
의 상황을 기준으로 묘사하는 것이 효과적이다. 지금 이곳에서 벌어지는 일
처럼 마음속의 이미지를 표현하라.

③ 주제 없이 자유롭게 이미지 흐름을 시도하라.

자연스럽게 아이디어 도취를 향한 모험으로 들어간다. 의식적인 지시가 없어도 이미지 흐름 기법을 실천하는 과정에서 저절로 주제가 표현된다. 특정한 의문을 품거나 주제를 탐색하는 데 이 기법을 활용하는 것도 좋다. 에디슨이 자기 몸의 원자에게 '장미의 일부가 돼라'고 명령한 것처럼 말이다. 실제로 웽어는 이 기법을 사용해 무수한 실용품을 발명하고 교육 혁신을 이끌었다.

3) 패턴을 인식하라

에디슨은 아주 어린 시절부터 세상의 패턴을 인식했다. 그는 자연이 '수학적인 패턴으로 스스로를 정확하게 표현하는 존재'라고 믿었다. 무엇을 보든 패턴을 찾으며 언젠가 자기 손으로 자연의 비밀을 밝히리라 다짐했다. 자연이 내뿜는 아름다움과 일관성에 한없이 매료된 에디슨은 자연의 패턴이야말로 신이 손수 만들어낸 작품이라고 여겼다. 다양한 분야의 기술을 발전시킬 실마리를 발견한 것도 이런 능력 덕분이었다.

에디슨은 패턴을 발견하는 데 대단한 열의를 보였다. 시장의 동향을 이해하고 틈새를 포착하는 안목을 길러 문제를 새로운 방식으로 해결할 수 있었던 것도 이런 열정이 밑바탕이 되었다. 패턴을 인식하는 훈련은 어떤 상황에서도 멈추지 않았다. 전신 기술자로 일하던 어느 날, 메시지를 전송할 때 돌발 사고가 자주 일어난다는 것을 발견했다. 에디슨은 인쇄본에서 빠진 줄을 채우기 위해 메시지 패턴을 활용해 불완전한 내용을 복원할 수 있었다. 덕분에 수신 중인 메시지를 적는 동시에 오류가 난 부분까지 찾는 등 그 분야에서 두각을 나타낼 수 있었다.

성인이 된 에디슨은 맹렬한 독서와 꾸준한 실험을 통해 자기 내면의 '패턴 자료 창고'를 넓혔다. 엄청난 양의 광물, 화학 물질, 나무껍질, 식물 섬유, 점토, 희귀한 금속 등 자연에서 얻은 견본품과 각종 합성 물질들로 가득 채운 실험실을 마련해 패턴 연구에 깊이를 더할 수 있었다.

에디슨은 누구나 자신처럼 자연의 패턴을 지각할 수 있는데도 그렇게 하는 이가 드물다며 안타까워했다. 그는 노트에 이렇게 썼다.

"자신의 뇌를 정해진 일에만 쓰는 사람들이 얼마나 많은지 기막힐 노릇이다."

패턴 인식과 관련해 베스트셀러 작가 맬컴 글래드웰이 게티 박물관의 일화를 소개한다. 게티 박물관이 고가의 이집트 조각상을 구입할 때의 일이다. 박물관 측은 1년이 넘는 고증과 연구 끝에 진품이라고 결론 내려 조각상을 샀다. 그런데 단 몇 초 동안 그 조각상을 훑어본 미술사가들이 가짜라고 선언한 것이다. 글래드웰은 이처럼 눈 깜짝할 사이에 정확하고 즉각적인 판단이 어떻게 가능한지 설명하기 위해 '직관적 알아챔(Intuitive Knowing)'이라는 표현을 썼다.

잘 생각해보자. 전문가들은 대체로 일정한 결론을 얻기 위해 증거를 수집한다. 그런 다음 간단명료하게 판단을 내린다. 위의 사례에서 직관적으로 알아챌 수 있었던 것은 바로 손톱의 배열이었다. 조각상의 손톱이 진품의 패턴과 일치하지 않았던 것이다. 이처럼 예리한 관찰력이 바로 패턴을 인식하는 방법이다.

에디슨도 이와 유사한 방식으로 패턴을 인식했다. 그는 실험 보고서나 실험 결과가 요약된 서류 뭉치를 훑어만 봐도 잘못된 부분을 즉시 찾아냈다. 두 눈으로 자료를 보는 동시에 머릿속으로는 패턴을 찾는 것처럼 말이다. 에디슨의 수석 기술자 한 명은 이렇게 말했다.

"에디슨이 도표로 된 테스트 보고서를 본다고 하자. 그는 도표 안의 모든 항목을 한 번 쭉 훑어 계산도 하지 않고 오류를 쏙쏙 잡아낸다. 그런 다음 '이건 실수 했군' 또는 '이건 다시 해보게'라고 적는다. 보고서를 받아 2차 테스트를 해보면 거의 어김없이 그가 옳았다는 게 증명된다."

신속하게 오류를 잡아내는 능력은 백열전구에 사용할 전선 시스템을 실험할 때 더욱 빛을 발했다. 에디슨은 백금에 비해 전도력도 뛰어나고 가격도 저렴한 '구리'로 도입선을 만들었다. 그 도입선으로 만든 전구로 여러 가지 실험을 하는 과정에서 각양각색의 결과가 나왔다. 그런데 다양한 변수 중에서 한 가지가 변함없이 유지되는 것을 발견하게 되었다. 그것이 바로 구리였다. 에디슨은 구리 도입선에 불순물이 묻어 있어 그런 결과들이 나온다고 생각했다. 아이디어가 떠오르자마자 에디슨은 색이 검게 변한 구리 도입선 일부를 잘랐다. 그리고 그 조각으로 화학 분석을 했다. 분석 결과 에디슨의 생각이 옳았음이 밝혀졌다. 그는 자신이 얻은 결과의 패턴에 일관성이 없는 이유가 재료의 질이었다는 사실을 순식간에 파악했다. 이러한 통찰력이 있었기에 성공적인 전력 시스템을 개발하고, 미국의 구리 전선 제조업계에 극적인 발전을 안겨줄 수 있었다.

1879년 최초로 14.5시간 동안 전구를 밝힌 이후, 에디슨은 더 나은 재료로 내구성 있는 필라멘트 만들기에 돌입했다. 지금까지 우리 곁에서 전구가 빛을 내는 것도 에디슨이 여러 자료를 찾아 패턴을 발견하고 실험에 활용한 덕분이다. 그의 끈질긴 실험은 고객의 다양한 요구를 만족시킬 만한 전구의 필라멘트

종류를 찾는 데도 큰 역할을 했다. 에디슨은 사용 패턴을 기준으로 전구의 경제적인 가치까지 결정해 다양한 가격대의 전구를 만들었다. 날카로운 통찰력이 미래를 정확하게 예측할 수 있도록 도운 것이다.

패턴 인식 능력은 한 영역의 실험 결과를 완전히 다른 분야에 적용하는 방법을 알아내는 데에도 결정적인 역할을 했다. 축음기를 발명할 때의 일이다. 에디슨은 음파를 운동 에너지로 전환하여 저장하고 재생할 방법을 찾아 헤맸다. 그래서 음파가 호일, 왁스, 기타 물질 등의 표면을 타고 얼마나 왜곡 없이 전달될 수 있는지 알아내기 위해 지난한 실험이 시작됐다.

에디슨이 모스 부호의 메시지가 전신 장비의 철침으로 새겨지는 과정을 오랫동안 관찰하고 있을 때였다. 그의 머릿속에 번뜩이는 영감이 스쳤다. 철침을 원통형 실린더에 응용해 음파를 전달한다는 생각이 떠오른 것이다.

에디슨은 아이디어를 즉시 실행에 옮겼다. 전신 장비의 철침처럼 축음기 바늘에도 똑같이 철침을 박았다. 소리 패턴에 따라 선이 새겨지면서 기록하도록 한 것이다. 전신 메시지를 개선한 이 음각 방식(indentation)은 축음기를 사용해 음파를 운동 에너지로 저장하는 일을 가능하게 했다.

에디슨은 자료를 수집할 때마다 스스로에게 물었다.

'이걸 어디선가 본 적이 있나? 여기에도 패턴이 숨어 있을까?'

그는 폭넓은 독서와 실험으로 다양한 방법을 발견하여 관찰 대상에 응용하기도 했는데, 이런 태도가 누구도 흉내 낼 수 없는 패턴 인식 능력으로 이어졌다. 에디슨은 자신이 파고들었던 모든 영역에서 패턴을 발견하려 노력하고, 그것들을 열린 마음으로 보았다.

다시 글래드웰 이야기로 돌아가자. 그는 패턴을 발견할 때 '아하!' 하고 깨달는 이유가 머릿속에 새로운 연결고리가 생기기 때문이라고 주장했다. 이 연결고리는 매우 놀랍고 귀중하다. 유추적 사고를 연습할 때와 마찬가지로 무언가를 의도적으로 생각하려고 하면 연결고리를 자유자재로 만들 수 없다. 시작도 하기 전에 사물 사이의 관계가 손상되기 때문이다.

레스탁 박사는 여러 상황을 유연하게 넘나드는 기술이 꼭 필요하다고 강조한다. 새로운 연결고리를 발견하는 것은 좌뇌와 우뇌를 넘나드는 유연한 사고를 돕는 패턴 인식 방법 중 하나다. 이른바 나무와 숲을 동시에 보는 것이다. 우뇌는 숲 전체의 거시적인 패턴을 중점적으로 보도록 하는 반면, 좌뇌는 나무 하나하나에 집중하게 한다. 에디슨은 패턴을 인식할 때 우뇌와 좌뇌의 기능을 한꺼번에 동원해 조화롭게 활용했다.

혁신 역량 키우기: 패턴을 인식하라

좌뇌와 우뇌 모두를 조화롭게 사용해 패턴 인식 능력을 키우는 가장 간단하고 강력한 도구가 바로 '마인드맵(Mind Map)'이다. 에디슨의 패턴 인식 능력은 자연세계에 대한 동경에서 비롯되었다. 에디슨처럼 자연 속 패턴의 구조를 가만히 응시해보자. 식물이 줄기로부터 온갖 방향으로 가지를 뻗어나가는 모습에서, 이것이 생명의 네트워크라는 점을 깨닫게 된다.

사실 가장 경이로운 네트워크는 바로 우리의 두뇌 속에 존재한다. 인간의 뇌 정중앙에는 뇌핵이 있다. 이곳에서 수십억 개의 뉴런 가지가 뻗어 나온다. 각각의 가지 또는 수상 돌기[11]는 '수상 돌기 소극'이라 불리는 작은 혹들로 뒤덮여

---

11) dendrite, 나무라는 뜻의 그리스 어에서 파생한 단어. ─옮긴이 주

있다. 이 혹과 혹 사이의 틈을 시냅스가 연결하는데, 인간의 사고는 방대한 네트워크를 이루는 시냅스의 패턴 덕분에 가능하다.

　마인드맵은 이처럼 자연발생적인 뇌의 패턴을 이미지로 표현한다. 당신도 패턴을 찾아 연결하면 얼마든지 창의력을 키울 수 있다. 마인드맵을 처음 생각해낸 사람은 영국의 뇌 연구가 토니 부잔이다. 그는 레오나르도 다빈치와 에디슨 같은 위인들의 노트에서 영감을 받아 자연의 패턴에 관한 본인의 연구를 바탕으로 뇌에 관한 최신 연구 결과를 찾아 이 도구를 개발했다. 색색의 펜과 커다란 빈 종이 한 장이면 마인드맵을 그릴 수 있다. 지금부터 그 방법을 소개하겠다.

– 종이 한가운데에 주제에 해당하는 상징이나 그림을 그린다. 종이 가운데서 시작하는 이유는 당신의 머릿속에 떠오른 모든 생각에 대해 360도로 열려 있어야 하기 때문이다. 그림과 상징은 글에 비해 기억하기 쉽고 창의적으로 생각하도록 돕는다.
– 핵심 단어를 활용한다. 핵심 단어들은 연상과 창의적인 연결을 위한 정보 창고다.
– 중심 이미지에서 뻗어 나온 곡선으로 핵심 단어를 연결한다. 이 가지들이 명확한 연결고리를 보여준다.
– 핵심 단어를 프린트한다. 손으로 쓰는 것보다 읽고 기억하기 쉽다.
– 이번에는 하나의 곡선마다 핵심 단어를 하나씩 프린트한다. 생각한 것을 더 정확하고 분명하게 해준다.
– 곡선으로 연결된 핵심 단어들을 프린트해 단어의 길이가 곡선 길이와 같

게 한다. 연상의 명확성을 극대화할 뿐만 아니라 공간을 효율적으로 활용
할 수 있다.
- 색깔, 그림, 도표, 부호를 사용해 더 중요한 연상을 강조한다. 기억력을 높
이고 창의성을 자극한다.

마인드맵을 이용하면 특정 주제에 대한 모든 아이디어를 종이 한 장에 담을
수 있다. 또한 아이디어의 관계를 한눈에 파악하고 전체적 패턴도 쉽게 알아볼
수 있다. 어느 화학 기업의 수석 연구원이 패턴을 인식하기 위해 마인드맵을 활
용하는 방법을 다음과 같이 설명했다.

"펄프 표백 프로세스에 관한 세상의 자료를 다 모을 작정이었어요. 먼저 모
든 자료를 마인드맵에 적고 다양한 프로세스 요소들을 서로 연결하기 시작했
죠. 몇 가지가 금세 눈에 띄더군요. 그 아이디어들은 지금 다들 특허 대기 중입
니다. 그리는 데 한 시간도 채 걸리지 않은 마인드맵이 새로운 발명을 떠올리
고 정리하는 핵심 역할을 했죠."

마인드맵의 작성을 도와주는 컴퓨터 프로그램도 많다.

이 프로그램들은 유용할 뿐 아니라 자신의 마인드맵을 다른 이들과 공유할
수 있다는 장점이 있다. 처음 한다면 손으로 직접 마인드맵을 그리며 배우기
를 권한다. 최근 우리는 버지니아 대학 교수인 제임스 G. 클로슨과 대화할 기
회가 있었다. 패턴 인식이 혁신적으로 정보를 관리하는 데 얼마나 중요한지에
대해 그가 말했다.

"세상은 다양한 정보로 넘치고 있습니다. 여기서 패턴을 찾아내는 능력은 효
율적인 경영을 위해 꼭 필요한 기술입니다. 이 능력을 기르는 과정은 본질적으

로 귀납 추리 방법과 비슷합니다. 세상에는 어마어마한 양의 자료들이 무질서하게 흩어져 있죠. 먼저 이런 자료들을 보는 데 능숙해야 합니다. 패턴 추리는 그 이후에야 가능합니다.

에디슨은 이 분야에 아주 탁월했죠. 이 기술은 과학적 방법론 중에서도 핵심에 속합니다. 안타깝게도 요즘 교육 제도는 정반대로 가고 있어요. 대학이나 대학원MBA 학생들은 교육이랍시고 이런저런 이론과 원리가 있으니 경영에 응용하라는 말이나 듣기 십상입니다. 관리자나 경영진은 전략적으로 위기에 처하면 그저 배운 대로 연역적 원리를 응용하죠. 그리고 시간이 지나서야 그것이 잘못된 선택이었음을 깨닫게 됩니다. 사실 그들에게는 잘못이 없습니다. 그저 배운 대로 했을 뿐이죠. 패턴을 재빠르게 인식하는 사람은 비교적 많지 않습니다. 하지만 혁신을 원하는 사람이라면 반드시 갖춰야 할 자질이에요.”

미국의 제약회사 머크의 의약화학 부장인 존 와이 박사 역시 혁신적인 신약을 개발하는 데 패턴 인식 능력이 얼마나 중요한지 강조한다.

“약제를 디자인하기 위해 패턴을 찾아내려면 특히 시각에 의존합니다. 저는 컴퓨터 모델링과 플라스틱 모형 제작을 병행하며 계속해서 수정하는 방법을 쓰고 있죠. 언젠가 특정 억제제(inhibitor)계통의 패턴을 찾던 중이었어요. 모형을 최소 단위로 분해하다가 분자 안에서 독특한 대칭 요소를 발견했습니다. 그 분자의 구조를 밝히기 위해서 화학적 결합 패턴을 활용해 핵심 원자를 다시 연결해 보았죠. 그랬더니 분자 구조의 비밀이 밝혀졌답니다! 우리 팀은 여기서 출발해 획기적인 신약 테스트를 시작할 수 있었습니다.

패턴 인식은 성공에 필요한 창조적 감각을 길러줍니다. 우리 팀원들은 여기서 자극받아 문제를 더욱 깊이 이해하게 되었어요. 패턴 인식은 문제의 해결을 위한 단서를 수집할 때 넓은 시야로 다양한 경우를 생각하게 합니다. 파충류가 조류로 진화하는 것과 같아요. 훨씬 빠를 뿐이죠."

4) 아이디어를 시각적으로 표현하라

어떤 이들은 새로운 알파벳, 새로운 상징 언어를 꿈꾸지. 새로운 지적 경험을 기록하고 서로 교환하기 위해서 말이야. _헤르만 헤세, 《유리알 유희》 중에서

만화경 안쪽을 가만히 들여다보면 가지각색의 패턴을 발견하게 된다. 이때 만화경을 돌리면 종이 조각들이 그 패턴에 따라 변화하며 시각적인 즐거움을 준다. 에디슨은 여러 가지 아이디어를 마음속 만화경 안에 넣고 이리저리 돌려보는 과정을 즐겼다. 그때 머릿속에 떠오르는 영상들을 쉬지 않고 그림과 도안으로 옮긴 것이다.

에디슨은 대부분의 창의적인 아이디어를 만드는 데 이미지나 3차원 모형 같은 시각적인 표현 과정을 이용했다. 시각적 은유를 통해 원래 알고 있던 것부터 몰랐던 사실까지, 자신의 모든 아이디어를 다각도로 관찰한 것이다.

에디슨의 손에 들어온 기계는 어김없이 분해와 재조립 과정을 거쳤다. 여분의 부품을 마련해 전혀 다른 방식으로 조립하고 뭔가 새로운 것을 만들어내길 좋아했기 때문이다.

물건들이 어떻게 작동되는지 알고 나면, 개선할 여지는 없는지 곰곰이 궁리했다. 그때마다 생각을 쉽게 정리하려고 그림을 그렸다. 에디슨이 무엇이든 시

각화하여 탐색한 작업은 엄청난 범위와 양만으로도 놀랍다.

더욱 놀라운 것은 겉모습만 봐도 그 안의 구조까지 간파하는 안목이다. 에디슨의 눈은 보는 대상의 내부를 꿰뚫는 '엑스레이(X-ray)'였다. 고장 나거나 불완전한 기계를 보기만 해도 무엇을 어떻게 고쳐야 할지 훤히 알았다. 그의 스케치에는 기계가 작동하는 본질적인 요소가 담겨 있다. 기계공들이 그의 스케치만 봐도 완벽한 모형을 만들어낸 것은 기계의 작동 원리가 그대로 드러나 있기 때문이었다.

에디슨은 3차원 모형을 넘어 또 다른 가능성으로 생각을 확장시키는 데에도 시각적인 표현을 활용했다. 그는 자신이 아는 것부터 모르는 것까지 시각적으로 은유하며 해결 방법을 찾았다. 구체적인 대상의 이미지를 활용해 지금껏 이해가 되지 않았던 개념과 결합한 것이다. 에디슨은 그렇게 다른 물질이 각기 색다른 환경에서 결합하면 어떠한 현상이 벌어지는지 상상하고, 스케치하며 새로운 아이디어를 발견해나갔다.

시각적 은유는 전화 송신기, 전구, 음성 전신기, 그 외 여러 혁신적 발명품에 관한 아이디어를 발전시켰다. 앞으로 보게 될 세 개의 스케치는 에디슨이 1870년대 중후반에 그린 것이다. 그 당시 에디슨은 전기의 흐름을 세분화하는 복잡하고 어려운 구상을 하고 있었는데, 이 스케치 덕분에 다음과 같은 여러 가지 의문을 해결할 수 있었다.

"어떤 모양으로 회로를 만들까? 회로가 막힘 없이 작동하려면 어떻게 하지? 회로를 효율적으로 작동시키는 부품이 무엇일까? 이 전기 부품들은 서로 어떤 관련이 있지? 아직 전기 회로에 대해서는 잘 모르지만, 이것을 내가 잘 아는 전신기 회로처럼 생각해보면 어떨까?"

오른쪽의 설계도는 1876년 1월 26일에 그린 다중 전신기 회로다. 에디슨은 하나의 라인에 여러 전신기를 연결해서 만든 다중 전신기 시스템으로 특허를 받았다. 이 설계도를 보면 에디슨이 전신 기술자로서의 지식과 전기 기계에 대한 지식을 결합했음을 알 수 있다.

아래 오른쪽에 있는 설계도는 단일 전류를 미세한 단위로 나눠 전구 하나하나에 불이 들어오게 한 장치이다. 이것은 다중 전신기 설계를 마친 지 불과 2년 반 만인 1878년 9월 13일에 완성되었다. 에디슨은 여기서도 시각적 은유법으로 전신 분야의 지식을 아이디어로 발전시켰다. 전신기 회로의 구조와 전신

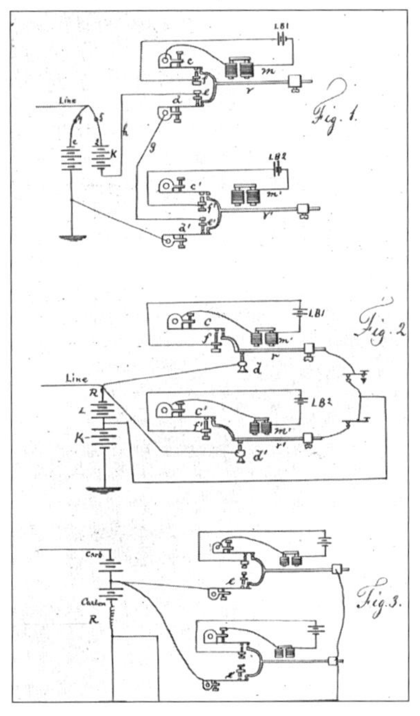

▲다중 전신기의 특허권 보호 신청을 위해 제출한 설계도

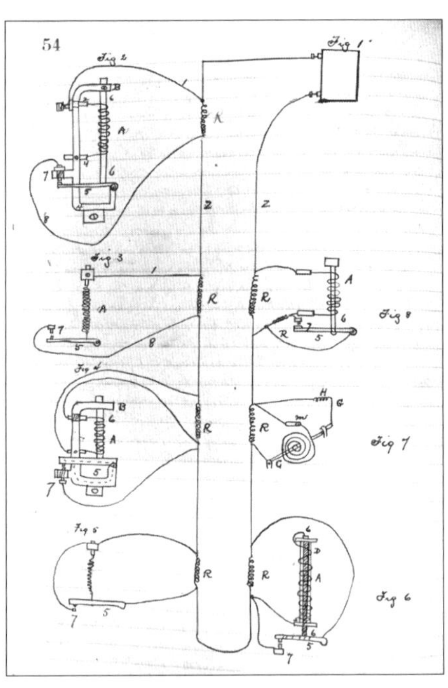

▲에디슨은 전신 분야의 지식을 전구에 필요한 회로를 설계하는 데 응용했다. 위 그림은 1878년 전구 설계도 특허권 보호 신청을 위해 제출되었다.

기술을 차용해 설계도를 그린 것이다. 그리고 특별히 전기와 관련 있는 각각의 회로에는 전류가 흐르는 구조를 도입했다. 에디슨은 전신기, 전신 회로의 조정 장치, 전신 계전기[12] 배선 등에 관한 방대한 지식을 기초로 각기 다른 7가지 구조를 만들어 실험했다. 이 설계도에 활용한 그의 시각적 기술은 전류와 필라멘트에 대한 아이디어를 더욱 높은 차원으로 끌어올렸다.

전구 설계도를 완성한 지 5주쯤 지나 에디슨은 필요한 실험들을 보완해 필라멘트에 관한 더 많은 지식을 쌓았다. 152페이지 아래 설계도를 보면 1878년 10월 25일 노트에 담긴 필라멘트의 나선형 디자인을 비롯한 세세한 부분까지 그려져 있다. 그 당시 에디슨은 필라멘트의 더 나은 모양과 크기를 찾지 못해 전신기에서 차용한 이미지를 쓰고 있었다. 그때 스케치를 통해 나선형 필라멘트가 열을 효과적으로 분산시켜 전구의 수명을 늘린다는 점을 알아낸 것이다.

지금까지 살펴본 세 가지 설계도는 에디슨이 시각적 은유를 활용해 자신의 생각을 새로운 영역으로 확장하는 과정을 잘 보여준다. 에디슨은 발명품의 콘셉트를 정하고 디자인을 개선할 때도 스케치를 활용했다. 스케치가 자신의 생각에 사로잡혀 있지 않도록 돕는 실용적인 방법이라고 생각했기 때문이다. 에디슨은 머릿속에 떠오른 아이디어를 종이에 직접 그려서 시각화하고 계속해서 실험하며 생생한 이미지를 창조했다. 이렇게 이미지를 시각화하는 것은 기억력과 창의력을 강화하는 최고의 방법이다.

과학사학자인 하워드 그루버는 위대한 과학자들의 창조 과정에서 시각 이미지가 어떤 역할을 했는지 연구했다. 그 결과 다빈치, 뉴턴, 다윈, 아인슈타인,

---

12) 정해진 전기량이나 물리량에 반응해 전기 회로를 제어하는 전기 기기. —옮긴이 주

제임스 왓슨과 영국의 생물학자이자 노벨상 수상자이기도 한 프랜시스 크릭 등
도 혁신적인 업적을 이루는 데 시각적 은유를 활용했다는 것이 드러났다. 이것
은 미지의 영역을 탐색하려면 반드시 시각 이미지화 과정을 거쳐야 한다는 사
실을 보여준다.

이미지를 종이에 그려서 아이디어를 탐구하는 방식은 효과적인 의사소통에
도 도움이 된다. 에디슨의 연구팀은 다양한 수준의 교육을 받은 이들로 구성되
었다. 기술 교육을 받은 사람, 석사 학위 소유자부터 제도 교육을 전혀 받지 못
한 사람까지 천차만별이었다. 이들 사이의 언어 장벽을 뛰어넘기 위해 에디슨

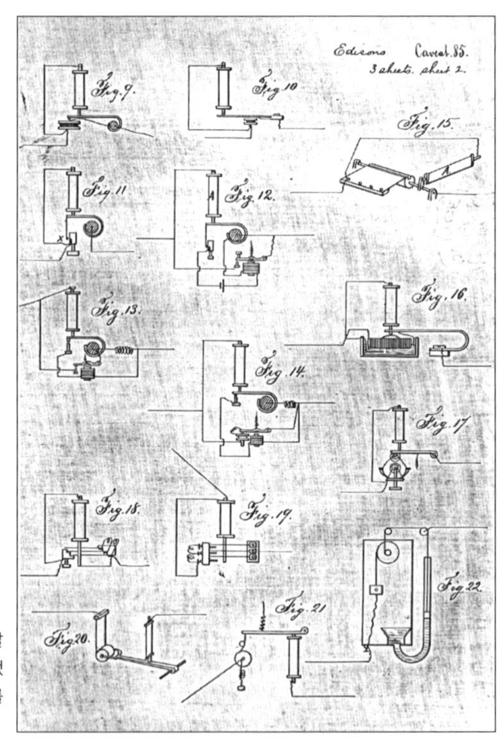

▶6주 동안 실험을 반복한 끝에 에디슨은 전구 발명 특허권 보호 신청에 필요한 설계도를 완성했다. 이 나선형 필라멘트는 백열등 표면의 열기를 신속하게 분산시킨다.

은 시각적인 이미지를 활용했다. 설계도와 도안은 에디슨 연구소에서 일종의 공용어였다. 굳이 말로 하지 않아도 모두가 이해할 수 있었기 때문이다. 연구원들은 에디슨의 도안만 봐도 그 아이디어에 관한 모든 것을 한눈에 알았다.

성공적인 연구를 위해서 모든 연구원은 자신의 권한과 책임 분야를 넘어 전체 콘셉트를 꿰고 있어야 한다. 그래야 자신의 역할이 어디에 어떻게 기여하는지 이해할 수 있기 때문이다. 에디슨은 혁신의 목표를 공유하기 위해 도안을 그린 것이다.

혁신 역량 키우기: 아이디어를 시각적으로 표현하라

전문가의 눈은 손보다 많은 일을 한다. _벤저민 프랭클린Benjamin Franklin

그리거나 칠하는 법을 배우는 것은 아이디어를 시각적으로 표현하는 능력을 기르는 가장 좋은 방법이다. 모든 사람이 레오나르도 다빈치나 피카소가 될 수는 없다. 하지만 아이디어를 시각적으로 표현하기 힘든 진짜 이유는 '그리기'에 관한 편견 때문이다. 편견의 중심에는 그리기가 예술가들이나 하는 어려운 일이라는 생각이 자리한다. 잠시 어른들의 습관인 자기비판에서 벗어나보자.

어린이의 그림을 보라. 어린이의 그림은 대단히 예술적이고 표현력이 풍부하며 생생하다. 어른에 비해 아이들의 그림이 이토록 멋진 이유는 아직 자신의 작품을 비판하고 분석하는 습관에 물들지 않았기 때문이다. 우리도 자기비판을 잠깐이라도 버리면 어린아이처럼 그리는 즐거움을 만끽할 수 있다. 어릴 적 기분으로 돌아가 이미지, 낙서, 색, 형태를 가지고 마음껏 노는 것이다. 직접 해봐야 그 과정이 주는 즐거움과 함께 놀라운 결과를 얻을 수 있다.

성인은 자기비판에 익숙하다. 어린이의 그리기 학습과는 다를 수밖에 없다. 성인들이 그리기를 학습하려면 먼저 어린 시절에 지녔던 순수한 예술적 감성부터 되찾아야 한다. 《오른쪽 두뇌로 그림 그리기》의 저자인 베티 에드워즈는 수많은 사람들에게 그림 그리는 법을 가르쳐왔다. 그녀는 학생이 '왼쪽 두뇌'의 지배에서 벗어나도록 가르친다. 언어적, 비판적, 분석적인 뇌의 좌반구는 예술 비평에는 유용할지 모르지만 창조에는 큰 쓸모가 없다는 것이다.

에드워즈는 비언어적이고 직관적이며 '큰 그림을 보는' 오른쪽 뇌의 사용을 권한다. 그녀가 제시한 간단한 방법을 따르면 사물을 보고 그리는 일이 훨씬 수월해진다. 《그림, 자연스럽게 그리기》의 저자인 키몬 니콜레이즈는 그리기를 배우는 일이 '완벽히 본능적인 것'이라고 말한다. 그림을 그리는 데 기교나 기법을 생각할 필요가 없다는 것이다.

그린다는 것은 감각을 사용해 몸으로 교감하는 방식 중 하나다. 이때 정확하게 대상을 관찰해야만 교감의 의미가 있다. 그리기를 할 때 감각적으로 인지하는 데 집중해야 한다는 말이다. 《Zen of Seeing》의 저자인 프레드릭 프랭크를 비롯한 여러 전문가들 또한 주변 세계에 더욱 깊은 관심을 기울이면 자연스럽게 그릴 수 있다고 입을 모은다.

레오나르도 다빈치는 이렇게 말했다.

"모든 그림은 관찰하는 힘에서 나온다."

앞에서 패턴을 인식하는 도구로써 마인드맵을 소개했다. 마인드맵은 아이디어를 시각적으로 표현하는 훌륭한 도구다. 여기에다 그림을 더 그려 넣으면 시각적 표현력을 기를 뿐 아니라 만화경식 사고를 하는 데에도 도움이 된다.

혹시 그리는 법도 배우기 싫고 마인드맵이 익숙지 않다며 좌절하고 있는가?

포기하기에는 이르다. 생각을 그림으로 표현하는 것이 직업인 그래픽 퍼실리테이터(Graphic Facilitator)가 있으니 말이다. 이들의 도움을 받으면 아이디어를 시각적으로 표현하기가 한결 쉬워진다. 그래픽 퍼실리테이터는 단순한 일러스트레이터 이상의 의미를 지닌다. 시각적 도구와 기술을 활용해 전략, 제품 개발, 문제 해결 회의 등 다양한 상황에서 생생한 이미지를 공유할 수 있도록 돕는 것이다. 현재 애플, 인텔, P&G 등 〈포춘〉지 선정 500대 기업에 드는 기업들이 그래픽 퍼실리테이터를 고용하고 있다.

▲1888년 웨스트 오렌지 연구 단지에서 에디슨과 그의 수석 연구팀. 에디슨 축음기의 성능을 개선한 신모델을 완성한 다음 찍은 사진이다. 이들은 27시간 동안 쉬지 않고 일한 결과, 신모델을 완성할 수 있었다.

5) 가지 않은 길을 택하라

평범 공화국에서 천재들은 위험하다. _로버트 G. 잉거솔Robert G. Ingersoll

독립적으로 생각하고 용기 있게 행동해야 혁신이 가능하다. 에디슨은 통념에 어긋나는 관점도 과감하게 받아들일 줄 알았다. 인류 정치사에 혁신의 획을 그은 마키아벨리는 이렇게 말했다.

"새로운 제도를 만드는 것은 세상에서 가장 계획하기 힘들고 성패를 점치기 어려우며 위험한 일이다. 선구자는 이전의 제도를 따르는 이들의 원한을 사기 마련이다. 새로운 제도의 장점을 알아주는 이들이 있다고 해도 미적지근한 지지를 얻을 뿐이다. 게다가 지지를 밝히기도 전에 머뭇거리고 주저하기 십상이다. 경험으로 가치가 증명되기 전까지는 누구도 진심으로 혁신을 믿지 않는다. 그건 바로 세상에 만연한 의심 때문이리라."

에디슨은 주로 새로운 제도를 만드는 편을 택했다. 이처럼 남들이 가지 않는 길을 택하는 용기는 만화경식 사고의 토양이다. 백열전구에 관한 과학적 통념에 도전한 것은 남들이 가지 않은 길을 탐험하려 했던 에디슨의 강한 의지를 잘 보여준다.

그뿐만이 아니다. 축음기는 순전히 에디슨이 혼자 개발한 최고의 걸작이다. 4중 전신기에는 에디슨만의 정교함이 그대로 녹아 있다. 에디슨의 끈기가 알칼리 축전지를 만들었으며, 활동사진 영사기는 각종 기술을 천재적으로 조합한 그의 강한 의지를 잘 보여준다. 그중에서도 에디슨의 천재적 진가를 가장 잘 드러내는 것이 바로 백열전구이다. 관례에 반기를 들고 비주류 관점을 지켜낸 결실이기 때문이다.

1870년대 에디슨은 기존 전구의 사용이 까다롭고 위험하다고 보았다. 가스, 석유, 기름 등으로 불을 켜던 시절이었다. 전구에서는 툭하면 발화물질이 새어나와 불이 나기 일쑤였다. 에디슨은 조작이 쉽고 안전하며 편하게 들고 다닐 수 있는 전구 모양을 궁리했다. 가스와 석유를 파는 회사들을 비롯해서 기존의 관습에 익숙한 사람들은 일제히 에디슨에게 반대했다. 심지어 에디슨의 아이디어가 '말도 안 되는 헛소리'라고 주장하기도 했다.

에디슨은 주류의 푸념에 굴하지 않았다. 그는 당당히 선언했다.

"아주 저렴한 전구를 만들어, 초는 부자들만 켜게 하겠다."

이 말에 과학계의 비난과 조롱이 이어졌다. 1878년 당시에는 뜨거운 백열등 불빛 때문에 전구 껍데기가 모두 녹아버렸다. 세간에는 백열등 불빛에 녹지 않는 물질의 발견 자체가 불가능하다고 알려져 있었다. 심지어 영국 우체국의 최고 엔지니어였던 W. H. 프리스는 불을 밝히려는 에디슨의 노력이 '도깨비불(Ignis Fatuus)'에 그칠 거라고 말했다. 또 다른 전문가는 이렇게 언급했다.

"이 프로젝트는 말도 안 되는 것투성이다. 전에는 전류를 이리저리 나누더니, 이제 이 주장이 에너지 보존 법칙에 어긋난다는 사실을 아는 사람과 모르는 사람으로 갈라놓았다."

권위 있는 영국왕립과학연구소에서도 백열전구의 실용화는 불가능하다고 결론 내렸다.

이런 노력을 비웃기라도 하듯 1879년 11월 4일, 에디슨은 백열전구의 기초 특허를 신청했다. 영국왕립과학연구소의 발표가 난 지 불과 1년 뒤의 일이다. 로버트 G. 잉거솔의 사상처럼 에디슨은 주류에서 비껴가는 관점에 오히려 흥미를 느끼곤 했다. 당대를 주름잡던 미국의 웅변가이자 '자유사상'의 대가였던 잉거솔은 마크 트웨인, 해방운동의 선구자 프레드릭 더글라스, 오스카 와일드 등 당대의 독보적인 이노베이터들에게 큰 영향을 미쳤다. 특히 와일드는 미국을 방문했을 때 잉거솔의 강연에 여러 차례 참석했으며, 그를 '미국 최고의 지성'이라고 부르기도 했다.

하지만 '미국 최고의 지성'은 불경스러운 언사로 사람들의 입방아에 자주 올랐다. 그는 신앙보다 과학을 더 신봉한다며 다음과 같이 말했다.

"두 번의 설교를 듣느니 차라리 한 대의 시가를 피우겠다. 과학을 수용하지 않는 교리는 정직한 인간의 마음에 깃들 자격이 없다. 자연에는 보상도 처벌도 없다. 오로지 결과만이 존재할 뿐이다."

잉거솔, 패러데이, 페인, 링컨 그리고 자신의 아버지가 에디슨의 역할 모델이었다. 그들은 에디슨이 기존의 사상에 도전하여 불가능한 것을 성취해내도록 이끌었다. 복잡계 전문가인 웰터와 에그몬은 에디슨에 대해 아래와 같이 말했다.

"에디슨처럼 관습에 도전하려면 우선 배짱과 용기가 두둑해야 한다. 자신의 신념을 고수하기 위해 주류에 과감히 반기를 들어야 할 때는 거침없이 행동하라. 남들과 다른 길을 택하려면 인류에 헌신하는 마음과 문제 상황을 근본적으로 변화시켜 개선하겠다는 의지가 필요하다. 이때 강점과 약점을 철저하게 탐색해 스스로를 잘 파악해야 한다."

혁신 역량 키우기: 가지 않은 길을 택하라

혁신에는 인지, 감성 지능이 모두 필요하다. 에디슨은 인지적으로 자유롭고 감성적으로 강건한 이노베이터의 본보기였다. 대부분의 사람들은 스스로를 단

런시키지 않는다. 새로운 아이디어를 통해 생각하려는 의지가 없기 때문이다. 에디슨은 이 점을 간파해 이렇게 꼬집었다.

"생각이라는 노동에는 편법이 존재하지 않는다."

같은 시대를 살았던 조지 버나드 쇼 또한 같은 말을 한층 작가답게 표현했다.

"일년에 두세 번 이상 생각하는 사람은 드물다. 내가 세계적인 명성을 얻게 된 건 일주일에 한두 번은 생각했기 때문이다."

새로운 아이디어를 깊이 파고들려면 용기가 뒷받침되어야 한다. 아이디어를 현실로 만들기 위해 싸움도 불사하겠다는 의지가 있어야 하기 때문이다. 혁신을 이루려 노력한 사람들 중 미국 3대 싱크탱크인 SRI 인터내셔널 회장이자 CEO인 커티스 칼슨을 능가하는 사람은 없을 것이다. 칼슨과 윌리엄 윌못은 《혁신이란 무엇인가》에서 이렇게 말한다.

"고객의 성향을 파악해 미리 대책을 강구하는 데 몸을 아끼지 않는 이들이 있다. 모든 혁신이 부딪치는 자금 문제와 관료, 정치, 인간, 기술 위기에 헌신적으로 맞서 싸우는 이들도 있다. 투쟁 없이는 프로젝트도 없다. 이 법칙에 예외 또한 없다."

도널드 B. 켁은 광섬유를 공동으로 발명해 1993년 미국 발명가 명예의 전당에 입성했다. 그가 대기업에서 이루어지고 있는 혁신을 향한 투쟁에 대해 입을 열었다.

"대기업에 들어가면 즉시 알게 되는 사실이 하나 있습니다. 처음부터 끝까지 내 일에 관심을 가질 사람은 자신뿐이란 거죠."

그는 관습을 타파하는 능력이야말로 혁신에 꼭 필요한 요소라고 말한다.

"대학원을 졸업하자마자 코닝 사에 입사해 보브 마우어 박사님 밑으로 들어

갔습니다. 그때 박사님의 영향으로 반골 기질을 키워간 것 같아요. 동료 연구원이었던 페터 슐츠와 가끔씩 그때를 회상하며 말하죠. 아무래도 우린 사람들이 가지 않는 길만 골라 다닌 것 같다고 말입니다."

켁은 이런 말도 했다.

"입사한 지 얼마 되지 않아 이런 소식 들었습니다. 벨 연구소에서 20~30명의 연구원이 우리와 똑같은 광섬유 발명에 몰두하고 있다는 것이었죠. 브리티시 텔레콤도 마찬가지였고요. 아마 그 당시 일본의 NTT도 틀림없이 광섬유 개발에 뛰어들었을 겁니다. 이제 와서 하는 얘기지만 다른 연구소 사람들은 '공학적인 접근법'에만 매달렸습니다. 그 당시 누구나 아는 지식을 뽑아 단순히 심화시켰을 뿐이죠. 하지만 우리는 달랐습니다. 여러 가지 실험을 해보며 남들이 모두 생각해내는 수준에 머문다면 절대로 경쟁자들을 이길 수 없다는 것을 깨달았죠. 혁신적인 방법을 써보기로 했습니다. 실제로 광섬유를 발명할 수 있는 3가지 혁신적인 방법이 있었죠. 혁신적인 길을 택함으로써 주류에서 벗어나긴 했지만 우리는 결국 지름길을 통해 무사히 목적지에 도착할 수 있었습니다."

어떻게 하면 켁과 그의 동료 연구자들처럼 지적, 감성적 강점을 살려 남들이 택하지 않은 길을 탐색할 수 있을까? 해답은 단순하다. 에디슨처럼만 행동하면 된다. 더불어 위대한 사상가와 이노베이터들의 사례를 깊이 있게 연구해보라. 세상에는 에디슨 말고도 교훈을 줄 만한 이들이 얼마든지 있다.

당신에게 좋은 자극을 주는 이노베이터의 목록을 작성하라. 그런 다음 그들에 관해 가능한 한 많은 것들을 알아내라. 마크 트웨인은 이렇게 말했다.

"당신도 위대해질 수 있다고 느끼게 해주는 이들이 바로 진정한 위인이다."

남들이 이끄는 길로 가지 말라. 차라리 길이 아닌 곳으로 향하라.

_**랠프 왈도 에머슨** Ralph Waldo Emerson

에디슨의 만화경식 사고는 앞날을 내다보는 혁명적인 아이디어를 낳았다. 인류의 삶을 뒤바꾼 것이다. 지금 세계인들이 전구를 사용하고 있는 것도 그가 전구에 관한 통념을 뒤집은 덕분이다. 에디슨의 도전은 전구를 만드는 데 그치지 않았다. 실제로 전구를 사용할 수 있는 인프라까지 구상했다. 그리고 중앙발전소에서 몇 km 떨어진 사람들의 집까지 전기를 배급할 새로운 설비를 개발하기 시작했다. 이 거대한 작업을 하려면 투자할 사람이 필요했다. 재정적으로 후원하고 아이디어를 보호해주며 전폭적인 지지를 보내줄 이들을 물색해야 했다. 에디슨은 시스템 개발에 빠져 지내면서 동시에 40여 가지 프로젝트를 관리했다. 다음 장에서 에디슨이 어떻게 그 모든 일을 해낼 수 있었는지 알아보자.

3. 100% 완전한 몰입

삶의 열정을 잃은 사람이 바로 늙은이다.

_헨리 소로 Henry David Thoreau

에디슨처럼 혁신하려면 일을 강력하게 추진하는 동시에 유연하게 대처해야 한다. 에디슨은 엄청난 집중력을 쏟아 일을 하다가도 쉴 때는 가벼운 마음으로 즐겼다. 그는 집중과 이완 사이에서 균형을 잡는 것이 얼마나 중요한지 알고 있었다. 잠재적인 천재성을 완벽히 끌어낸 것도 이런 균형 상태를 잘 유지한 덕분이다.

에디슨은 지적재산을 보호하기 위해 완강한 태도를 취하면서도 아이디어를 내는 과정에서는 자유롭게 생각을 공유했다. 그리고 이런 자세 덕분에 자신의 혁신 잠재력을 확실히 꺼낼 수 있었다. 언론인 조지 파슨스 라스롭은 다음과 같이 말했다.

"에디슨의 집중력은 깜짝 놀랄 만하다. 형식이나 관료주의에 얽매이느라 시간을 낭비하는 법이 없다. 진심에서 우러나온 추진력이 있기 때문에 분위기나 주제의 전환도 순식간에 이루어진다. 그는 마찰을 최소화하는 방식으로 모든 일을 해낸다.”

에디슨은 ‘몰입’상태에서 대부분의 작업을 했다. 진심에서 우러나온 추진력을 바탕으로 작업 과정에서 발생하는 마찰을 최소화한 것이다. 덕분에 해야 할 일이 어마어마하게 쌓여도 각각의 작업에 흠뻑 빠져 지낼 수 있었다.

우리는 이 세 번째 역량을 ‘100% 완전한 몰입(Full－Spectrum Engagement)’이라고 부른다. 아래 100% 완전한 몰입의 각 요소들을 정리했다. 균형을 이뤄야 할 두 가지 능력끼리 묶은 것이다.

- 집중과 이완
- 진지함과 유희
- 공유와 보호
- 복잡함과 단순함
- 개인과 팀워크

1) 집중과 이완

에디슨은 CEO로서 자신의 일터에 ‘마찰을 최소화’하는 문화를 만들었다. 그의 연구소에서 하루 12~18시간 근무는 흔한 일이었다. 백열전구를 개발하기 위해 한참 몰두하던 몇 년간은 특히 심했다. 그나마 연구소 설비가 개선되면서 성과에 따라 근무 시간이 줄어들었다. 에디슨은 어떻게 근무 환경에서 마찰을 최소화할 수 있었을까? 미국의 심리학자로서 '긍정심리학' 분야의 대표적인 연구자인 미하이 칙센트미하이의 몰입 개념을 활용해 그의 전략을 살펴보자.

칙센트미하이는 완전한 몰입 상태에 빠지면 시간이 가는 것도 까맣게 잊는다고 말한다. 현재 순간에 강렬하게 집중하면 과거나 미래 따위의 모든 잡념이 사라진다. 그리고 이러한 몰입의 자세는 엄청난 만족감과 함께 이례적인 성과까지 가져다준다.

에디슨은 최적의 몰입을 위해 주의를 분산시킬 여지가 있는 것들은 모두 치웠다. 그리고 연구팀이 현재의 순간에 집중할 수 있도록 배려했다. 작업에 몰두하고 스트레스를 이완시키도록 도운 것이다. 이 두 가지 활동에서 균형을 이루는 것이 바로 '집중과 이완'의 핵심이다. 에디슨은 다음과 같이 말했다.

"먼로파크 실험실에는 늘 40~50명의 연구원이 일하고 있었다. 그들이 잘 수 있는 시간은 고작 하루에 4~5시간 정도였다. 자러 갈 시간이 되면 사람들은 알아서 성과 수치를 기록하는 사람을 호출했다. 한쪽에서는 야식을 먹기도 했다. 한밤중에 기다란 실험대에 빙 둘러앉아서 말이다. 야식을 먹는 동안 오르간을 연주하는 사람도 있었다."

에디슨은 집중과 이완이 결합된 독특한 문화를 구축했다. 다음은 폴 이스라엘의 설명이다.

"시시껄렁한 농담, 수동 발전기로 전압 높이기 시합, 야식, 맥주 그리고 재밌는 노래……. 이 모든 것이 작업의 압박을 어느 정도 해소해주었다. 연구원들은 근처 낚시터에 갈 때 1880년에 만든 실험용 전기 철로 수레를 타고 가기도 했다. 에디슨은 그들이 그렇게 하도록 내버려두었다. 가까운 곳에 사는 직원들은 일만 제대로 해두면 실험실과 집을 자유롭게 오갈 수 있었다."

에디슨은 연구원들이 여러 가지 재미있는 활동을 하며 늘 집중과 이완 사이에서 균형을 이루길 바랐다. 자유 근무제, 가끔 벌어지는 야외 활동, 한밤의 야식 파티, 노래 부르기, 농담 따먹기 등도 그 일부다. 이런 전략이 생산성을 향상시키는 데 엄청난 에너지를 불어넣었다. 프랜시스 젤은 에디슨 실험실의 분위기를 아래와 같이 묘사한다.

"야식 파티는 늘 담배 한 대로 깔끔하게 마무리된다. 야식을 먹고 담배를 피우다보면 꼭 누군가 오르간을 치기 시작한다. 그러면 다 같이 목청껏 노래를 부른다. 누군가 독창으로 구성지게 한 자락 뽑기도 한다. 간혹 오래된 캔 뜯는 소리와 주전자 뚜껑 덜컥이는 소리의 중간쯤 되는 희한한 목소리로 노래하는 사

▲1880년 2월 먼로파크 연구소 2층에서 찍은 사진 '한밤의 야식 파티'에서 직원들이 연주하곤 했던 파이프 오르간 앞에 에디슨이 앉아 있다.

람도 있다. 그럴 때면 야유와 왁자지껄한 웃음소리가 반주가 된다."

한밤의 야식 파티에서 에디슨은 커피, 파이, 담배, 시끄러운 음악, 농담을 한껏 즐겼다. 휴식 시간은 늘 흥겨운 축제 분위기였다. 이따금 전직 연구원이나 에디슨의 친구들이 들러 야식 파티에 끼어들기도 했다. 낮잠은 에디슨의 스트레스 이완 활동 중 하나였다. 그는 평생 하루에 4~6시간 이상 자지 않았다. 그 대신 빡빡한 스케줄 틈틈이 가볍게 한두 시간 낮잠을 잤다. 짧은 낮잠에서 깨어날 때에는 조금도 미적거리지 않았다. 깨어남과 동시에 곧바로 다음 업무에 흠뻑 빠질 준비가 되어 있었다. 다이어와 마틴은 웨스트 오렌지 연구소에서 목격한 에디슨의 수면 습관을 다음과 같이 묘사했다.

"서재 앞을 지나고 있었다. 문 근처 후미진 곳에 놓인 간이침대에 시선이 꽂혔다. 방 분위기와는 전혀 어울리지 않는 그 침대에 에디슨은 이따금 몸을 누인다. 각종 실험으로 지친 몸을 쉬게 하려는 것이다. 순식간에 깊고 달콤한 잠에 빠져들었다가도 깨어나는 동시에 그는 이미 일할 준비를 마친 상태였다. 간이침대를 벗어나면 한순간의 머뭇거림도 없이 업무에 복귀한다."

세상의 어떤 중요한 일도 에디슨의 낮잠을 막을 수는 없었다. 하지만 그의 낮잠이 그저 시간 낭비는 아니었다. 먼로파크 시절 에디슨은 두꺼운 화학 사전을 베고 잠들었다가 화학 실험에 필요한 새로운 아이디어가 떠올라 깨어나곤 했다. 그의 직원이었던 한 남자가 다이어와 마틴에게 이 유명한 발명가의 독특한 화학 사전 사용법을 귀띔했다.

"에디슨은 몇 시간씩 실험에 몰두하는 경우가 많았습니다. 그렇게 몰두하다 보면 문득 잠을 자고 싶다는 생각이 드는 모양이에요. 한번은 그가 책상 위에 몸을 돌돌 말고 누워 낮잠을 자는 광경을 봤죠. 세상에! 그렇게 웃긴 모습은 처음이었어요. 몸을 이리저리 뒤척이는데도 책상에서 절대 안 떨어지더군요. 화학 사전은 에디슨의 전용 베개였습니다. 직원들 사이에서는 그가 자는 동안에 사전의 내용을 흡수한다는 소문이 돌았죠. 그가 깨어나면 항상 새로운 아이디어가 넘쳐흘렀으니까요."

에디슨은 낮잠을 잘 여건이 되지 않거나 생각하는 속도를 조절할 필요가 있다고 느끼면 작업 대상을 바꿨다. 그는 이렇게 말했다.

"하나를 완성하려 애쓰다 보면 가끔 30m 높이의 거대한 암벽을 향해 무작정 돌진하고 있다는 느낌이 든다. 시도하고 또 시도해도 도저히 넘을 수 없는 벽에 부딪혔다면 다른 일을 하는 게 낫다."

에디슨에게 '정신적 피로'는 하던 일을 멈추고 다른 주제의 책을 읽으라는 신호였다. 그럴 때면 서재로 가서 책을 몇 권 골랐다. 독서를 '다른 활동을 잠시 쉬는 수단'으로 삼은 덕에 에디슨의 몸과 마음은 늘 몰입 상태였다.

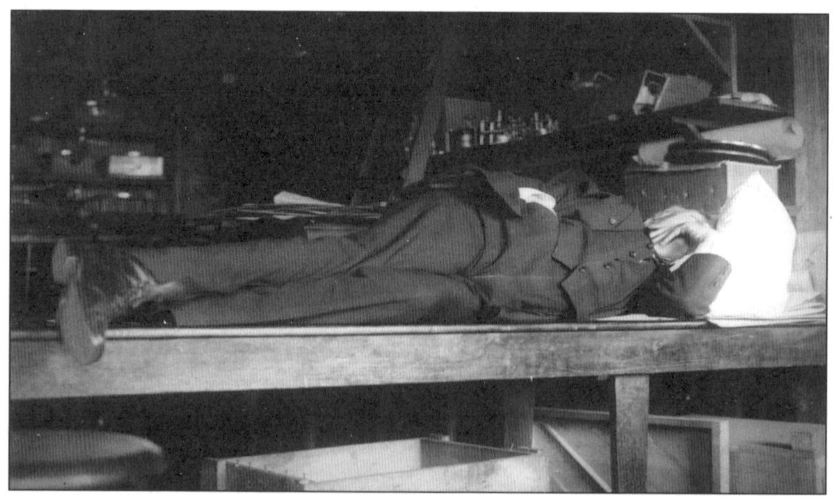

▲ 에디슨은 뚜껑 달린 책상 위에서 오후의 낮잠을 즐겼다. 나중에는 아내 미나가 사무실에 간이침대를 들여놓았다.

집중과 이완 사이에서 균형을 잡기 위해 실험실 밖에서 여가 활동을 즐기기도 했다. 에디슨은 '빈둥댄다'는 말을 자주 사용했는데 특히 정원 손질은 스트레스 이완에 좋은 빈둥대기였다.

낚시를 하며 활력을 되찾고 아이디어를 배양하기도 했다. 때로 에디슨은 미끼도 꿰지 않은 찌를 드리우고 몇 시간이나 앉아 있었다. 아마도 그는 물에 반해 있었을 것이다. 잔잔한 물결을 가만히 응시하며, 마음속으로 하루의 일과를 반추하고 있지 않았을까.

혁신 역량 키우기: 집중과 이완

여가는 무언가 유용한 활동을 하는 시간이다. 하지만 이런 여가는 근면한 사람에게만 허락된다. 게으른 사람에게는 어림도 없다.

_벤저민 프랭클린 Benjamin Franklin

기억심리학 전문가들은 정기적인 휴식이 기억력을 향상시킨다고 말한다. 실제로 1시간 공부하고 10분 동안 휴식을 취하면 공부한 내용을 더 많이 기억할 수 있다. 심리학자들은 이것을 '회상효과(Reminiscence Effect)'라고 부른다. 휴식은 새로 학습한 것을 구체화시켜 통합할 수 있도록 뇌에 여유를 준다. 그 덕분에 기억력 또한 더욱 활성화된다.

세계적인 심리학자 짐 로허는 집중적인 학습과 휴식의 균형을 '삶의 파동(oscillation)'이라고 소개한다. 그는 피트 샘프라스, 그랜트 힐, 미셸 위 등 유명 프로 선수들의 코치로서, 운동선수들을 코칭하며 얻은 교훈을 업무에 응용해 높은 성과를 내는 방법을 모색했다. 로허는 이렇게 강조한다.

"인간에게 가장 필요한 것은 시간을 두고 에너지를 충전하는 일이다. 스트레스와 회복 사이의 균형은 개인과 조직 모두가 높은 성과를 올리는 데 결정적인 역할을 한다."

에디슨도 고된 노동과 즐거운 휴식을 삶의 파동에 맞춘 덕분에 눈에 띄게 높은 성과를 이룰 수 있었다.

우리는 주어진 대부분의 시간을 스트레스에 시달리며 앞만 보고 달린다. 통화를 하고, 키보드를 두드리며, 회의를 하고, 비행기 시간을 놓치지 않으려 달리고 또 달려야 한다. 이상적인 균형이 중요하다는 것은 다들 알고 있다. 하지만 그 균형을 신경 쓰기에는 우리의 현실이 빠듯하다. 변화의 속도가 빨라질수록 삶의 속도는 덩달아 빨라진다. 어쩌면 죽음은 자연이 권하는 속도 조절법인지도 모른다.

신경 쇠약은 분명 죽음의 전 단계를 의미하는 메시지이다. 신경 쇠약까지는 아니라도 일상에서 우리의 정신력이 소소하게 무너져 내리는 일은 흔하다. 동료에게 잔소리를 하고, 옆 차선 운전자에게 욕을 하며, 이도 저도 안 되면 잠적해버리기까지 한다.

이런 크고 작은 신경 쇠약을 피하는 방법은 무엇일까? 바로 틈틈이 휴식을 취하는 것이다. 물론 한밤중에 오르간을 치며 담배를 피우는 건 오늘날 직장 윤리와 맞지 않는다. 하지만 원리는 같다. 먼저 당신의 기분 전환에 도움이 되고 휴식을 줄 만한 활동을 찾아라. 요가나 명상, 저글링 연습, 클래식이나 재즈 감상, 그림 그리기, 일기 쓰기 또는 무엇이든 좋다. 하루에 단 몇 번이라도 10분씩 연습하면 어느새 집중력이 넘치는 자신을 발견할 것이다.

휴식이 주는 힘은 이뿐만이 아니다. 팀 회의를 할 때 일정한 휴식 시간을 마련하면 훨씬 더 좋은 결과를 얻을 수 있다. 사실 결과에 지나치게 집착하는 사람 때문에 회의가 너무 길어지면 역효과만 나기 십상이다. 휴식도 없이 길고 고단한 하루를 보내면 누구라도 힘이 빠지고 정신이 황폐해진다. 각성, 몰입, 회상 그리고 규칙적인 휴식은 심신이 자연적인 리듬에 따라 에너지를 쓰고 다시 충전하도록 돕는다. 그리고 무엇보다 집중과 이완의 균형을 잡아줄 것이다.

낮잠으로 에너지를 충전한 위인은 에디슨뿐만이 아니었다. 아인슈타인, 다빈치, 브람스, 나폴레옹, 처칠, 워싱턴, 케네디, 레이건 모두 몰입의 강도를 높이는 데 낮잠을 애용했다. 최근 미국의 한 수면재단은 낮잠이 업무 성과에 필요한 에너지를 채워준다고 발표했다. 연구 결과에 따르면 낮잠은 각성과 기억을 향상시킬 뿐 아니라 막대한 재정적 손실로 이어지는 업무 마비를 방지하는 데도 도움이 된다.

누구나 한 번쯤 자면서 문제를 해결한 경험이 있을 것이다. 당신도 에디슨이 한 것처럼 낮잠을 업무에 활용할 수 있다. 24시간 동안 잠도 못 자고 문제 해결, 기획, 전략 등을 고민해봤자 생산성만 떨어질 뿐이다. 한 가지에만 집중해 12시간 안에 끝내도록 노력해보자. 예를 들어 오늘 하루는 기획을 하는 데 4시간을 쓰기로 작정하고, 4시간이 지나면 다음 날 아침으로 넘기는 것이다. 이렇게 생산성과 효율성을 고려해 일을 하면 훨씬 더 많은 성과를 얻게 된다.

2) 진지함과 유희

놀이에 열중하는 아이들만큼 진지해질 때 우리는 본연의 모습에 가장 가까워진다. _헤라클레이토스 Herakleitos

에디슨은 '진지함'과 '유희'라는 양극단 사이에서 균형점을 찾아냈다. 이러한 능력이 바로 성공적인 혁신의 문을 여는 열쇠였다. 조지 파슨스 라스롭은 이렇게 적었다.

"에디슨은 늘 에디슨다웠다. 운 좋게도 나는 그와 친하게 지낼 수 있었다. 리브글레이드(liveglade)는 노르웨이 어로 '삶의 즐거움으로 충만한 사람'을 뜻한다. 에디슨이 바로 그런 사람이다. 나는 그와 함께할 수 있어 고맙고 기뻤다."

일할 때는 무척 진지한 에디슨이었지만 그 와중에도 장난기는 늘 발동할 채비를 하고 있었다. 다이어와 마틴의 설명을 들어보자.

"그는 일을 잠시 잊었다고 해서 안절부절못하거나 걱정하지 않았다. 시종일관 얼굴에 미소를 띤 채 재미있는 이야기를 듣다가 끝에 가서는 어린아이처럼 큰소리로 웃는 사람이었다."

에디슨은 잘 웃고, 잘 놀았으며, 삶의 즐거움을 알았다. 이렇게 천진난만한 성격은 그의 헌신적이고 엄격하며 진지한 태도에 자연스레 녹아들었다. 까다로운 문제와 씨름하며 보내는 오후조차 에디슨에게는 낚시하는 것 못지않게 즐거웠다. 라스롭은 유희와 진지함 사이를 자유롭게 오가며 양쪽 모두에 완전히 몰입했던 에디슨의 재능을 이렇게 묘사했다.

"그는 늘 함께하고 싶은 사람이다. 천성이 명랑하기 때문이다. 친구들과 유쾌한 대화에 푹 빠져 웃고 농담을 하다가도 언제 그런 대화가 있었냐는 듯 난해한 과학적 문제에 골몰하곤 했다. 그렇다고 친구들의 실없는 대화를 무시한 적은 결코 없었다. 순식간에 관심을 돌린다고 주변에 무관심해진 것은 아니었다. 오히려 그의 기억력은 일반인보다 훨씬 정확하고 오래 지속되었다. 아주 하찮고 사소한 기억까지도 말이다."

당시 미국 대통령, 세계의 리더들과 고위 인사들은 모두 에디슨을 만나고 싶어 안달이었다. 주정부 고위 관리들 또한 앞다투어 에디슨과 사진을 찍고 싶어 했다. 아래 다이어와 마틴이 묘사한 것처럼 그의 실험실을 구경하게 해달라고 조르는 이들도 많았다.

"왕족, 귀족, 대사, 예술가, 문학가, 과학자, 금융가 등 나라 안팎의 여러 분야 유명 인사들, 특히 과학계 인사와 단체들의 방문이 홍수처럼 밀려들었다. 시대의 영웅이 탄생한 무대의 모든 것을 보려는 것이었다. 그리고 그 무대에 서 있는 자신을 사진에 담기 위해 아우성이었다."

현재 남아 있는 사진 속에서 에디슨은 대체로 정장 차림에 머리를 단정하게 빗어 넘긴 모습이다. 실제로도 잘 갖춰 입고 고귀한 이들을 대접할 때가 많았을 것이다. 하지만 그의 유머 감각과 놀기 좋아하는 본성은 감출 수 없었다.

외국의 유명 인사, 무역 관련 대표 또는 동료들과 만날 때 그가 자주 사용한 방법은 흰색 카드에 농담거리를 하나씩 적어 웃옷 주머니에 넣어두는 것이었다. 그러고는 남몰래 카드를 꺼내어 농담을 말한 뒤 접어서 슬쩍 버렸다. 그렇게 하면 실수로 같은 농담을 두 번 할 일이 없으니 말이다.

에디슨은 어떤 기자에게 자기가 얼마나 말하기 좋아하는지 자랑스럽게 고백했다.

"난 이야기를 좋아해요. 알고 있는 이야기도 무척 많죠. 상대방을 기절초풍하게 만들 수도 있다니까요."

하지만 정작 자신은 표정 하나 변하지 않고 말할 때가 많았다. 독실한 감리교 신자였던 장모 메리 벨린다마저도 에디슨의 이야기에는 웃음을 터뜨렸다. 벨린다는 평소에 무척 엄격했지만 에디슨만 보면 이렇게 말하곤 했다.

"우리도 에디슨처럼 말할 줄 안다면 좋겠다."

평생 천진난만함을 잃지 않았던 에디슨은 재미있는 이야기와 농담을 사랑했다.

심지어 이런 일도 있었다. 개인적으로 아끼던 시가가 자꾸만 사라지자 에디슨은 연구원들 짓이라고 믿고 장난기가 발동했다. 이발소에서 모은 머리카락과 종이로 12개가 넘는 가짜 시가를 만든 것이다. 그는 진짜 시가를 광도 측정실에 숨기고 가짜 시가는 연구원들이 접근하기 쉽게 프랜시스 젤의 책상 서랍 안에 넣어두었다. 어느 날 밤이었다. 에디슨은 어떤 문제에 골몰한 나머지 시가를 가지고 장난친 일을 까맣게 잊어버렸다. 결국 어떤 일이 벌어졌을까? 로렌스 프로스트의 이야기를 들어보자.

그날 저녁 에디슨이 뭔가를 퉤퉤 뱉으며 말했어요.
"프랜시스, 뭐 이런 거지 깽깽이 같은 시가가 다 있나! 자네 서랍 속에 있던 거 말이야."
젤이 껄껄 웃으며 좋은 시가는 광도 측정실에 있다고 일러주었죠. "자네가 갖다놓았잖아."라고 하면서요. 에디슨은 약 오른 표정으로 대답했어요.
"아! 까먹고 있었어."

하지만 혁신에 관해서라면 에디슨은 무척 진지했다. 불필요한 형식 때문에 작업을 방해받는 걸 못 참을 정도였다. 에디슨의 연구실은 일주일 내내 자유로운 금요일이었다. 그에게 정장 차림은 곧 구속이었다. 정장을 입는 것은 인내심을 발휘해야 할 일이지 즐길 수 있는 일은 아니었던 것이다. 어릴 적부터 어른이 된 후에도 그는 절대로 구두에 광을 내지 않았고 머리를 스스로 빗는 일도 드물었다. 실험실에서도 고무 앞치마나 실험복을 입는 법이 없었다. 덕분에 그가 화학 실험을 하고 나오면 꼭 티가 났다. 양쪽 주머니에는 화학 물질 가루가 잔뜩 묻어 있었고 두 손은 화학 약품으로 꼬질꼬질했으니 말이다.

에디슨의 첫 번째 아내 메리 스틸웰은 그가 툭하면 깨끗한 흰색 침대보에 온갖 먼지와 기름을 묻힌다며 벌컥 화를 냈다. 하지만 두 번째 아내 미나는 남편의 아이 같은 버릇을 잘 참아내는 편이었다. 집과 일터에서 남편이 얼마나 유희를 즐기는지 이야기하던 중 그녀가 웃으며 말했다.

"남편 뒤치다꺼리가 제 일이에요. 그이가 최고의 환경에서 일할 수 있도록 일터뿐 아니라 집도 잘 돌봐야죠."

에디슨은 겉으로 보이는 형식에 얽매이지 않았다. 진지함과 유희를 자유로이 넘나들며 100% 완전한 몰입을 했다. 덕분에 사람들에게 사랑받으면서도 천재의 특징인 아이 같은 개방성과 창의력을 잃지 않을 수 있었다.

혁신 역량 키우기: 진지함과 유희

어른들은 종종 아이보다 어리석다. _토머스 에디슨Thomas Edison

에디슨은 진지함의 끝에서 유희의 끝을 오가면서도 기품을 잃지 않았다. 그는 유머가 창의력에 필수적이며 또 인생을 살 만하게 만든다고 믿었다. 엄청난 스트레스와 마주쳐도 여러 가지 일에 신경을 쓸 수 있었던 것은 유희를 즐길 줄 아는 성격 덕분이었다. 스트레스조차도 자신과 연구팀의 높은 성과를 위한 에너지로 바꿨다.

혁신적인 일터일수록 유머와 놀이를 환영한다. 관료적인 일터는 모두 약속이라도 한 듯 유희와 놀이 앞에서 점잔만 빼지만 말이다. 진지함이 지나치면 지루하고 딱딱한 관료주의적 사고방식에 빠져들 위험이 있다. 제임스 G. 클로슨 교수는 이렇게 말한다.

"의도적으로 유희의 요소를 활용할 때도 효과가 있다. 더구나 비즈니스 세계에 만연한 진지한 분위기에서조차 이 점이 똑같이 적용된다는 연구 결과가 늘고 있다. 시애틀의 파크플레이스 수산시장과 앤아버의 먼로이노베이션스 등 소규모 조직부터 사우스웨스트 항공과 구글 같은 대기업에 이르기까지 재미와 놀이를 장려하는 문화는 모든 계층의 직원들에게 최고의 성과를 안겨준다. 에디슨처럼 유희를 즐기는 사람들은 더욱 효율적이고, 생산적이며, 혁신적이다. 당신이 어디서 일하든 자주 크게 웃을수록 좋다. 다이어와 마틴은 에디슨의 웃음이야말로 그의 100% 완전한 몰입을 가장 생생히 보여주는 증거라고 말한다. 솔직히 그의 웃음은 원시인을 떠올리게 한다. 몸을 앞뒤로 흔들며 두 손으로 무릎을 찰싹찰싹 치다가, 곧 흥겹고 호탕하게 목이 터져라 웃어댄다."

인도의 심리학자 마단 카타리아 박사는 웃음의 효과를 과학적으로 연구했다. 그는 웃음이 줄어든 것이 현대인의 삶에서 가장 큰 비극이라고 주장했다. 하루 동안 건강한 사람들이 평균적으로 웃는 시간이 지난 몇 세대에 걸쳐 약 20분 이상에서 5분 이하로 줄었기 때문이다. 연구 결과 밝혀진 웃음의 장점은 다음과 같다.

- 스트레스가 몸에 미치는 악영향을 완화한다.

- 면역 체계를 강화한다.

- 고혈압과 심장 질환을 통제하는 데 도움이 된다.

- 산소 공급량을 늘려 체력을 길러준다.

- 고통은 덜 느끼고 행복함을 더 많이 느끼게 한다.

- 우울, 불안, 기타 심신 장애를 치유하는 효과가 있다.

3) 공유와 보호

에디슨은 항상 에너지가 넘쳤다. 강도 높고 고된 작업과 완전한 휴식 사이에서 균형을 이룬 덕분이다. 엄격한 진지함과 무릎을 치게 만드는 유머를 조화시켜 자신은 물론 주위 사람들의 스트레스까지 날려버렸다. 그의 진지함과 유머러스한 성격은 자연스럽게 드러난 그의 본성이었다. 에디슨의 또 다른 본성은 자신의 아이디어를 개방적이고 자유롭게 공유하려는 마음이다. 혁신을 이루려면 아이디어의 공유와 보호 사이에 적절한 균형이 필요하다는 것을 에디슨은 알고 있었다.

최대한 많은 이들에게 유익한 혁신을 이루는 것이 에디슨의 삶의 목표였다. 인생의 목적이 자연의 신비를 밝혀 인간의 행복을 위해 사용하는 일이라고 말했듯이 말이다. 에디슨은 그것이 바로 우리가 세상에 머무는 짧은 시간 동안 할 수 있는 최고의 보답이라고 여겼다.

사회에서 경력을 쌓기 시작할 무렵부터 에디슨은 잠재적인 경쟁자들의 위협에 대처해야 했다. 그들은 에디슨의 성과를 자신의 것으로 만들 기회를 호시탐탐 노렸다. 에디슨은 유명 특허 전문 변호사 레무엘 세렐의 조언을 듣고서야 자신의 아이디어와 발명품을 보호하는 일이 얼마나 중요한지 깨달았다. 세렐은 관련 분야 전체를 포함하는 포괄적인 특허 신청이 필요하다고 말했다. 에디슨은 그의 말을 따랐고, 그 결과 자신의 권리를 보호하는 동시에 장차 개척하려는 분야의 혁신까지 보장받을 수 있었다.

이런 과정은 결국 혁신의 기반이 되었다. 에디슨은 자신의 생각이 과학적 사실로 밝혀졌을 때의 근거를 확보하기 위해 미리 특허를 신청하기도 했다. 전구, 전화, 축음기 등이 바로 그 예에 속한다. 그리고 이런 모습은 에디슨의 앞을 내다보는 능력을 잘 보여준다. 그 밖에 상업적으로 응용한 제품에 관한 권리나 관련 프로세스를 보호하려는 목적으로 신청한 특허도 있었다.

사실 에디슨이 경쟁자를 물리친 최선의 방책은 이런 방어가 아니었다. 바로 지속적인 혁신이었다. 에디슨은 어떤 순간에도 혁신을 멈추지 않았기 때문에 장기적인 경쟁에서 우위를 누릴 수 있다고 믿었다. 폴 이스라엘은 에디슨의 이러한 신념에 대해 이렇게 말했다.

"에디슨의 중심에 자리한 신념은 흔들림이 없었다. 우수한 기술만 있다면 누구라도 이길 수 있다는 믿음이 바로 그의 전략이었다."

에디슨은 지적재산을 보호하는 것이 중요하다는 사실을 알고 있었다. 하지만 지적재산을 위협한 이들을 고소하는 데 늘 주저했다. 이익에 얽매여 누군가를 고소할 바에야 차라리 더 많은 아이디어, 개선, 발명, 혁신을 창출하는 것이

낫다고 생각한 것이다. 그는 권리를 침해한 자들에 맞서서 소송을 걸고 법정에
출두하기를 계속 거부했다. 그 이유는 다음과 같았다.

"소송에 관심을 쏟으면 정작 더 중요한 일에 소홀해질 수 있다. 게다가 어마
어마한 돈도 쏟아부어야 한다. 우리의 아이디어로 이익을 보려는 상대는 결과
적으로 악명만 높아질 뿐이다. 그들이 스스로 제 무덤을 파는 한, 내가 직접 그
들을 공격할 이유가 없다."

이랬던 에디슨이 자신의 권리를 주장하기 시작했다. 수많은 적들의 등쌀에
못 이겨 결국 특허권 침해 소송을 제기한 것이다. 1884년 뉴욕 펄 스트리트
에 성공적으로 중앙 발전 시스템을 도입한 지 2년이 지났을 때, 에디슨은 이
미 숱한 소송에 휘말려 있었다. 1880년대 후반에서 1890년대 초반, 에디슨은
이런 과정에 넌더리가 나기 시작했다. 시간만 끄는 특허법 소송 과정이 자신
보다 권리를 침해한 자들의 편의를 봐준다고 느낀 것이다. 그는 법정 기소 과
정이 이렇게 지리멸렬한 탓에 허위 소송이 판을 친다고 투덜댔다. 당시로서는
법정이 판결을 내리기 전까지 어느 쪽이든 제품을 팔 수 있었기 때문이다. 그
는 이렇게 말했다.

"제품을 완성해 시장에 내놓는다. 그게 돈이 좀 된다 싶으면 대여섯이 작당
해서 내 권리를 침해한다. 사실 그들이 그렇게 행동하는 데는 이런 계산이 깔
려 있다. 최종 판결까지 몇 년이 걸릴 것이고 그동안 자기들은 돈만 벌면 된다
는 속셈이다. 그나마 판결이 나더라도 이미 유령 회사를 조직해 그간의 흔적을
은폐한 후의 일이다. 다시 말해 그들이 처벌을 받을 가능성은 거의 없다.

소송이 지연되는 일은 흔하다. 그렇다면 특허권도 없이 남의 뒤나 졸졸 따라
다니는 위법자들이 이익을 얻는 것이 옳은가? 발명품을 만드느라 부단히 노력

해서 특허권을 받은 사람에게 혜택이 돌아가야 하지 않을까? 법정이 판결을 내리기 전까지는 특허권을 소유한 사람에게 권리를 부여해야 한다. 내가 보기에 특허법의 정의는 거꾸로 되어 있다.”

이렇게 그 당시 특허법은 빈틈이 많았다. 법으로 보호되어야 할 것들이 오히려 법의 약점 때문에 악용되고 있었다. 그 모습을 지켜본 에디슨은 다음과 같이 선언했다.

“미국의 모든 특허 제도에 극도로 회의를 느꼈다. 현재의 극악무도한 행태를 유지하는 한 특허법 따위는 없어도 그만이다.”

에디슨은 기업 활동을 비밀에 부치기로 했다. 1890년대에는 광석 파쇄 기술과 관련한 극소수의 특허만을 신청했다. 외국의 특허가 먼저 만료하면 17년 동안 권리를 보호하는 미국 특허권의 실효성이 사라진다는 사실을 알게 되었는데, 이런 특허법의 허점 때문에 축음기와 램프에 대한 기초 특허를 잃었다. 1890년, 참다 못한 에디슨은 변호인단과 함께 ‘성실한 발명가들에게 유리한 미국 특허법 개정안’을 의회에 제출했다. 하지만 특허위원회는 개정안을 발효하는 데 실패했다. 에디슨은 약 10년간 온갖 소송에 시달리느라 수백만 달러를 날렸다며 분통을 터뜨렸지만 그것도 잠시였다.

1900년대 초, 에디슨은 다시 특허권을 신청하기 시작했다. 그가 발명한 축전지와 성능을 향상시킨 축음기를 보호하기 위해서였다. 이때부터 에디슨은 특허 제도를 최대한 활용하는 데 주력했다. 1,093개의 특허권이 그 사실을 잘 증명한다. 그는 시장에서 명성을 지키는 동시에 지적재산을 보호하기 위해 다음과 같은 전략을 개발했다.

– 연구 성과를 밝히는 과학 관련 논문을 출간한다.

– 실험과 발명에 관한 글을 경제 경영 전문 잡지와 신문에 기고한다.

– 전 세계 과학 단체들과 꾸준히 관계를 유지한다.

에디슨은 특정 분야에 관한 연구 성과를 발표하기 시작했다. 그리고 이런 과정을 통해 신생 기업들의 생존 가능성을 높이고 투자자의 이목도 집중시킬 수 있다는 자신감을 얻었다. 특허를 신청하기 전까지는 발명과 관련한 주요 정보를 드러내지 않았지만 주요 정보를 제외한 실험 결과는 자주 공개했다.

독립 발명가로 첫발을 내딛을 무렵, 에디슨은 과학적 발견과 전신 발명품에 관한 기사를 전문으로 다루는 〈더 텔레그래퍼〉지에 많은 글을 기고했다. 1879년에는 〈사이언티픽 아메리칸〉지에 새로 고안한 고효율 발전기 디자인을 공개했다. 발전기 하나가 뽑아낼 수 있는 전력량에 대한 업계의 인식을 발칵 뒤집은 것이다. 그는 글을 통해 신기술과 관련한 자신의 견해를 사람들과 공유하였을 뿐 아니라 시장에서의 명성과 지위도 한층 높일 수 있었다.

과학자로서 아이디어를 과학 단체들과 직접 공유한 것도 그의 혁신 성공 전략의 중요한 부분이었다. 에디슨 자신은 과학자보다 발명가이고 싶어 했지만 말이다. 그는 1877년 미국과학진흥회 회원들에게 그해 여름의 일식 기간에 자신의 미압계[13]로 태양 코로나[14]를 측정했다고 발표했다.

2년이 지나 에디슨은 다시 한 번 미국과학진흥회에 2가지 사실을 보고했다.

---

13) 보통의 기압계로는 재기 힘든 미세한 기압의 변동을 재는 기압계 중 하나. —옮긴이 주
14) corona, 개기 일식에서 가장자리에 나타나는 링 모양의 백색광. —옮긴이 주

첫 번째는 플래티늄 필라멘트 속에 기체를 차단하는 방법을 발견한 것이고, 두 번째는 진공 펌프를 개선해 플래티늄 필라멘트의 수명을 연장한 것이었다. 연구 성과를 과학 단체와 공유한 전략은 큰 보상으로 돌아왔다. 에디슨은 이런 과정을 통해 과학계에서 좋은 평판을 얻은 덕분에 워싱턴 D.C.의 미국과학원과 런던의 영국왕립학회와 같은 명망 높은 자리에 참석할 수 있었다.

1880년 〈사이언스〉지의 발행 첫 해에 자금을 보태기도 했는데 정보 공유를 향한 그의 열의를 보여준 것이다. 덕분에 〈사이언스〉지는 오늘날까지 권위 있는 과학 전문지로 계속 발행되고 있다. 에디슨은 새롭게 등장한 이 전문지가 언젠가는 1869년에 최초 발행된 영국 과학 전문지 〈네이처〉와 동등해질 거라고 내다보았다. 그의 예상대로 〈사이언스〉지는 과학계의 열렬한 기대에 부응했고, 얼마 지나지 않아 전 세계 일류 대학의 저명한 과학자들은 앞다투어 이 잡지를 구독하기 시작했다.

에디슨은 특허와 관련된 것만 제외하고 모든 지적재산을 공유하고자 했다. 이러한 전략 덕분에 그의 이름은 하나의 브랜드로 자리 잡을 수 있었다. 물론 결과적으로 사업에도 도움이 되었다. 그는 특허권을 갖거나 영업 기밀을 만드는 것이 회사의 이익에 유용하지 않다는 것을 알게 되었다. 서비스나 비즈니스 모델 혁신 분야에서는 더욱 쓸모가 없었다. 사실 에디슨이 이룩한 가장 뛰어난 혁신은 바로 R&D 단지를 만든 것이다. 이것이야말로 특허 따위는 필요 없는 성과이기 때문이다.

당신도 특허를 뛰어넘을 만한 지적재산 보호 방법을 찾고 있는가? 그렇다면 에디슨을 본받아 똑같은 R&D 단지를 만들 수 있을 것으로 기대할 수도 있다. 하지만 한 가지 알아둬야 할 사실이 있다. 역사상 에디슨의 실험 방법이나 아이디어 발견법을 복사한 것처럼 똑같이 따라 할 수 있는 사람은 아무도 없었다. 그에게 비밀유지협약따위는 필요 없었다. 에디슨의 혁신 프로세스는 이미 잠재적인 경쟁자들에 비해 훌쩍 앞서 있었다. 더구나 그의 직원들은 대개 의리 있고 믿음직했다고 전한다. 프랜시스 젤은 이렇게 말했다.

"직원들은 에디슨의 능력을 신뢰했으며 전적으로 그의 편이었다. 그들은 도난 방지 장치처럼 입을 꾹 다문 채 자신들의 일을 했다. 에디슨의 전구 발명이 순조롭게 진행 중이라는 소문이 돌 때마다 스파이를 포함한 군중이 먼로파크로 몰려들었다. 따라서 실험 과정과 연구 결과가 기밀로 유지되는 일은 무엇보다도 중요했다. 에디슨의 발명품이 특허청의 보호를 받기 전까지 아무도 긴장을 늦출 수 없었다."

연구 기밀이 새는 경우는 에디슨이 언론에 공표하고 싶어 안달이 났을 때뿐이었다. 에디슨의 영웅이었던 링컨 또한 미국 특허계의 영웅이다. 링컨은 모래톱 위로 간편하게 이동시킬 수 있는 팽창형 고무보트로 특허를 받았다. 그는 미국 역사상 발명을 한 유일한 대통령이었으며, 인간과 동물의 차이가 바로 혁신이라고 믿었다. 링컨은 이렇게 말했다.

"인간은 노동을 하는 유일한 동물이다. 자신의 솜씨를 향상시키는 유일한 동물이기도 하다."

에디슨은 아이디어를 공유하고자 하는 본성과 그의 노력을 강탈하려는 자들로부터 아이디어를 지켜야 하는 현실 사이에서 균형을 찾고자 부단히 노력했다. 지금 상황은 에디슨이 살던 시대와 무척 다르다. 특허의 보호가 가능해졌는지 말하려는 것이 아니다. 오히려 오늘날은 특허의 강탈이 훨씬 빨리 이루어진다. 고빈다라잔은 이런 대응책을 제시했다.

"남의 전략을 빼돌려 팔려는 사람들로 가득 찬 세상이다. 수익을 낼 만한 창구는 자꾸만 좁아진다. 지적재산권이 중요한 이유는 바로 여기에 있다. 지적재산권은 경기와 같다. 일종의 진입 장벽인 것이다. 혁신을 창조하면서 독점 직적재산권을 많이 소유할수록 장기적으로 더 큰 수익을 얻을 수 있다. 지적재산을 창출하고 그 권리를 지속적으로 혁신해야만 계속 수익을 낼 수 있다는 의미다. 지적재산권을 얻는 것만으로 그 권리가 영원히 사라지지 않을 거라고 생각한다면 큰 오산이다. 지적재산권은 분명 혁신의 기반이다. 하지만 지속적으로 갱신해야 한다. 이것이 핵심이다."

당신도 좋은 아이디어를 공유하기를 원할 것이다. 정보가 소유권에 갇히기보다 자유롭게 날아다니는 편이 옳다고 생각할지 모른다. 또는 세상에 널린 유능한 인재가 모두 당신 밑에서 일하지는 않는다는 사실에 주목한 개방형 혁신(Open Innovation)운동가일 수도 있다.

실제로 많은 기업들이 혁신 프로세스의 일부를 아웃소싱한다. 광범위한 잠재적·지적재산을 활용하기 위해 외부의 관점을 받아들여 전반적인 혁신 프로세스를 가속화하는 것이다. P&G, 클로록스, 킴벌리-클라크, 릴리, 크라프트 등 몇몇 기업은 내부 혁신으로 제조한 제품을 개방형 혁신을 통해 개발된 제품과 함께 취급하는 전략을 활용한다. P&G의 CEO인 앨런 G. 래플리는 2006년 신제품의 약 20%가 개방형 혁신의 결실이라고 밝히며, 2010년까지 그 비율을 50%로 높인다는 계획을 발표했다.

혁신을 이루는 방법은 여러 가지가 있다. 혁신 프로세스를 효율적으로 관리하려면 무엇보다 혁신 역량을 갖춰야 한다. 회사가 개방형 혁신을 따르려고 해도 직원들이 이노베이터다운 사고법을 익히지 못하면 혁신에 성공하기 어렵다. 혁신 역량을 개발하려면 지적재산의 본질을 이해하고 자신의 지적재산을 보호하는 법부터 알아야 한다.

에디슨 시대 이후 지적재산권 문제는 훨씬 더 복잡해졌다. 글로벌 시대에 지적재산을 공유하고 보호하기 위해 현재 IBM은 새로운 균형 모델 개발에 앞장서고 있다. 지난 14년간 IBM은 미국 특허 취득 수에서 타의 추종을 불허하는 기업이 되었다. 그들은 현재 세계 최고 수준의 연구소를 운영하는 동시에 전세계 170개국에 진출해 있다. 우리는 IBM 전략통신부 부사장인 마이크 윙에게서 회사의 공유와 보호 정책에 관한 설명을 들었다. 그는 특히 신흥 시장에서 일어나는 위법 행위를 지적했다.

▲74세의 에디슨(좌측 두 번째)이 헨리 포드(좌측 맨 끝), 워런 하딩 대통령(우측 두 번째), 하비 파이어스톤(우측 맨 끝)과 함께 한 자리에서 신문을 읽고 있다. 1921년 여름에 메릴랜드 산맥으로 함께 캠핑을 하던 중에 찍은 사진이다.

"우리는 특허법을 개선하라고 강한 압력을 넣어왔습니다. 특허권 침해자들을 추적할 수 있는 여건을 만들기 위해서죠. 하지만 다른 한편에서는 혁신 모델이 변하고 있어요. 협동적이고 개방적인 방향으로 계속해서 나아가는 겁니다. 오늘날 발명품 중 상당수는 책임을 널리 분산하는 방식으로 탄생합니다. 사실 그렇게 될 수밖에 없는 상황이죠."

윙은 이렇게 결론 내린다.

"혁신을 극대화하려면 지적재산권과 법률, 규제와 관련한 모든 것들이 제도적으로 진화해야 합니다. 혁신을 보호하고 촉진하기 위해서죠. 우리는 IP 제도가 전 세계를 기준으로 발전하길 기대합니다. 지적재산권의 보호와 공유가 균형을 이룰 수 있게 말이죠."

이렇게 세계를 무대로 활약하는 대표 기업들은 지적재산의 공유와 보호를 위해 새로운 모델로 진화를 모색하고 있다. 시시각각 변하는 세계의 특허권, 저작권, 등록 상표에 관한 기초 지식은 이제 이노베이터가 반드시 알아야 할 요소가 되었다.

특허의 범위

미국특허청(USPTO)은 특허에 대해 이렇게 밝히고 있다.

특허는 미국 연방 정부가 다른 이들이 해당 발명품을 미국 내에서 만들고, 사용하고, 판매 제안을 하거나, 판매하고, 미국으로 수입하지 못하도록 발명가에게 부여하는 재산권이다. 특허가 승인되면 발명가는 일정 기간 동안 발명품을 대중에게 공개하는 대신 위의 권리를 소유하게 된다. 특허의 대상 또한 명확하게 규정한다. 실용신안 특허의 대상은 다음과 같다.

- 프로세스

- 기계

- 제조품

- 물질 혼합

- 위 사항들의 개량

디자인과 식물 특허는 각각 제조품의 장식적 디자인과 무성 생식으로 재생산된 식물 변종을 대상으로 한다. 미국 특허청은 특허와 관련해 다음 사항들도 고려하길 권한다.

- 참신함

- 기발함

- 유용함

- 발명가가 명료하게 설명 가능함

- 적당히 설명하거나 사용할 수 있음(평범한 기술력을 갖춘 사람이 발명품을 만들고 사용할 수 있도록)

특허의 대상이 될 수 없는 것들도 다음과 같이 정의했다.

- 자연법칙

- 신체 현상

- 추상적인 아이디어

- 유용하지 않은 발명품 또는 공공 윤리에 위배되는 발명품

– 문학, 희곡, 음악, 기타 예술 작품(이들은 저작권의 보호를 받는다)

저작권에 관련된 사항도 꼭 알아둬야 할 부분이다. 미국 특허청에서는 '문학, 희곡, 음악, 회화, 기타 지적 작업의 작가가 소유할 수 있는 보호 권리'를 저작권이라 밝힌다. 저작권을 소유한 사람은 자신의 작품을 공개적으로 재생산하고 수행할 수 있는 독점적인 권리를 갖는다.

등록 상표도 알아둘 필요가 있다. 미국 특허청은 '한쪽에 이득이 되는 원천을 다른 이들의 수익원과 구분하고 차별화하는 단어, 문구, 상징, 디자인 등의 서비스 상표(SM)'를 등록 상표라고 정의한다. 등록 상표(TM)와 비슷하긴 하지만 제품이 아닌 서비스 원천을 구분하고 차별화한다는 점에서 다르다는 것이다. 머크 사의 의약화학 부장인 존 와이 박사는 자신의 연구팀이 '특허 지능(Patent Intelligent)'을 어떻게 활용했는지 설명했다. 그들은 정기적으로 특허 보고서를 검색한다고 말한다.

"국제협력조약(PCT)의 특허 출원 목록은 온라인에서 특히 자주 봅니다. 특허 출원자가 국제출원서만 제출하면 자동적으로 PCT 가입국 전체에서 특허권 효력을 얻을 수 있죠. 특허 출원을 위해 각국을 일일이 돌아다니는 수고를 덜게 되는 겁니다.

약물 설계나 약물 합성에서 중요한 발견을 하면 대부분 신속하게 특허를 신청합니다. 업계 사람들은 한 달 후에나 언론을 통해 알게 되죠. 특허 출원 내용을 꼼꼼하게 분석하면 경쟁사의 연구팀이 어느 정도 진전을 보였는지 판단할 수 있습니다. 실제로 무엇이 특허로 출원되었는지 여부를 아는 것은 무척 중요합니다. 경쟁사가 우리와 같은 길을 가고 있다면 가능한 한 빨리 특허 출원을 하거나 아니면 프로젝트 자체를 접어야 한다는 뜻이니까요. 우리의 지적재산을 보호해줄 특허권을 얻을 수 없다면 재정적으로 버틸 수 없기 때문입니다."

4) 복잡함과 단순함

에디슨과 동시대를 살았던 아인슈타인은 말했다.

"모든 것은 더 단순하게가 아니라 최대한 단순하게 만들어야 한다."

에디슨은 단순화의 대가였다. 자신은 난해한 기술적·과학적 도전과 늘 씨름하면서도 투자자, 고객, 언론에 그의 성과를 알릴 때는 알기 쉬운 언어로 설명했다. 이해하기 어려운 복잡한 연구를 진행하더라도 직원들 각각의 다양한 이해 수준을 배려했다. 직원들이 분명하고 간단한 지시에 따라 일할 수 있게 프로세스를 개발한 것이다.

에디슨의 노트는 고차원적 사고 과정과 복잡한 세부 사항들을 나타내는 과학적인 관찰 기록으로 가득 차 있다. 그는 단 하루 만에 새로운 전력 시스템이나 활동사진 영사 기술의 작동 원리를 설계하고 더 나아가 적절한 제조 프로세스까지 계획했다.

그에게는 단순해야 할 부분은 단순해야 한다는 신념이 있었다. 이러한 신념이 복잡함 속에서도 단순함을 발견하는 능력으로 나타났다. 그는 실험실 안에서 이루어지는 모든 공정이 논리적으로 정밀하게 돌아가도록 최선을 다했다. 그러기 위해 자재실은 늘 부족함 없이 채워두고, 화학 물질과 장비들도 필요할 때 눈앞에 바로 나타나야 했다. 연구원들은 늘 정확하게 기록을 남겨두고 정기적으로 점검했다. 중요한 연락은 제시간에 주고받을 수 있어야 했다. 모든 일이 톱니바퀴처럼 맞물려 돌아가고 불필요한 과정에 에너지를 낭비할 일 없이 아이디어가 샘솟는 것. 이것이 바로 에디슨의 혁신 프로세스가 요구한 것이다.

에디슨은 실험 과정이 가능하면 한 번에 끝날 수 있도록 노력했다. 그는 일을 단순화하는 것이 복잡한 과정을 효율적으로 관리하는 데 큰 도움이 된다고 늘 강조했다. 에디슨은 여러 가지 복잡한 일을 동시에 해낼 수 있었다. 하지만 그런 능력을 남에게 강요하지는 않았다. 대신 그들을 이해시킬 수 있을 만큼 단순화시켰다. 그의 단순화 능력은 직원들에게 내린 간단명료한 지시에서도 잘 드러난다. 다이어와 마틴은 에디슨의 지시가 한결같이 명쾌하고 직접적이었다고 강조한다.

"에디슨은 단순화를 이유로 정확성을 놓치지 않았다. 실험의 정확성을 높이기 위해서라면 그 무엇과도 타협하지 않았다. 그러기 위해서 중요한 세부 사항까지 직접 하나하나 살폈다."

그의 정확한 지시가 없었다면 어떤 일이 벌어졌을까? 아마 실험을 반복하고 원료를 잘못 구매하느라 시간을 버리고 주문 기한을 못 맞추는 일이 수시로 발생했을 것이다.

에디슨의 꼼꼼함이 빛을 발한 예가 있다. 그가 새로 지은 포틀랜드 시멘트 컴퍼니의 공장을 찾아갔을 때였다. 에디슨은 7시간 동안 공장을 둘러보았다. 그런 다음 18시간 동안 수천 명 직원들에게 일일이 지시할 내용을 적었다. 공장은 막 가동을 앞둔 상태였다. 다음은 이 일화에 대한 다이어와 마틴의 묘사다.

"공장이 가동 준비를 거의 마쳤을 때 에디슨이 둘러보기 위해 도착했다. 그는 7시간 동안 분쇄기부터 포장하는 곳까지 공장 전체를 둘러보았다. 메모를 하지는 않았지만 그날 집으로 돌아온 직후부터 다음 날 오후가 될 때까지 그는 한숨도 자지 않고 지시 사항을 적었다. 그 결과 6,000개의 항목에 달하는 목록이 완성되었고, 각각에 번호가 붙었다. 공장에서는 그저 지시를 행동으로 옮기고 해당 항목의 번호대로 보고만 하면 되었다. 모두 에디슨의 꼼꼼함 덕분이었다."

어떻게 그런 일이 가능했을까? 에디슨은 최고 전신 기술자가 되기 위해 공부하는 동안 이미 정보를 초고속으로 정리하고 적는 방법을 터득했다. 그리고 이 기술을 평생에 걸쳐 갈고닦았다.

에디슨이 얼마나 직접적이고 명확하게 지시를 내리는지 보여주는 또 다른 예가 있다. 초기에 필라멘트의 원료였던 일본의 대나무가 빠르게 고갈될 것을 우려한 에디슨은 두 번째 공급처를 물색했다. 적합한 대나무를 찾아 전 세계의 정글을 뒤질 두 번째 사람이 낙찰되었다. 그는 에디슨에게 지시를 받았던 순간을 이렇게 회상한다.

에디슨이 임무를 맡기는 방식에 감탄했습니다. 역시 대단하더군요. 마음에 품은 광대한 계획을 단 몇 마디 말로 지시했습니다. 저를 미심쩍은 눈초리로 바라보면서 이렇게 말했죠.

"내 전구에 더 적합한 섬유를 찾고 있소. 그래서 동양의 모든 열대 정글을 샅샅이 뒤질 사람이 필요하지. 야자나 대나무 군에서 찾을 수 있을 거라 생각하는데 어떤 것 같소?"

그가 간단하고 신속한 걸 좋아하는 것 같아 재빨리 대답했지요.

"저한테 알맞은 일이겠군요."

"내일 떠날 수 있겠소?"

이것이 그의 다음 질문이었어요. 제가 가기로 정해지자 에디슨이 지시했습니다.

"연구실에 가면 서재 소파 뒤에 대나무 줄기가 하나 있을 거요. 남아메리카에서 찾은 견본이지. 그걸 가져가 연구하시오. 그것과 같은 품질의 원료를 찾아준다면 매우 만족스럽겠소."

짧은 대화 속에서도 에디슨이 얼마나 경제적으로 대화하는 사람인지가 분명하게 드러난다. 에디슨은 간결함이야말로 지혜의 상징이라고 여겼다. 이렇게 복잡한 것을 간단하게 표현하는 데는 이른바 '전뇌적 사고(Whole-Brain Thinking)'가 필요하다. 에디슨이 세세하고 정확한 지시를 내릴 수 있었던 것은 큰 그림을 파악하는 능력 덕분이었다. 그는 진행 중인 실험을 모두 완벽하게 이해해 주위 동료들을 놀래주고 긍정적인 방향으로 자극했다. 에디슨은 광범위하고 다양한 프로젝트의 원리와 본질, 방향, 상호 관계를 모두 파악하고 있었다. 다이어와 마틴은 앞에서 이러한 그의 능력을 에디슨의 '직감적 앎'이라고 불렀다.

에디슨이 복잡한 대상을 다룰 때, 큰 그림과 세부 사항을 동시에 보는 기술은 단순한 인지 능력을 뛰어넘었다. 계속되는 도전 앞에서도 집중력과 평정심을 유지하는 힘 또한 그의 이런 능력을 발휘할 수 있도록 도왔다. 이러한 직감적 앎과 대담함은 개개인이 혁신 역량을 키우는 데 꼭 필요하다. 게다가 노력만 한다면 얼마든지 배우고 익힐 수 있다.

혁신 역량 키우기: 복잡함과 단순함

애초에 하지 말아야 할 일을 효율적으로 하는 것처럼 비생산적인 일은 없다.

_피터 드러커Peter Drucker

저글링을 배운 지 얼마 안 된 사람의 모습을 상상해보자. 쓸데없는 동작이 많은 게 눈에 띈다. 따라서 풋내기 곡예사는 쉽게 알아볼 수 있다. 괜히 입을 앙다물기도 하고, 가슴을 부풀리며 내밀다가 어깨를 올리기도 한다. 누구나 초보 티를 쉽게 감추지 못한다. 반면 전문 곡예사를 구경하면 맨 처음 이런 생각이 들 것이다.

'어라, 쉬워 보이는데!'

전문가는 꼭 필요한 시간과 장소에 적절한 에너지를 사용할 줄 안다.

에디슨은 전뇌적 사고를 통해 큰 그림을 파악하는 동시에 세부 사항에 집중할 줄 알았다. 게다가 난관에 부딪혀도 평정심과 집중력을 유지하는 천성까지 지녔다. 하지만 복잡함 속에서 단순함을 발견하는 데 필요한 능력은 이것뿐만이 아니다. 불필요한 것을 제거할 줄도 알아야 한다.

물론 절차와 에너지의 낭비를 줄이기 위해서는 우선순위를 분명히 정해야 한다. 에디슨처럼 말이다. 《성공하는 사람들의 7가지 습관》의 저자 스티븐 코비는 의식적으로 중요하다고 말하다보면, 자연스럽게 무의식적으로도 중요하다고 여기게 된다고 강조한다. 다음은 우선순위를 인식하는 능력을 키우는 몇 가지 간단한 방법이다.

— 삶의 목적과 목표를 주제로 마인드맵을 만들고 매일매일 점검하라: 매일 달

력을 보고 모든 일이 우선순위에 따라 진행되는지 점검하라. 목표 실현에 도움이 되지 않는 것은 무조건 삭제하라. 하루를 마무리하며 그날 한 일을 돌이켜보라. 하지 않아도 됐을 일은 무엇이었는지 다시 한 번 생각해보자. 오늘 배운 교훈은 내일의 활동 계획에 적용한다.

— **마음을 깨워라:** 에디슨은 모든 순간 놀랍도록 현재에 충실했다. 그는 예사롭지 않은 집중력 덕분에 모든 일에 전력을 다할 수 있었다. 집중력을 잃지 않으려면 계속해서 아무런 비판 없이 완전한 자각을 할 수 있어야 한다. 이런 자각을 가능하게 하는 '알아차림(mindfulness)'은 학습이 가능하다. 여러 의료보건 기관과 사회 단체에 알아차림 센터를 설립한 존 카밧 진 박사는 알아차림의 중요성에 대해 이렇게 말한다.

"멈추고, 보고, 이해하고, 선택하는 법을 배우는 것이 바로 알아차림이다. 이런 태도는 발전 단계에 있는 개개인과 조직에게 중요한 의미를 지닌다. 복잡한 비즈니스 세계에서 이런 방법은 소용없다고 여길지 모른다. 하지만 스트레스에 효과적으로 대처하고, 현명한 결정을 내리며, 새로운 정보를 얻어 긴급한 비즈니스 상황에 적용하는 능력은 결국 매 순간 충실할 줄 아는 태도에서 시작된다."

— **저글링 방식을 배워라:** 에디슨은 여러 가지 프로젝트를 마치 곡예 부리듯 다루었다. 실제로 저글링 곡예 장면을 영화로 만드는 프로젝트를 진행하기도 했다. 저글링이 왜 우리에게 필요할까? 바로 균형 감각 때문이다. 균형 감각은 적절한 시간 동안 알맞은 곳에 필요한 양만큼 에너지를 활용하기 위해 꼭 필요하다. 우리는 즐겁게 배우며 이 감각을 기를 수 있다.

클로슨 교수는 다음과 같이 말했다.

"최고의 관리자는 진정한 곡예사다. 그들이 맡은 프로젝트는 곡예사의 공과 같다."

독일 레겐스부르크 대학의 아르네 마이 교수가 최근 연구한 바에 따르면, 규칙적인 저글링 연습은 뇌의 신경 세포가 모여 있는 특정 영역의 회백질을 활성화시킨다."

WMS게이밍 사의 조엘 자페는 게임 설계자이자 혁신적인 창조자다. 그가 만든 슬롯머신 게임은 전 세계 카지노에서 선풍적인 인기를 끌고 있다. 그는 복잡함에서 단순함을 발견하는 에디슨의 접근법을 자신에게 적용해 이렇게 설명한다.

"나는 한꺼번에 10건 이상의 프로젝트를 맡는다. 처음에는 과연 그 많은 프로젝트를 가지고 무난히 '저글링'을 할 수 있을지 걱정했다. 하지만 곧 각각의 프로젝트에 필요한 업무에는 일정한 패턴이 있음을 발견했다. 경험이 쌓일수록 현재 자신이 어디에 집중해야 하는지 더욱 잘 찾아낼 수 있다. 집중할 부분이 무엇인지만 알면 세세한 사항까지 알 필요가 없다.

나는 많은 프로젝트를 한꺼번에 진행하는 과정에서 한 가지 사실을 더 알 수 있었다. 그것은 바로 정신없이 많은 일을 다루다보면 자연스럽게 창의력이 증가한다는 것이다. 한 세트의 게임이 지닌 속성을 발견해 다른 세트와 비교하다보면, 새로운 아이디어가 마구 솟아나고 문제도 한결 빠르게 해결된다. 게다가 어떤 종류의 게임에서 얻은 해결책을 완전히 다른 종류의 게임에 연관시켜 또 다른 해결책까지 찾을 수 있다. 마치 어떤 문이라도 열 수 있는 마스터키를 가진 기분이다."

5) 개인과 팀워크

최고의 생각은 혼자 있을 때 떠오른다. 최악의 생각은 시끄러운 곳에서 떠오른다. _**토머스 에디슨** Thomas Edison

조지 파슨스 라스롭은 《Talk with Edison》에서 에디슨의 뛰어난 적응력에 대해 쓴 적이 있다. 그는 에디슨이 한 주제에 대해 이야기 하다가도 주제가 바뀌면 곧바로 다음 주제에 몰입해서 이야기하는 모습에 감탄했다. 그리고 이런 에디슨의 융통성이 '준비된 정신력'으로 이야기에 완벽하게 몰입했기 때문이라고 말했다. 에디슨은 어떤 방법으로 그러한 정신력을 기를 수 있었을까? 비결은 바로 균형점을 찾아낸 것이다. 남들과 함께 작업하는 것과 혼자 하는 일 사이의 균형점 말이다.

에디슨은 모든 발명품의 핵심 아이디어를 내는 사람이자 그 실험을 시작하게 만드는 촉매였다. 동시에 아이디어를 혁신으로 발전시키기 위해 팀에 기댈 줄도 알았다. 그는 자신의 생각을 지지하고, 보완하며, 확장시킬 직원을 신중하게 선택했다. 그리고 이렇게 엄선된 최고의 협력자와 긴밀하게 공조하며, 연구소에서 일하는 직원 모두와 정기적으로 함께 시간을 보냈다.

먼로파크 연구소를 만들 때도 에디슨은 연구소의 전반적인 사항을 직접 기획했다. 협력과 개인 작업의 흐름을 매끄럽게 하기 위해서였다. 2층에 개인 사무실을 마련하고 1층은 공공사무실로 삼았다. 2층에 자리 잡은 그의 책상은 만화경식 사고에 안성맞춤이었다. 1층에 있는 책상은 대금을 지불하고, 임금 수표에 서명하며, 우편물을 처리하는 장소로 사용했다. 책상의 위치 또한 절묘해서 출퇴근하는 직원들이 모두 에디슨과 인사를 나눌 수 있었다.

개인 시간과 함께하는 시간 사이의 균형을 최적으로 맞춘 웨스트 오렌지 단지는 에디슨의 공간 활용 전략을 잘 보여준다. 그는 실험실이 꽉 들어찬 3층 짜리 본관 건물의 한쪽 구석에 거대한 서재를 마련하고 멋진 마호가니 책상을 들여놓았다. 아내 미나는 서재 입구 근처에 간이침대를 놓아 에디슨이 매일 낮잠을 잘 수 있도록 했다. 덕분에 에디슨은 언제든 이곳에서 편안하게 긴장을 풀고 사색을 즐길 수 있었다.

에디슨은 웨스트 오렌지 단지의 '12호 방'을 특별한 용도로 사용했다. 그 방은 2층의 화학 실험실 옆에 자리한 어두컴컴한 방이었다. 다이어와 마틴은 에디슨의 유별난 '12호 사랑'을 이렇게 묘사한다.

"에디슨은 12호 방을 무척 좋아해서 그곳을 자주 찾았다. 방 안은 아무것도 없이 나무 널빤지로 둘러싸여 있었다. 바닥재를 깔지도 않고, 장식도 없었으며, 싸구려 가구 몇 점이 들어서 있을 뿐이었다. 그런데 에디슨은 그 방에서 말로 표현할 수 없는 매력을 느낀 모양이었다."

에디슨은 이곳에서 화학, 기계, 전기 등의 기술적 문제에 대한 생각에 빠져들었다. 철저한 고립 속에서 사색을 한 다음에는 네다섯 명의 연구원 또는 팀원 전부를 불러들여 즉석 회의를 열었다. 에디슨은 실험실과 가까운 곳에 자신만의 천국을 마련한 덕분에 고도의 집중 상태를 유지할 수 있었다. 동시에 언제든 필요한 연구 자료를 입수하고 협력자들과 연락하며 팀 활동을 할 수 있게 만들어두었다. 실험실 동료들도 그의 선례를 따라 혼자 할 일과 협력할 일을 병행하기 시작했다. 에디슨의 방식 그대로 말이다.

혼자 있는 시간은 에디슨이 몰입 상태를 유지하는 에너지를 채워주었다. 그는 모든 작업 프로세스가 고립된 공간 주위에서 이루어지도록 했다. 에디슨의 연구팀은 시간이 얼마나 지났는가를 기준으로 프로젝트의 진행 상태를 판단하지 않았다. 프로젝트가 에디슨의 머릿속 그림과 얼마나 가까워졌는지에 따라 진행 단계를 판단한 것이다. 1879년 1월호 〈뉴욕 헤럴드〉의 기사 내용이다. 에디슨이 사색 중에 떠올린 아이디어를 먼로파크 연구팀과 공유한 이야기를 담았다.

"에디슨은 실험대 사이를 휙휙 날아다닌다. 여기서 실험하고 저기서 지시하며 이 실험대에서 저 실험대로 옮겨 다니는 것이다. 한 곳에서 새롭게 떠오른 아이디어의 도면을 그리는가 하면, 또 다른 곳에서는 실험 진행 과정을 진지하게 관찰하기도 한다. 간혹 분주하게 작업 중인 연구원 무리를 급히 벗어나 한 시간 이상 홀연히 사라질 때도 있다. 일반적인 연구 보조원들은 그가 어디에 있는지 알지 못하고 묻지도 않는다. 하지만 몇몇 수석 연구원들은 그가 어디서 무엇을 하는지 안다. 한줄기 빛이 주위의 어둠을 몰아내는 본관 2층의 한적한 구석에서 그 발명가가 연필과 종이를 가지고 뭔가 그리고, 계산하고, 생각하며 앉아 있다는 사실을 말이다. 이럴 때는 어지간한 일이 아니면 그를 방해해서는 안 된다. 그의 지시가 필요한 작업에 중요한 문제가 생겨도 그냥 기다려야 한다. 때로는 한 시간 이상 기다려야 할 때도 있다. 하지만 이 연구소 사람들은 발명가의 사색을 방해하느니, 지루해도 기다리는 편이 훨씬 더 이익이라고 생각한다."

1879년이 끝나갈 무렵이 되자 에디슨은 더 이상 사색을 위해 직원들을 기다리게 하는 사치를 누릴 수 없었다. 전구의 상품화를 위한 채비를 갖춰야 했기 때문이다. 당시 60명이 넘는 직원이 연구소 규모를 키우는 일에 투입되었다.

에디슨은 자신의 일을 더욱 효율적으로 분담해야 할 필요성을 느꼈다. 이를 위해 전구 시스템의 세부 사항을 일일이 특정 직원이나 팀에게 할당했다. 에디슨 자신은 계속해서 하루 중 일정 시간을 홀로 보냈다. 하지만 핵심 직원들에게 더 많은 관리 업무를 맡기며 은둔의 시기와 주기를 바꿨다.

혁신 역량 키우기: 개인과 팀워크

당신은 어떤 장소에 있을 때 최고의 아이디어를 얻는가? 우리는 지난 30여 년 간 전 세계 사람들에게 이 질문을 던졌다. 아래는 가장 흔한 대답이다.

"샤워하면서요."
"침대에 누워 쉴 때요."
"차를 타고 운전할 때요."
"오랫동안 산책할 때요."

일터에서 최고의 아이디어가 떠오른다고 답한 사람은 극도로 적었다. 욕실, 침대, 도로, 산책로에서는 떠오르는데 정작 일터에서 아이디어가 떠오르지 않는 까닭이 도대체 뭘까? 답은 간단하다. 고립과 이완 사이에 균형이 맞지 않는 것이다. 그렇다면 둘 사이의 균형을 찾으려면? 혼자 있는 시간과 팀 활동에서 얻는 자극 간에 균형을 이뤄야 한다. 이 두 가지 상태에서 자신의 리듬만 찾아낸다면 창의적인 아이디어를 훨씬 더 많이 창출할 수 있다. 성취를 위한 에너지 또한 더욱 많이 분출될 것이다.

균형을 찾으려면 먼저 자신에 대해 알아야 한다. 당신은 내향적인가 아니면 외향적인가? 심리학자 칼 융이 처음으로 이 두 개념을 소개했다. 이 둘의 구분은 에너지가 흐르는 방향에 따라 결정된다. 내향적인 사람의 에너지는 내부를 향해 흐른다. 그들은 자신의 생각을 가장 먼저 파악한다. 반면 외향적인 사람의 에너지는 외부를 향해 흐른다. 그들은 다른 사람과 사물에 집중하는 쪽을 선호한다. 내향적인 사람은 주로 다른 사람들과 함께하는 데 많은 노력이 필요하지만, 외향적인 사람은 혼자 보내는 시간을 그다지 즐기지 않는다. 당신이 어떤 성향을 지닌 사람이든 사회적인 상호 작용과 고립 사이에 균형을 찾을 수 있도록 스스로를 단련시켜야 한다. 에디슨이 그랬듯이 말이다.

사실 지금은 에디슨이 살던 때보다 개인과 팀 사이의 균형점을 찾기가 더욱 어렵다. 브리티시컬럼비아 대학의 심리학 박사인 피터 쉐드펠드가 연구를 통해 이러한 사실을 밝혀냈다.

"요즘 사람들은 사회적으로나 물리적으로 만성적인 자극에 노출되어 있다. 인류가 진화하는 데 필요한 자극 수준을 넘어선 곳에서 살아가는 것이다."

끝이 보이지 않는 회의, 휴대폰 전화, PDF 메시지, 무선 호출기가 넘실대는 세상에서 혼자만의 시간을 갖기는 쉽지가 않다. 자신에 대한 헌신적인 마음가짐과 함께 의도적인 노력이 필요하다.

혼자 보내는 시간을 만들어라. 행복감, 창의력, 에너지가 높아질 것이다. 그리고 이런 고립의 시간을 잘만 이용하면 사회적인 상호 작용에서 더 많은 것을 얻게 된다. 에스터 부흐홀츠를 비롯한 여러 심리학자가 고립의 이점에 대해 연구한 결과, 혼자 있는 시간이 오히려 다른 이들과의 관계를 맺는 능력을 키우는 데 도움이 된다고 밝혔다.

혼자서 걷는 시간을 마련하라. 매일 명상하는 것도 좋다. 그런 다음 몇 달에

한 번씩은 단 하루라도 고독에서 벗어나 많은 사람과 활발하게 어울려라. 끊임 없는 소음과 주의를 흩뜨리는 혼란에서 해방되려면 도움이 필요하다. 귀마개를 이용해 간단한 방법으로 고독을 경험해보자. 들리는 모든 소리를 차단하면 사람들로 둘러싸여 있을 때에도 쉽게 고립의 이점을 얻을 수 있다. 비행기, 기차, 공항, 심지어 집 안에서도 가능하다. 차분하게 내면에 집중하고 싶다면 귀마개를 사용하길 권한다.

1952년 존 릴리 박사는 고립의 이점을 경험하는 조금 생소한 방법을 소개했다. 바로 고립 탱크(Isolation Tank)를 사용하는 것이다. 탱크에는 엡솜[15]소금물이 가득 채워져 있다. 그 안으로 들어가면 외부 자극은 물론이고 중력에서도 벗어나 편안하게 쉴 수 있다.

육상 올림픽 금메달리스트 칼 루이스와 풋볼 리그의 댈러스 카우보이스의 선수들 등 세계 최고의 운동선수들이 정신적인 안정과 더 나은 기록을 세우기 위해 이 방법을 사용하고 있다. 노벨상 수상자인 리처드 파인만도 이것을 무척 좋아했다고 한다. 자각 능력과 창의력을 더 높은 곳으로 끌어올리는 데 매우 유용했기 때문이다. 사실 이 방법은 환경자극 억제기술(REST)로 더 잘 알려졌다. 현재 하버드, 스탠퍼드 등 유수의 대학과 전 세계 보건 시설, 선수 훈련 센터에서 그 효과를 연구하는 중이다. 실제로 부유 상태는 혈압을 낮추고 창조적인 시각화 능력을 강화하는 효과가 있다. 긍정적이고 낙관적인 태도를 길러줄 뿐 아니라 심지어는 저격수의 명중률을 높이는 데도 도움이 된다고 한다.

---

15) Epsom, 미네랄과 마그네슘 함량이 풍부한 천연 목욕 소금. ―옮긴이 주

혼자 지낼 줄 알아야 한다. 고독이란 혜택을 놓치지 말고 너 자신에게 친구
가 되어라. **_토머스 브라운** Thomas Brown

지금까지 살펴본 문제 해결 중심의 사고방식, 만화경식 사고, 100% 완전한
몰입은 개인의 능력에 중점을 두고 있다. 다시 말해 개인의 내면을 혁신하기
위한 역량들이다. 이것들을 잘 이해했다면 앞으로 살필 2가지 혁신 역량을 성
공적으로 활용할 수 있을 것이다. 그럼 지금부터 관계를 혁신해 당신을 성공으
로 이끌 2가지 역량에 대해 살펴보자.

4. 마스터 마인드 협력

벌들은 협동하지 않고는 아무것도 얻지 못한다.
사람도 마찬가지다. _E. 허버트

나폴레온 힐은 매우 높은 수준의 협력을 '마스터 마인드(Master-Mind)'라고 표현했다. 같은 목적을 이루기 위해 둘 이상의 사람들이 지식과 노력을 조화롭게 모은다는 뜻이다. 힐은 사람들이 공동의 목표를 위해 열정을 다하면 개개인의 능력을 단순히 합하는 것을 뛰어넘어 몇 배로 늘어난다고 말한다. 긍정적이고 창조적인 에너지의 범위는 얼마든지 확장시킬 수 있다는 것이다. 에디슨의 실험실은 그의 주장이 사실임을 잘 보여준다. 마스터 마인드 협력은 다음과 같은 요소로 이루어진다.

- 실전에 강한 사람을 채용하라
- 다양한 구성원으로 팀을 구성하라

- 열린 교환의 장을 마련하라

- 협력에 보상하라

- 네트워크를 주도하라

1) 실전에 강한 사람을 채용하라

19세기 후반, 에디슨 연구소에 들어가는 것은 오늘날 빌 게이츠나 스티브 잡스의 회사에서 일하는 것만큼 대단한 기회였다. 마이크로소프트와 애플의 채용 과정이 에디슨의 시대보다 짜임새 있긴 하지만 채용의 근본적인 목표는 같다. 조직의 협력적인 분위기에 기여할 사람을 찾는 것이다.

에디슨은 문제 해결 중심의 사고방식을 공유할 수 있는 인재를 원했다. 단순한 이력보다는 기업가 정신, 결단력, 실용적인 문제 해결 능력을 더 중요하다고 본 것이다. 그를 위해 경쟁사의 연구소와는 다른 채용 방식을 택했다.

모든 지원자들은 에디슨 앞에서 자신이 보유한 기술에 대해 증명해야 했다. 실질적인 업무 능력을 갖추었는지 평가하기 위해서다. 에디슨은 직접 설계한 실험을 해보라고 하거나 설명서 없이 그 자리에서 기계 부품을 조립하라고 요구했다.

에디슨이 처음으로 채용을 실시할 때였다. 한 청년이 에디슨이 원하는 태도와 능력을 정확하게 짚어냈다. 그의 이름은 존 오트였다. 일자리를 찾아온 스물한 살의 오트 앞에는 주식 시세 표기기 부품이 조립도 되지 않은 채 쌓여 있었다. 기계를 작동시킬 수 있겠냐는 에디슨의 물음에 그가 답했다.

"그 정도도 못 하면 저한테 봉급을 주실 필요가 없죠."

오트는 그 자리에서 부품을 완벽하게 조립했고 에디슨은 그를 즉시 채용해 보조원 감독 자리를 맡겼다.

오늘날 기업의 채용 전략은 에디슨의 방식과 비슷한 면이 있다. 채용 인터뷰 자리에서 JAVA언어로 컴퓨터 프로그램을 짜라고 하거나, HTML로 새로운 웹페이지를 만들라고 주문하기도 한다. 하지만 이런 실무 능력은 채용 과정의 기본 단계일 뿐이었다. 에디슨이 마련한 채용 시험을 통과하려면 배짱과 머리 그리고 일단 문제를 만나면 해결하려는 사고방식까지 갖춰야 했다.

1875년 에디슨의 주변에는 이미 그의 최측근으로 불릴 만한 직원이 4명 있었다. 최우수 실험가이자 믿을 만한 친구였던 찰스 배츨러, 모형 제작 전문가 존 크루에시, 연구실 조수 제임스 애덤스 그리고 기계 기술자 존 오트까지. 이들은 모두 에디슨이 꼭 필요로 하는 능력을 가지고 있었다. 폭넓은 지식과 나무랄 데 없는 성격을 바탕으로 배우고자 하는 열의뿐 아니라 성과 달성을 위한 몰입까지 갖춘 것이다.

에디슨이 채용을 고려한다는 소문이 돌면 늘 수많은 지원자가 몰렸다. 에디슨과 함께 일할 수 있다면 궂은 날씨도 마다하지 않았다. 대부분이 이력서나 추천서 한 장 없이 연구소를 찾았다. 자기 차례가 되면 부츠를 벗고 실험실 안으로 들어가 에디슨과 마주했다. 이때 그 자리에서 과제를 수행하는 것은 물론이고 에디슨의 이런저런 질문에 대답해야 했는데, 질문의 대부분은 해당 직무에 얼마나 적합한 인물인지 평가하기 위한 것이었다. 그는 형식적인 직무 설명 대신에 각 상황별로 질문을 마련해두었다.

에디슨은 지시를 완벽하게 따르면서도 자신의 생각을 할 줄 아는 사람을 원

했다. 폭넓은 지식을 바탕으로 늘 새로운 학습을 갈구하며 더 나아가 주도적
이고 독립적인 태도로 다른 이를 위해 희생할 의지가 있는 사람을 찾으려는 것
이었다.

레지널드 페센덴이라는 사람의 채용 인터뷰를 할 때였다. 그는 에디슨과의
채용 인터뷰에서 자신을 숙련된 전기 전문가라고 소개했다. 에디슨은 전기 전
문가 대신 화학자가 되어주면 좋겠다고 말했다. 그 말을 처음 들은 페덴센은
싫다고 대답했다. 하지만 곧 마음을 바꾸어 에디슨이 제시한 직무에 도전해보
겠다고 말했다. 결국 페센덴은 뛰어난 화학자가 되어 전선용 절연체 개발에 큰
공헌을 했다. 이렇게 에디슨이 채용한 직원들은 대부분 오랫동안 회사를 나가
지 않았고 페센덴도 예외는 아니었다.

에디슨은 원하는 인재를 찾기 위해 신뢰하는 주주들로부터 괜찮은 사람을
소개받기도 했다. 1879년 2월 18일, 에디슨 전구 회사의 설립자였던 그로스베
너 로레이는 에디슨에게 편지를 써 연구실 조수 자리에 프랜시스 젤이라는 사
람을 추천했다.

친애하는 에디슨:
열여섯쯤 된 강인한 청년이 있는데, 한번 써볼 생각이 있소?
이름은 프랜시스 젤이오. 겉모습이나 태도는 좀 어설퍼 보일 수 있소. 행동
이 느려서 좀 모자란 사람으로 보이기도 하지. 그런데 실은 굉장히 똑똑하
고, 부지런하며, 믿을 만하고, 기품 있는 청년이라오. 항상 전기에 관심이 있
었다는 구려. 사환으로 일하면서 자석을 만들기도 하고 사무실에 직접 조그
만 전기 기계를 들여놓기도 했다오.　_진심을 담아, G. L.

에디슨은 젤을 채용했다. 그리고 전지 셀[16]을 청소하고 충전하는 일을 맡겼다. 그로부터 얼마 지나지 않아 그는 가장 높은 수준의 업무에서까지 탁월한 능력을 인정받았다. 젤은 에디슨의 백열전구를 완성시키는 데에도 결정적인 역할을 했다. 이후 가끔씩 쉬기는 했지만 40년이 넘는 세월을 에디슨의 직원으로 일했다.

1923년, 에디슨은 채용 방식에 좀 더 형식을 갖췄다. 채용 과제에 극도로 도발적인 테스트를 포함시킨 것이다. 이 테스트는 다양한 주제를 아우르는 50개의 질문으로 구성되었다. 답안 정보가 새어나갈 때마다 여러 번 테스트를 수정하기도 했다. 질문지는 언제나 도전적인 문항들로 가득했다. 그중 몇 가지를 소개한다.

– 세탁기 제조에서 가장 두각을 나타내는 미국의 도시는?
– 무쇠(Cast Iron)가 돼지 철(Pig Iron)이라고 불리는 이유는?
– 세계에서 가장 큰 망원경은?
– 솔론(Solon)은 누구인가?

에디슨은 백과사전 같았다. 이 질문들이 모두 그의 머릿속에서 나왔다. 지원자가 지닌 지식의 폭과 깊이, 연구소에서 키워낼 수 있는 잠재력을 확인하는 테스트도 에디슨이 직접 만들었다. 이후 사업 확장으로 인해 대졸자들을 조금 더 고용하긴 했지만 정작 에디슨은 학력 증명서에 별로 관심이 없었다. 언젠가

---

16) battery cell, 전력을 지닌 최소 단위체. 이 셀이 모여 하나의 전지를 이룸. ─옮긴이 주

이렇게 외치기도 했다.

"대학을 나온 이들이 어처구니없이 무식하다는 걸 알았어. 정말이지 아는 게 전혀 없는 것 같아."

에디슨의 채용 프로세스는 대부분 매우 성공적이었다. 물론 가끔 그의 기준에 못 미치는 직원도 있었다. 에디슨은 뛰어나지 못한 사람을 견디질 못했다. 그의 기대에 부응하지 못한 신입 직원들은 즉시 쫓겨났다.

에디슨은 바라는 게 많은 리더였다. 동시에 표현의 자유를 존중하기도 했다. 그는 직원들이 개방적인 자세로 아이디어를 교환할 수 있도록 독려하고, 조직 내 모든 사람들과 자유롭게 논쟁을 즐겼다. 물론 어떤 직원이든 반드시 과제부터 제대로 해놓고 자신의 의견을 밝혀야 했지만 말이다. 업무를 철저히 준비하지 못했거나 부주의한 직원은 곧바로 징계를 받았다. 에디슨이 동기 부여를 위해 경쟁 임금제를 도입한 적은 있지만 실제로 직원들이 일하는 가장 큰 목적은 돈이 아니었다. 그렇다면 왜 많은 이들이 그토록 에디슨과 함께 일하려 했을까? 에디슨은 사람들이 무엇을 원하는지 알고 있었다. 그것은 바로 돈이 아니라 능력을 발휘할 기회였던 것이다.

혁신 역량 키우기: 실전에 강한 사람을 채용하라

미국의 한 거대 연기금[17]이 조직에 적용할 혁신적 사업 계획을 만드는 데 막대한 시간과 에너지를 투자한 일이 있었다. 그들은 힘 있는 비전 선언문, 사명 선언서, 핵심 가치를 작성했다. 훌륭한 전략 계획도 수립했다. 경쟁에 따른 인

---

17) 연금 제도에 의해 만들어진 자금. '연금 기금'과 같은 의미. —옮긴이 주

센티브와 보상 제도까지 마련한 결과, 직원들은 다른 경쟁 기관을 훨씬 앞서는 훈련 수준에 도달했다. 그런데 한 가지 문제가 좀처럼 해결되지 않았다. 이 기관 수석 임원진의 이야기를 들어보자.

"우리 기관의 채용 프로세스는 구식 모델의 전형을 벗어나지 못했다. 고작해야 지원자의 번지르르한 이력서와 기술 수준을 수치화한 자료만 볼 수 있을 뿐이었다. 우리는 비전을 실현하는 데 필요한 창의력과 대인 관계 기술 등은 파악할 도리가 없었다. 그래서 다양한 사람들을 모아 협력팀을 조직하기로 했다. 수치상의 우수성을 바탕으로 감성 지능, 혁신적 사고방식이 조화롭게 결합된 팀 말이다."

처음에는 이 팀도 컨설턴트의 도움을 받아 새로운 채용 프로세스를 고안하려 했다. 하지만 얼마 지나지 않아 만화경식 사고를 이용하면 자체적으로 더 나은 해결책을 마련할 수 있다고 결론 내렸다.

내부 특별 전담 팀이 마인드맵을 포함한 여러 가지 만화경식 사고를 이용해 창의적인 아이디어를 내놓았다. 그 다음 개선된 프로세스를 시험하고 다듬는 과정을 거쳤다. 이 프로젝트에 가담했던 팀원 한 명이 그때 분위기를 전한다.

"새로운 채용 프로세스를 이용해 협력적 접근법의 장점들을 하나로 합칠 수 있었습니다. 바로 이 점이 가장 큰 이득 입니다. 매우 유능한 인재를 불러오는 것도 큰 이점이지만 신규 채용을 함으로써 조직의 가치와 비전 그리고 사명에 필요한 팀 협력을 강화할 수 있었죠."

연기금 직원들은 표준 채용 프로세스를 이용해 하던 대로만 하면 늘 얻었던 것만 얻는다는 사실을 깨달았다. 어떤 기업이든 팀 분위기에 기여하고 원하던 결과를 이끌어내는 인재를 찾길 원하지만 이력서, 인성 테스트, 몇 차례 임원진 인터뷰로는 이런 면까지 알아내기 힘들다. 에디슨은 바로 이 사실을 잘 알고 있었다.

먼로이노베이션스의 리처드 셰리던과 그의 팀은 연기금 기관처럼 에디슨 채용 프로세스를 현대식으로 적용했다. 그들이 만들어낸 '익스트림 인터뷰(Extreme Interviewing)'는 다음의 독특한 3가지 실습 과정을 포함한다.

① 실제 업무 환경을 재현해 일반적인 직무 인터뷰를 뛰어넘는다

에디슨과 똑같이 해보라. 신입 직원을 실제 업무환경을 재현한 상황에 투입해 그들이 어떻게 움직이는지 살펴보라. 리처드 셰리던의 설명을 들어보자. "지원자가 우리 조직의 실제 모습을 볼 수 있도록 충분한 정보를 줍니다. 다른 기업의 인터뷰 프로세스와는 조금 다르죠. 다른 기업에서는 두세 시간 동안 머리를 굴려 온갖 감언이설로 지원자들을 현혹합니다. 지원자들은 얘길 듣는 도중에 업무와 동료들에게 잔뜩 기대를 하게 되지요. 하지만 그건 가짜잖아요. 우리는 정반대로 합니다. 오히려 겁을 줘서 인터뷰 중에 지원자가 제 발로 걸어 나가게 하지요. 그들에게나 우리에게나 그 편이 나아요. 특이하게도, 뛰어난 자질을 갖춘 사람은 그런 과정에서 우리에게 더욱 매력을 느끼더군요."

② 기존의 팀을 프로세스에 참여시킨다

협력적인 업무 환경을 원한다면, 그에 걸맞은 채용 프로세스가 필요하다. 채용 관리자와 인적 자원(HR) 전문가에게만 의존하지 말고, 팀원 모두가 채용에 관여하게 하라.

③ 하드 스킬과 소프트 스킬을 모두 강조한다

문제 해결 중심의 사고방식, 학습에 대한 열의, 긍정적이고 팀 지향적인 태도(소프트 스킬)가 기술적 능력(하드 스킬) 못지않게 중요하다. 실제로 2가지 스킬을 고루 갖춘 인재를 찾고자 한다면 못할 것도 없다. 에디슨과 같은 시대를 살았던 서머싯 몸이 이런 말을 했다.

"인생에는 참 재미난 면이 있다. 가장 좋은 것을 가지겠다고 고집하면 십중팔구 그걸 손에 넣게 된다."

유명한 경영 컨설턴트이자《좋은 기업을 넘어 위대한 기업으로》의 저자인 짐 콜린스는 에디슨의 채용과 운용 그리고 해고 방식을 간단히 요약한다.

"적합한 인재를 버스에 태우고, 부적합한 인재는 하차시키고, 적합한 인재는 적합한 자리에 앉힌다."

2) 다양한 재능을 갖춘 팀을 구성하라

영국 직물 직공, 스위스 시계공, 물리학 석사 학위를 받은 미국의 수학자, 아일랜드 전기 기술자, 독일의 유리 세공 기술자, 아프리카계 미국인 전기 공학자, 귀가 들리지 않는 전신 기술자를 한곳에 모으면 어떤 일이 벌어질까? 에디슨은 이들 모두의 힘을 합쳐 수백 건에 달하는 발명 특허와 제품을 만들어냈다. 세계를 제패할만한 팀이 탄생한 것이다.

에디슨은 누구와도 비교할 수 없는 명석하고 독립적인 이노베이터였다. 협력의 중요성도 놓치지 않았다. 그는 자신이 보지 못하는 면을 짚어주고 자신의 재능을 보완해줄 사람들로 팀을 구성하는 것이야말로 성공에 반드시 필요하다는 것을 알고 있었다.

에디슨에게는 평생에 걸쳐 10명 정도의 핵심적인 협력자가 있었다. 그가 연구 과정을 거쳐 기술을 탄생시키는 순간마다 이들이 곁에서 실질적으로 도왔다. 에디슨은 다양한 분야의 전문가를 모아 그들에게 자신의 방식을 주입했다. 그런 다음 자신의 직접적인 감독 없이도 실험이 자유롭게 이루어지도록 했다. 다양한 분야의 전문가가 모인 덕분에 연구의 폭과 깊이가 크게 확장되었다. 모든 분야에 대해 효율적으로 탐색하는 것도 가능했다. 이 팀은 세계 최고를 향한 열망, 존중 그리고 신의라는 공동의 가치 아래 단단히 결속되어 있었다.

에디슨은 연구소에서 시작된 대부분의 혁신을 스스로 이끌어냈다. 사람들은 그가 자신의 의지에 따라서만 움직이는 사람이라고 평가했다. 하지만 실제로 그의 업적은 대부분 다른 이들의 협력이 있었기에 완성될 수 있었다.

그는 세계 챔피언 팀의 관리자이자 코치, 스타 선수였던 것이다. 물론 팀의 성과에 동기를 불어넣는 존재로서 완벽한 촉매인 동시에 아이디어 창고이기도 했다.

연구의 중심에는 늘 '팀 성과'라는 가치가 있었다. 에디슨은 팀을 구성할 때부터 이미 그의 발명과 혁신 방식을 완성시킬 수 있도록 설계했다. 직물 직공, 도안 설계, 공학, 사진, 수학 등 각기 다른 분야에서 모인 협력자들은 서로의 지식을 보완했다. 모두가 팀 성과를 위해 헌신하며 에디슨의 문제 해결 중심의 사고방식뿐 아니라 핵심 가치까지도 공유했다.

에디슨의 최측근은 이미 자기 분야의 전문가들이었다. 하지만 에디슨은 여기서 멈추지 않았다. 강도 높은 훈련을 통해 다른 분야에도 정통하도록 만든 것이다. 덕분에 그들은 에디슨의 지시에 따라 실험할 때, 팀 구성도 다양해지고 관리상의 틈까지도 메울 수 있었다. 에디슨은 훈련된 측근을 다른 부서에서 데려온 경험이 적은 직원들과 섞으며 계속해서 큰 성과를 창출했다.

에디슨은 가장 효과적인 경영 구조를 찾기 위해 여러 가지 실험을 했다. 그 시대에는 공식적으로 구매, 운영, 마케팅, 정보 기술(IT), 인사 관리의 개념이 없었을 뿐 아니라 관련 부서조차 없었다. 이런 환경 속에서도 에디슨은 자신의 연구소를 중심으로 어엿한 비즈니스 모델을 만들었다. 그 안에는 아이디어를 내는 것에서 시작해 판촉까지 이어지는 모든 단계에 바로 적용할 있는 기술과 프로세스가 담겨 있었다. 오늘날 볼 수 있는 현대식 비즈니스 운영의 뼈대는 그렇게 탄생했다.

에디슨이 직원들에게 직함을 부여하는 경우는 드물었지만 현대의 기업에 적용하면 다음과 같다.

- 토머스 에디슨: CEO, CTO(최고 기술 책임자)

- 찰스 배츨러: R&D COO(최고 운영 책임자)

- H. 존슨: CMO(최고 마케팅 책임자)

- 존 오트: 운영부 부사장

- 존 크루에시: 설계 및 모형 제작부 부사장

- 프랜시스 업튼: 구매 및 기술부 부사장

- 새뮤엘 인설: 비서 사업부장

- 월터 S. 멀로리: 오그덴 광석분쇄회사, 포틀랜트 시멘트 회사 COO

- 해리 F. 밀러: 에디슨 축음기 컴퍼니 비서 겸 회계 담당자

- 프랭크 다이어: 법률 담당 고문

협력을 중시하는 에디슨의 접근법은 당대의 다른 발명가와 뚜렷한 차이점이 있다. 다이어와 마틴의 설명을 들어보자.

"에디슨이 협력의 중요성을 알고 있었다는 점은 그의 성공을 설명하는 데 빠지지 않는 요소다. 뛰어난 발명가도 팀을 구성하는 데는 젬병인 경우가 많다. 심지어 같은 팀의 연구원을 참아낼 수 없다며 혼자 비밀스럽게 작업하는 이도 있다. 자랑스럽게 연구 성과를 발표할 기회를 빼앗을지 모른다는 생각에 동료를 경계하기도 하고 팀 활동 자체를 견디지 못하는 이도 있다. 하지만 에디슨은 달랐다. 그는 언제나 동료들과 어깨를 나란히 하고 협력했다. 에디슨과 함께하는 이들 중에는 누가 리더이고 영감이 어디서 나왔는지 의문을 제기하는 사람이 없었다."

빠른 속도로 성장하는 직원과 그 밖의 주주들은 '2차 측근'이 되었다. 그들은 에디슨과 최측근을 도와 실험을 성공시키는 데 중요한 역할을 했다. 에디슨은 손만 뻗으면 2차 측근의 도움을 받을 수 있었다.

최측근이 다른 영역으로 가면, 2차 측근이 그 자리를 채웠다. 2차 측근이 매일같이 제조와 고객 서비스를 관리한 덕분에 에디슨은 조직의 구석구석까지 파악했다. 2차 측근만 통하면 조직 내의 모든 직원들과 더 간편하게 의사소통을 할 수 있었던 것이다.

2차 측근의 핵심 구성원은 에디슨의 연구소나 제조 공정에 고용된 직원이 아니었다. 당대의 비즈니스 멘토, 직업 전문가, 금융, 법률, 과학적으로 도움을 줄 수 있는 관계자들이 오늘날의 자문 위원회와 유사한 방식으로 구성되었다. 에디슨은 어떻게 마스터 마인드 협력을 창출해 최측근과 2차 측근의 열정적인 지지를 받을 수 있었을까? 다양한 재능과 배경을 지닌 사람들을 효과적으로 지휘하는 방법은 무엇일까? 그 방법만 안다면 에디슨처럼 협력하는 팀을 만들기가 한결 쉬워질 것이다.

뉴멕시코 대학의 베라 존 스타이너 교수는 저서 《Notebooks of Mind》에서 모든 구성원이 진심으로 힘을 합할 때, 각기 다른 분야의 지식이 합쳐진 결과물이 나온다고 했다. 이런 협력 과정에서 개인은 자신의 부족한 점을 보완하고 다른 이의 성과를 보며 자극받는다는 것이다. 더불어 서로 협력하며 분야를 넘나드는 아이디어를 찾아 해결책에 도달할 수도 있다.

존 스타이너는 다양한 연령대와 경험을 갖춘 팀을 조직해야 한다고 강조한다. 그렇게 해야 각양각색의 아이디어와 문제 해결 방법을 찾아내 높은 성과를

▲에디슨 축음기는 미국 전역의 도시 곳곳에 마차로 배달되었다.

낼 수 있다. 이때 시각적인 이미지와 3차원 모형을 사용하면 서로의 생각을 전달하는 데 도움이 된다.

에디슨은 팀 활동을 최적화하기 위해 모든 요소를 직관적으로 배치했다. 존 스타이너는 이러한 접근법으로 한 사람의 지적인 성과물이 어떻게 다른 이들의 열정과 열의를 자극하는지 알 수 있다고 말한다. 에디슨은 협력하는 팀을 활용해 각종 분야에서 아이디어를 끌어모아 해결책을 찾아낸 덕분에 혁신과 조직의 유연성이라는 두 마리 토끼를 잡을 수 있었다.

혁신 역량 키우기: 다양한 구성원으로 팀을 구성하라

IDEO는 화려한 수상 경력을 자랑하는 디자인 회사다. 애플이 초기 매킨토시에 사용한 마우스, 스틸 케이스의 사무용 립체어(Leap Chair) 등 여러 혁신적 제품이 모두 IDEO의 손길을 거쳤다. IDEO는 고객의 제품 혁신과 디자인 개발을 돕는 데 그치지 않았다. 그들 자신의 문화를 바꾸고 혁신적인 환경을 조성해 성공하는 조직을 만든 것이다. IDEO의 핵심적인 혁신 비법이 궁금한가? 해답은 다양한 구성원으로 이루어진 팀에서 찾을 수 있다. IDEO의 직원은 400명이 넘는다. 이들 각각은 문화인류학, 컴퓨터과학, 공학, 그래픽디자인, 보건학, 심리학 등의 광범위한 배경을 가지고 있다. IDEO의 CEO인 톰 켈리는 각기 다른 사람을 모아 협력 팀을 조직한 경험을 바탕으로 《이노베이터의 10가지 얼굴》이라는 저서를 출간했다. 켈리는 3가지를 강조한다. 먼저 서로 다른 기술적 배경을 지닌 개개인을 찾아내고, 각 구성원이 10가지 역할을 하도록 만든 다음, 팀 내에서 마스터 마인드 협력이 이루어져야 한다는 것이다.

당신도 얼마든지 '10가지 얼굴'을 가질 수 있다. 다른 사람의 특성을 잘 파악하고 싶은가? 아니면 남들과 효과적으로 의견을 주고받고 싶은가? 팀으로 시너지 효과를 내면서 일하고 싶다면? 에니어그램(enneagram)은 이 모든 것에 유용한 방법이다. 각기 다른 사람들의 행위 동기, 문제 해결 접근법, 의사소통 방식을 9가지 유형으로 분류한 것이 바로 '에니어그램'이다. 에니어그램은 각기 다른 유형의 사람들이 스트레스 상황에서 어떻게 반응하고, 최고가 되려면 어떠한 방법을 활용해야 하는지 알 수 있는 통찰력을 준다. 자신의 강점과 약점을 파악하는 동시에 다른 사람들과 함께 더욱 효율적으로 일하는 방법도 배울 수 있다. 보잉, 코닥, HP, 도요타, 소니를 비롯한 여러 기업과 조직이 에니어그램을 활용하여 협력 팀의 구성과 원활한 활동을 꾀하고 있다.

경제학자 케네스 볼딩은 세상에 단 2가지 유형의 사람이 존재한다고 보았다. 모든 것을 2가지로 나누는 사람과 그렇지 않은 사람이다. 볼딩의 견해에 동의한다면 9~10개의 유형이 너무 복잡하게 다가올지 모른다. 하지만 그런 당신에게도 좋은 소식이 있다. 조화로운 협력 팀을 구성하는 매우 쓸모 있고 간단한 도구가 있으니 말이다.

GE의 경영 교육을 담당했던 네드 허먼은 인간의 사고방식을 4가지로 나누어 HBDI(Hermann Brain Dominance Instrument)를 고안했다. IBM, 아멕스, 타깃 등의 조직은 팀을 구성할 때 HBDI를 활용해 두뇌의 모든 부분을 사용할 수 있도록 도왔다. 이런 '전뇌적 사고방식'은 앞서 살펴본 것처럼 에디슨의 성공을 이끈 핵심 요소였다. 그는 이렇게 균형 잡힌 팀을 만든 덕분에 대단한 성과를 낼 수 있었다.

발명을 하려면 복합적인 지식이 필요하다. 그리고 다양한 분야의 지식을 가진 팀원들이 있어야만 발명도 성공적으로 이룰 수 있다. 미국 발명가 명예의 전당에 이름을 올린 사람 중에는 복합적인 지식을 갖춘 이들이 눈에 띈다. 먼저 1999년 미국 발명가 명예의 전당에 입성한 짐 웨스트는 이렇게 말했다.

"기술이 복잡해질수록 다양한 구성원으로 된 팀이 꼭 필요하다."

한 사람만으로는 혁신의 돌파구가 되는 모든 정보를 찾기 어렵다. 2006년 같은 곳에 입성한 로버트 랑어는 이렇게 말했다.

"우리 연구실의 구성원은 10~12명이다. 분자생물학자, 세포생물학자, 임상 의학자, 약학자, 화학공학자, 전기공학자, 재료과학자, 물리학자 등 배경 지식은 모두 다르다. 이곳에서는 다양한 분야의 전문가가 이론 단계에서 임상 실습으로 넘어가는 과정을 진행한다. 덕분에 우리는 거의 모든 분야에 대한 전문 지식을 얻을 수 있다."

그는 앞서 에디슨이 했던 것처럼 2차 측근을 교육하는 것도 중요하다고 말한다.

"내가 믿고 의지하는 사람은 수석 연구원만이 아니다. 그들 말고도 30명의 의학박사와 30명의 대학원생이 나에게 보고서를 올린다. 우리는 차세대 생명 공학자들을 교육하기도 했다. 우리 연구소가 배출한 150명이 넘는 졸업생은 현재 이 분야에서 교수로 활동하며 다른 학생들을 가르치고 있다. 다른 졸업생들도 생물공학계나 의료계 관련 기업에서 근무하고 있다."

3) 열린 교환의 장을 마련하라

《제5경영》의 저자인 피터 센게는 '학습하는 조직'이라는 개념을 소개한다. 학습하는 조직이란 '사람들이 지속적으로 역량을 키우고 진심으로 원하는 결과를 만든다'는 뜻이다. 바로 그런 조직에서 새롭고 발전적인 사고방식을 기를 수 있고 공동의 염원이 이루어진다. 이 개념은 연구소와 제조 공장을 협력적인 환경으로 만든 에디슨의 방식과 유사하다.

에디슨은 먼로파크와 웨스트 오렌지를 대학 캠퍼스처럼 꾸미길 바랐다. 사회적인 협력 구조를 만들어 서로를 가르치고 기르는 장소를 만들고자 한 것이다. 그는 연구소 내의 작업장과 회의장이 맞닿게 설계해 새롭고 발전적인 사고방식을 확산시키고자 했다. 먼로파크와 웨스트 오렌지의 본관 건물은 모든 외벽이 큰 유리창으로 되어 있어 낮이면 햇빛이 쏟아져 들어왔다. 자연스럽게 건물 안에는 긍정적이고 유쾌한 작업 분위기가 만들어졌다. 이런 분위기는 에디슨이 최고의 인재를 끌어들이는 비장의 무기였다.

에디슨의 연구소는 개방적인 자세로 지식을 교환했다. 덕분에 그의 혁신 제국은 늘 역동적으로 움직일 수 있었다. 웨스트 오렌지를 연구한 역사학자는 이곳이야말로 성과를 주도하는 장소라고 결론 내렸다. 에디슨이 만든 거대한 조직이 그 후에도 명성을 떨친 이유는 직원들이 지속적으로 역량을 키우며 원하는 결과를 만들어낸 덕분이었다.

최첨단 장비와 참신한 구조를 바탕으로 에디슨의 R&D 단지가 끊임없이 학습하는 장소가 될 수 있었던 것은 사실이다. 하지만 직원들의 학습 의욕에 직접적인 불을 붙인 사람은 바로 에디슨이었다. 그가 내뿜은 지적인 열기에 다른 이들도 자극받아 마음껏 아이디어를 주고받았다. 에디슨의 배우려는 열정이 연구소 전체로 퍼져 아이디어를 교환하는 분위기로 만든 것이다.

먼로파크와 웨스트 오렌지는 에디슨이 연구소 전체를 돌면서 쉽게 피드백을 주고받을 수 있도록 설계되었다. 덕분에 시간이 어느 정도 흐르자 에디슨은 연구소 직원들 모두와 밀접하게 협력할 수 있었다. 그는 직위의 높낮음을 떠나 모두의 아이디어를 환영했다. 전 세계에서 찾아온 많은 유력 인사들과 지적인 의견을 나누는 데도 적극적이었다.

에디슨은 살아 움직이며 학습하는 두뇌 집단을 창조했다. 모든 직원이 아이디어를 만들고 나누며 시험할 수 있도록 한 것이다. 늘 전체 토론 과정을 통해 의사를 결정하고 자신은 최종적인 결정에만 관여했다. 모든 직위의 팀원에게서 나온 견해가 충돌하는 모습을 즐겁게 바라보기도 했다. 그는 늘 활발하고 진지한 토론이 이루어지도록 분위기를 이끌고자 노력했다. 에디슨의 연구소는 공정한 지적 토론의 장이었다. 서열이나 직위는 의견 교환에 아무런 장애가 되지 않았다. 다이어와 마틴은 이 점을 포착했다.

"먼로파크 연구소 시절 에디슨과 주변인들은 서로 신뢰를 주고받았다. 이 믿음에 금이 간 적은 단 한 번도 없었다. 그는 직원들의 존경을 한 몸에 받았다. 그들의 감정을 상하게 할 수 있는 언행을 삼간 덕분이었다. 에디슨은 직장에서 흔히 볼 수 있는 권위적인 상사가 아니었다. 그는 직원 모두와 격의 없이 담소를 나누고 자유롭게 논쟁하며 자연스럽게 그들과 섞였다. 이처럼 매력적인 에디슨의 방식과 태도 때문에 직원들은 그의 편이 되어 끝까지 신의를 지켰다. 에디슨의 직원들은 모두 어떠한 요구나 바람도 없이 일에 매진할 준비가 되어 있었다."

에디슨이 개발한 개방형 협력 모델은 창의력, 전략 그리고 행동을 한데로 모으기에 적합했다. 이는 현대 사회학과 심리학 연구에서도 속속 밝혀지고 있다. 융통성이 있는 사람은 함께 문제 해결하는 팀원들의 창의력을 더욱 북돋운다. 웰터와 에그몬이 가장 생산적인 협력 환경에 대해 말했다.

- 주류의 사고에서 자유롭게 벗어날 수 있는가?

- 헌신적으로 가치를 공유하는가?

- 가능성과 기회에 대한 호기심을 받아들이는가?

- 품질, 효율성, 기술 개선을 위해 조직이 단결할 수 있는가?

- 학습 방식의 강점과 약점을 제대로 알고 있는가?

에디슨의 연구소는 이러한 특성을 모두 갖추고 있었다. 의견 교환에 개방적인 분위기 덕분에 직원들에게 권한을 위임하는 과정도 수월해졌다. 사업 규모가 커지면서 에디슨은 조직 내의 여러 팀을 교육하여 자신이 오랫동안 자리를 비워도 운영이 원활하게 이루어지도록 했다. 그리고 직접 문제에 접근하는 법을 알려주고 필요한 지침을 제공하긴 했지만 늘 실험가들이 스스로 해결책을 찾을 수 있도록 독려했다. 다음은 이에 대한 에디슨의 고백이다.

실험해야 할 일반적인 아이디어는 내가 지시를 내렸다. 하지만 때로 실험 조수의 근처에서 실험을 돕지 않고 구경만 했다. 그리고 직접 도와주는 대신 이렇게 말했다.
"혼자라서 못 해낸다는 말은 결과를 보고 나서야 할 얘기지요."

IBM에서도 비슷한 예를 찾을 수 있다. IBM의 CEO 사무엘 팔미사노는 심각한 고민에 빠졌다. 어떻게 하면 직원 모두가 지식을 교환할 수 있는 열린 환경을 조성할 수 있을까 하는 것이었다. 그는 직원 개개인이 스스로 가치 있는 일을 하고 있다고 느끼길 바랐다.

팔미사노는 회사의 온라인 프로그램인 잼(jam)에서 해결책을 찾았다. 이 프로그램은 48~96시간 동안 운영되는 세계적인 초대형 행사로, 특정 주제에 따라 각각의 잼이 조직된다. IBM 잼은 조직의 모든 부서, 직원들이 온라인상에서 자유롭게 아이디어를 교환할 수 있는 무대가 되었다. 그곳에서 회사가 추구하는 가치부터 사업 아이디어에 이르는 주제까지 다양한 견해가 오갔다.

그동안 IBM 잼의 주제는 관리자, 컨설턴트, 회사의 핵심 가치 등에 초점이 맞춰져 있었다. 2006년의 이노베이션 잼은 발전 기회를 찾는 잼과 그 기회를 비즈니스로 연결하는 잼으로 나뉘었다. 이 기간 동안 104개국 14만 명 이상의 IBM 직원과 그 가족들을 비롯한 고객, 비즈니스 파트너들이 온라인에 접속하여 신제품과 서비스에 대한 4만 6,000건이 넘는 아이디어를 내놓았다. 두 번째 단계가 끝날 무렵에는 베스트 아이디어 10가지의 투자 자금으로 1억 달러가 책정되었다. 이 일에 대해 팔미사노가 입을 열었다.

"협력적인 혁신 모델을 성공시키려면 먼저 다른 구성원들의 창의력과 지능을 신뢰해야 합니다. 이것들이 모여 직원, 고객 그리고 혁신 네트워크를 이루기 때문입니다. 우리는 연구 내용을 공개하고 값진 보물이 여기 있으니 가져가라고 외친 셈이죠. 이렇게 잼 또는 그와 비슷한 프로그램은 비즈니스와 사회의 발전을 위해 혁신하는 능력을 현저히 높여줍니다."

팔미사노가 강조한 것처럼 정보를 개방하면 이전보다 더 나은 아이디어가 나온다. 에디슨도 이런 생각을 바탕으로 정보 개방에 적극적인 분위기를 만들었다. 하지만 에디슨은 직원들이 여기에서 더 나아가길 기대했다. 직원 개개인이 능동적으로 자신의 방식을 발견하기를 바란 것이다. 에디슨은 그렇게 자신의 방법과 직원들이 개발해낸 방법 사이에서 적절한 균형점을 찾아냈다.

혁신 역량 키우기: 열린 교환의 장을 마련하라

에디슨의 카리스마 넘치는 낙천주의, 열정적 호기심, 배우려는 열망, 스토리텔링 능력 그리고 다양한 직원의 재능을 간파하는 능력은 유례없는 혁신 문화를 만들어냈다. 더불어 그가 장려한 열린 교환의 장은 조직의 성공을 지탱하는 결정적인 요인이 되었다.

마스터 마인드 협력이 이루어지는 환경을 만들기 위해 현대 조직 역량 강화 방식 중 하나인 AI(Appreciative Inquiry)를 이용할 수 있다.

대부분의 조직 역량 강화 프로세스는 '잘못된 부분을 찾아 고친다'는 가정에서 출발한다. 그리고 대부분은 집중 조사와 문제점 분석을 통해 전략, 운영, 문화상의 기능이 잘못되었다고 진단한다. 하지만 AI는 근본적인 가정이 다르다. 꿈, 희망, 비전, 가치, 성공, 강점을 주제로 열린 논의를 하는 동안 자연스럽게 조직 전반에 변화가 일어난다고 보는 것이다.

다이애나 휘트니는 AI를 이용하면 조직의 본질적인 특성에 직원들이 관심을 가지게 된다고 설명한다. 그것이 어떤 내용이든 조직의 강점, 역량, 자원, 잠재력, 자산에 대해 지혜를 모을 수 있다. AI는 다음의 4단계 프로세스를 통해 완성된다.

- 발견(discovery): AI의 시작 단계다. 우선 조직의 핵심 강점을 중심으로 서로 협력하여 개방형 질문을 만든다. 모범 사례 등의 이야기를 공유하다 보면 그동안 조직이 축적한 지혜가 더욱 분명하게 드러난다. 이 과정에서 부서 간의 새로운 관계와 연합이 형성된다. 휘트니가 강조했듯이 이러한 연결은 자발적으로 변화의 바람을 일으킨다. 서로의 생각을 활짝 열어 교환하

는 것이다.

- 꿈(dream): 조직 전체에 만화경식 사고를 퍼뜨린다. 이렇게 하면 조직원 모두가 긍정적인 미래의 이미지를 그려볼 수 있다. 이 단계에서 혁신 전략의 비전을 공유하는 대규모 그룹 활동, 교차 훈련, 사원 전체를 위한 공개 토론 등이 이루어진다.

- 설계(design): 조직 내 모든 직위의 사람들이 참여할 차례다. 이상적인 조직을 위한 명확한 선언문을 만든다. 이상을 현실로 만들기 위해 직원들이 일상적인 업무에서 어떻게 협력할 수 있을지 분명히 정해보자.

- 운명(destiny): AI의 모든 단계에서 긍정적인 변화가 생기더라도 가장 중요한 것은 그 효과를 지속시키는 것이다. 운명 단계는 개인, 팀 그리고 시스템

▲1912년에 찍은 사진으로, 에디슨의 가정용 영화 영사기를 홍보하는 대규모 광고의 한 장면이다. 초기 영사기는 불이 잘 옮겨 붙지 않는 안전필름에 사용되었다.

차원에서 참여와 실천이 이루어지도록 지속적인 학습과 혁신을 유도한다.

AI는 개방형 질문과 공개 토론을 통해 조직 내의 의사소통을 돕는다는 점에서 매우 유용하다. 인간에게는 인정받고 싶은 욕구와 함께 스스로를 성장시키고 학습하려는 본능적인 열망이 있다.

이 두 가지 욕구를 근사하게 결합한 것이 바로 AI다. 브리티시 항공, GE 캐피탈, 머크, 베리존, 산디아 국립 연구소 등 유수 기업을 비롯하여 수많은 비영리 조직, 사회 봉사 기관, 정부 기관에서 AI를 이용해 대단히 긍정적인 성과를 거두었다.

오피스디포 CEO인 스티브 오들랜드는 열린 교환의 장을 창조하는 방법에 대해 이렇게 말한 적이 있다.

"에디슨은 고효율의 선순환을 만들었다. 장애물을 극복하는 능력도 탁월했다. 어떤 조직이든 장애물은 생긴다.

하지만 기업이 넘어야 할 가장 큰 장애물은 두려움이다.

기업의 리더는 반드시 이 두려움을 없애야 한다. 직원들이 자연스럽게 아이디어를 제안하고 색다른 것들을 시도하면서도 부정적인 반응을 걱정하지 않아도 되는 환경을 조성해야 한다. 그렇게만 되면 선순환의 속도가 빨라질 것이다."

4) 협력을 보상하라

최고의 보상은 돈이 아니다. 미래로 향하는 새로운 연결고리를 보여주는 것
이다.   _클로테르 라파이유Clotaire Rapaille, 《Seven Secrets of Marketing》 중에서

에디슨은 자신의 업적으로 큰 수익을 올렸다. 하지만 돈이 주된 동기는 아
니었다. 그보다 미래를 위한 새로운 연결고리를 창조하는 일에서 큰 기쁨을 느
꼈다. 발명과 혁신의 모든 순간을 음미한 것이다. 직원은 자신의 기대를 잘 이
해하는 사람들로 골라서 채용했다. 그런 다음 열린 교환의 장, 지속적인 학습,
우수함을 향한 헌신을 유지하는 동시에 직원들이 노력한 만큼 보상을 받을 수
있는 환경을 만들었다. 에디슨의 이름이 널리 알려지자 재능 있는 인재들이 그
의 주변으로 몰려들었다.

에디슨에게서 배우는 것은 자신의 가치를 높이는 절호의 기회였다. 그는 직
원들이 자신의 강점을 발견하고 적극 활용하도록 이끌었다. 처음에 조수로 일
하게 된 존 오트는 이렇게 말했다.

"에디슨과 함께하면 일이 즐거워진다. 나는 늘 뭔가를 해내고 있다는 흥분에
들떴다. 우리는 단순한 일개 직원이 아니라 동료였던 것이다."

실제로 백열전구 시스템의 여러 특허증에는 오트의 이름이 에디슨과 나란히
실렸다. 특허로 벌어들인 사용료의 50%를 받기도 했다.

에디슨은 어떤 경쟁자나 당대의 대학도 따라오지 못할 귀중한 교육을 제공
했다. 레지널드 페센덴은 에디슨의 권유로 전기 전문가에서 화학자로 변신했
다. 그리고 그의 말을 따른 덕분에 자신의 특성을 발휘해 생소한 문제를 해결

할 수 있었다고 말했다. 에디슨의 면밀한 지시대로 한번 일을 하면 대부분의 직원들은 그 방식을 깨달아 더 이상의 가르침이 필요 없었다.

페센덴을 비롯한 많은 이들은 결국 엄청난 성공을 거두게 되었다. 모두 에디슨의 독특한 교육법으로 얻은 교훈을 새로운 업무 환경에 적용한 덕분이었다.

웨스트 오렌지 휴게소에서 에디슨이 직접 세미나를 열기도 했다. 참석한 전 직원이 많은 것을 배우길 바란 것이다. 매주 열린 이 세미나에서 에디슨은 과학과 기술에 관련한 다양한 주제로 자신의 견해를 밝혔다. 직원들은 학습과 진보를 위한 절호의 기회라고 생각해 모두들 열심히 참여했다. 에디슨에게서 직접 배우는 것을 자신의 성과와 노력에 대한 특별한 보상으로 여기기도 했다. 덕분에 직원들은 더욱 효율적으로 일할 수 있었고 그 결과는 금전적인 보상으로 이어졌다.

에디슨은 모든 연구소 직원들의 자기 학습을 장려하고 보상해주었다. 웨스트 오렌지에서는 직원들이 에디슨의 서재에 접근할 수 있는 특권을 주기도 했다. 세상에서 가장 훌륭한 과학과 기술 도서관에 말이다. 레지널드 페센덴은 점심시간에 수학을 공부하고 일과를 마칠 무렵 한 시간 정도는 이론물리학이나 화학을 공부했다고 회상했다.

기업가 정신을 보여주는 이들에게는 금전적 인센티브도 제공했다. 신입 직원들은 상세한 지시 사항이 적힌 종이를 받아 꽤 오랫동안 바쁘게 업무를 파악해야 했다. 사실 에디슨은 그들이 지시한 내용 이상의 몫을 해내길 바랐다. 폴 이스라엘은 연구소 분위기를 이렇게 적었다.

"연구소 기계공들은 내부 협약에 따라 추가 수익을 올릴 수 있었다. 공장 내에 필요한 실험 기구, 제조를 위한 특수 공구 등을 만드는 업무까지 맡을 수 있었던 것이다. 이 협약을 체결한 직원은 기꺼이 다른 권한을 떠안고 필요하면 감독 역할을 하기도 했다.”

에디슨은 인센티브 제도를 활용해 팀의 협력 수준을 극적으로 끌어올렸다. 에디슨의 오른팔이었던 찰스 배츨러는 금전적으로 가장 많은 보상을 받았다. 에디슨 발명품으로 얻은 수익의 10%를 챙기기도 했다. 이런 수익이 가능했던 것은 배츨러가 실험가인 동시에 에디슨의 COO이자 R&D 부사장 역할까지 잘 해낸 덕분이었다. 그는 훌륭한 관리자로서 에디슨 연구소에서 팀을 조직하고 최선의 결과를 끌어내는 데 결정적인 역할을 했다.

에디슨은 150가지가 넘는 사업을 하면서 핵심 팀원들이 현장에 개입할 기회를 주었다. 인센티브를 받을 기회는 이것뿐만이 아니었다. 혁신적인 경영에 도움을 준 이들과 혁신을 이끌어내는 데 자신의 재능을 활용한 이들도 큰 보상을 받았다. 결국 에디슨의 경영 활동에 기여한 최측근 멤버들은 하나같이 상당한 부자가 되었다.

개인적인 재능에 대해 보상받은 이들 중에는 윌리엄 케네디 로리 딕슨도 있었다. 그는 특유의 통찰력을 바탕으로 에디슨과 함께 활동사진을 만드는 기술을 개발했다. 결국 딕슨은 활동사진 카메라와 영사기로부터 나오는 수익의 1%를 받았다. 한편 에디슨 워드스트리트 연구소의 초창기 멤버인 동시에 먼로파크에서도 에디슨 곁에 머물렀던 제임스 애덤스 또한 전기 펜과 축음기, 그 밖의 수익성 있는 혁신 발명품 개발에 기여한 공로로 막대한 성과급을 받았다. 뛰어난 수학자이자 물리학자였던 프랜시스 업튼도 에디슨을 도와 전구 시장에 대한 상세한 분석과 위험성 측정치를 뽑아 5%의 인센티브를 받았다.

에디슨의 모든 발명은 함께 이뤄낸 성과였다. 지금 상식으로는 그 모두를 공동 발명가 명단에 넣지 않은 것이 의아할 정도다. 그랬다면 사용료 일부를 받을 사람도 훨씬 많아졌을 것이다. 하지만 당시 특허법은 공동 발명품에 특허를 부여하는 데 인색했다. 에디슨이 특허에 공동 발명가의 이름을 올리지 않는 편을 택한 것은 바로 그런 이유 때문이었다.

먼로파크의 소박한 연구소에서 웨스트 오렌지의 거대한 산업 R&D 단지로 옮겨 가면서 에디슨의 역할도 확장되었다. 덩치 큰 제조 공장과 기업까지 갖춘 제국을 이루게 되자 더 많은 지지 세력을 필요로 했고 그에 따라 2차 측근의 규모도 불어났다. 에디슨은 이들을 보상하기 위해 직위를 부여하고 2차 측근의 발전을 독려했다. 2차 측근 멤버들은 국내와 국제 무역 박람회에서 에디슨의 측근 조수로서 마음껏 여행을 즐기며 해당 분야에서 두각을 드러냈다. 그중 특별히 장래가 촉망되는 이들은 최측근 멤버가 특별 임무를 띠고 다른 곳으로 갔을 때 잠시 빈자리를 대체할 기회도 얻었다. 시간이 지나 좋은 조건을 갖춘 2차 측근들이 점진적으로 최측근에 편입되면서 이러한 대체 현상은 점차 줄어들었다.

측근이 아니라도 에디슨 제국 내의 모든 사람은 열심히 일하면 인정과 보상을 받을 수 있다는 사실을 의심하지 않았다. 직원들은 에디슨이 성공을 독식하지 않는다는 사실을 잘 알았다. 에디슨은 경쟁을 통해 기계공들에게 인센티브를 지불하기도 했다. 혁신에 기여한 모든 이에게 합당한 보상을 하려고 노력한 것이다.

에디슨은 뒤에서 조용히 팀 성과를 높이는 모든 직급의 직원들에게 개인적인 보상이 최대한 많이 돌아갈 수 있도록 세심하게 신경 썼다. 독특하고, 진취적이며, 학습하는 환경을 조성하여 각양각색의 직원들이 어울려 협력하는 분위기도 만들었다. 이렇게 에디슨이 추구한 협력은 역사에 남을 성과를 남긴 동시에 현대의 이노베이터들이 되새길 만한 교훈을 제공한다.

혁신 역량 키우기: 협력에 보상하라

에디슨은 협력의 긍정적인 효과를 경험하는 것이 진정한 보상임을 알았다. 다양한 구성원으로 팀을 이루고 자유로운 의견 교환의 장을 마련하면 직원들 스스로가 미래로 연결된 새로운 고리를 찾게 된다고 생각한 것이다. 먼로파크와 웨스트 오렌지 앞에는 에디슨과 함께 일만 할 수 있다면 몇 달 동안 돈 한 푼 받지 못해도 좋다는 사람들이 길게 줄을 섰다. 에디슨의 가르침을 받고 그의 경험의 일부가 되는 기회를 얻는다는 것을 무한한 영광으로 여기기도 했다. SRI 인터내셔널의 칼슨과 윌못은 보상에 대해 이렇게 말한다.

"보상에는 여러 형태가 있다. 그중에서도 멋진 동료들과 굉장한 프로젝트를 함께 하는 기회야말로 최고의 보상이다."

가장 혁신적인 조직은 각 개인에게 도전 의식을 심어주고 그들이 최선을 다하도록 힘껏 돕는다. 에디슨은 자신의 '촌뜨기들'이 팀에 중요한 기여를 하고 있다고 늘 강조했다. 그들에게 큰 기대를 걸고 있다는 말도 잊지 않았다. 예상대로 직원들은 그의 기대에 부응했다. 금전적인 이득은 보상의 일부에 지나지 않았다. 협력적인 분위기를 해치지 않으면서도 뛰어난 성과에 대해 보상하기는 쉽지 않았다. 시간이 지나자 더 많은 인정과 보상을 받아야 한다고 느끼는 직원이 생겼다. 에디슨은 유연한 솜씨로 이들의 요구에 대응했다. 다행히 직원들 대다수는 신기할 정도로 충성도가 높았고 때가 되면 합당한 인정과 보상을 받으리라 굳게 믿었다.

우리는 6년이 넘는 기간 동안 여러 조직과 함께 일하며 복잡한 인센티브와 보상제를 만드는 데 시간과 에너지를 투자하는 기업을 숱하게 목격했다. 간혹 그들이 만든 보상 제도가 조직의 이상적인 분위기를 만드는 데 성공하기도 했다. 하지만 대부분은 효과도 보지 못한 채 돈만 낭비했다. 에디슨은 인센티브나 보상 제도의 전문가는 아니었지만 협력에 대해 보상할 때 중요한 한 가지를 알고 있었다. 그것은 바로 '협력이 보상받을 만한 공로'라는 점을 분명히 해야 한다는 것이다.

고객으로 만나 지금은 절친하게 지내는 친구가 하나 있다. 그는 얼마 전 급성장 중인 엔지니어링 회사의 사장 자리에 앉게 되었다. 그 회사 회장은 이전 직장에서 성공적인 혁신 리더로 활동한 점을 높이 평가해 그를 사장으로 고용했다. 그는 자신이 처한 상황을 우리에게 털어놓았다.

"지난 5년간 워낙 빠른 속도로 성장해온 회사라네. 자네도 알다시피 성장이라는 게 그렇지 않나. 처음 계획 단계에서는 못 했던 면밀한 조사를 이미 실행 단계에 놓인 지금에서야 하게 되었지. 여기서 깨달은 점은 부서 간 그리고 업무 간 협력이 더욱 필요하다는 사실이었네.

내가 각 부서의 리더와 친분을 쌓고 그들이 어떻게 일하는지 살펴보다가 알게 된 사실이 하나 있지. 거의 모든 의사 결정이 인센티브 보상제에 얽매여 있다는 거야. 그 잘난 리더 중 하나는 나더러 아무리 보너스를 많이 주더라도 시키는 일을 하지 않을 거라고 단호하게 말하더군.

그놈의 인센티브 보상제라는 것도 어찌나 복잡하던지 엔지니어가 아니면 알아보지도 못하겠더라고. 원래 제도는 개인의 성과를 기초로 계산하는 방식이었네. 회사가 더 작고 덜 역동적이었을 때는 분명 바람직한 결과를 안겨주었을

게야. 하지만 지금은 상황이 다르지. 기업의 규모가 커지면 중요한 의사 결정을 해야 할 일이 오죽 많은가? 그런데 인센티브 보상제를 사용해보니 직원들을 훈련하고, 신규 시장을 개척하거나 늘어난 서비스에 대한 투자를 결정하는 일들이 개인의 단기적인 수익에 어떤 영향을 미치는가 하는 문제로 왜곡된다는 거야. 개인의 이익이 전체의 성공보다 중요하게 되어버린 셈이지. 지금 해야 할 일은 기존 방식에서 유용한 요소는 남겨두고 협력적, 혁신적인 접근법에 방해가 되는 요인을 제거하는 것일세. 기업이 성장하고 있는 상황을 최대한 이용하려면 협력과 혁신이 꼭 필요하니까 말이지."

직원들의 의욕을 꺾는 요인을 제거하는 일은 꼭 필요하다. 이때 협력 활동에 대해 보상하고 혁신을 장려하는 창의적인 방법을 찾는 일이 함께 이루어져야 한다. 백신과 생물학 연구원인 애너리사 앤더슨의 보상을 위한 아이디어를 들어보자.

"제약 회사에 처음 왔을 때였다. 조그만 약병을 담은 아크릴 전시장이 사람들 책상 위를 점령한 모습을 보았다. 자신이 개발한 신약을 전시장에 담아 책상 위에 보관한 것이었다.

업계 특성상 우리는 히트작보다 실패작을 내는 경우가 훨씬 많다. 실제로 전시장에 담긴 약병의 수는 적었다. 게다가 새 약병을 넣으려면 오랜 세월을 기다리는 일이 잦았다.

우리 팀이 개발한 백신이 전 단계를 모두 통과하고 임상 실험만 남겨두었을 때였다. 그 당시 우리의 팀워크는 기념으로 남겨야 할 만큼 훌륭했다. 핵심 아이디어를 제안하는 건 한 사람이었지만 아이디어를 정제하고 성과로 연결시킨 것은 팀 전체였다. 그 결과 이런 고민이 생겼다.

'팀의 노력을 각 개인에게 어떻게 보상해줄까?'

나는 전시장을 떠올렸다. 사람들의 책상을 뒤덮고 있던 그 전시장을 보상 수단으로 제공하는 것이다. 그 전시장은 단순한 아크릴 상자가 아니었다. 사람들의 삶을 개선시키는 약제 개발의 생생한 상징이며 내가 오래전부터 동경해온 대상이었다.

원래 계획은 나와 함께 일한 열 명 정도의 팀원에게 아크릴 전시장을 주는 것이었다. 하지만 결국 다른 분야의 여러 팀에게도 전시장을 주기로 결정했다. 생물학, 공학, 임상과학, 마케팅 등 각 분야에서 임상 실험 결과를 내기까지 그들 또한 많은 도움을 주었으니 말이다. 이렇게 물망에 오른 사람들의 목록을 보고 기절하는 줄 알았다. 모든 팀원들이 그 목록에 포함되길 바랐던 것이다. 결국 나는 사적인 회합의 자리를 마련해 150개의 전시장을 수여했다. 모두를 위한 케이크도 준비해두었다. 각 분야의 팀 리더가 팀 전원의 이름과 기여한 바를 적은 슬라이드 영상을 하나씩 넘기며 보여주었다. 정말 근사했다! 많은 비용을 들이지 않았지만 엄청난 감동을 느낄 수 있었다. 요즘은 어느 부서에 가더라도 책상 위에 우리가 나눠준 전시장이 당당하게 진열돼 있다. 물론 내 선반 위에도 있다. 그러지 않았다가는 소중한 신약이 어마어마한 서류 더미에 깔려버릴 테니 말이다."

IBM 전략통신부 부사장인 마이크 윙은 보상하는 문화를 일궈내기 위해 알아야 할 사항을 이렇게 요약한다.

"우리는 협력의 대가를 온전하게 보상받는 문화를 만들어가고 있다. 기존의 보상 구조, 진로, 협력 모델 등을 혁신에 최적화하기 위해 고민하고 변화시켜 큰 발전을 이루었다. 사실 직원들에게 자유롭게 자신을 드러낼 수 있는 기회인 참여와 협력이라는 보상은 어느 조직이나 줄 수 있다. 어떻게 생각하면 참여와 협력이 그 자체로 직원들에게 보상이 될 수 있으니 말이다. 혁신 또한 그런 맥락에서 그 자체로 보상이 될 수 있다.

IBM 정도의 기업에 들어오는 직원이라면 오히려 이런 의미의 보상에 더 큰 감동을 받을지도 모른다. 이곳에 들어오는 사람에게는 어렵고 큰 문제들을 다루는 회사라는 점이 매력적일 수 있다. 이미 알고 있겠지만 IBM은 자잘한 잡동사니를 만드는 회사가 아니다. 우리는 게놈 지도를 만들고, 사람들을 달로 보내며, 개인의 원자를 옮긴다. 유행성 질병의 원형을 밝혀내느라 사투를 벌이기도 한다. 이렇게 생각하면 보상 제도의 의미가 반드시 한몫 챙겨주는 데만 있는 것은 아닐지 모른다. 혁신을 이끌어내는 문화 또한 단지 보상을 강조하는 문화가 아니라 긍정적인 분위기 속에서 실력을 인정해주기를 바라는 것이다."

5) 네트워트를 주도하라

마스터 마인드 협력을 촉진하는 에디슨의 비법은 동기가 분명하고 높은 성과를 낼 수 있는 사람을 채용하는 것에서 시작한다. 그런 다음 그들을 섞어 다양한 구성원으로 된 팀을 조직하고 아이디어가 자유롭게 오갈 수 있도록 장려한다. 협력적 태도를 북돋아주는 폭넓은 보상과 인센티브를 제공하는 일도 잊어선 안 된다. 이 모든 요소가 에디슨 조직 내의 두뇌들을 가장 효과적으로 활용하는 데 적지 않은 기여를 했다.

이것이 전부가 아니다. 에디슨은 아이디어를 가장 생산적으로 완성하려면 외부의 각종 정보가 계속해서 흘러들어야 한다고 생각했다. 그는 비커와 시험관으로 가득한 세계를 벗어나 다양한 분야의 후원자들과 긴밀한 관계를 맺는 일이 얼마나 중요한지 알았다. 그들이 에디슨의 혁신 제국에 에너지를 제공한 것이다. 에디슨은 온갖 분야의 사람들과 돈독한 관계를 유지했다. 그중에는 기술 전문가, 기존 고객과 잠재 고객, 언론인, 학계 인사, 금융가, 정치가도 있었다.

에디슨은 뛰어난 재치와 쇼맨십으로 경쟁자들과 확실히 구별되었다. 그 당시 경쟁자들은 대부분 기술적인 문제만 파고드는 내향적인 성격이었다. 덕분에 에디슨의 장점은 더욱 돋보였다. 겉으로 보기에 그의 인맥 관리는 자연스럽고 수월해 보였지만 사실 그 대상은 철저하게 계산된 결과였다.

에디슨은 그들과 인맥을 쌓기 위해 손으로 쓴 편지나 전보를 자주 이용했다. 하지만 무엇보다 직접 만나며 인맥을 쌓는 것을 중요하게 여겼다. 이렇게 형성된 인맥은 그의 진보적인 마스터 마인드 협력에 크게 기여했다. 투자와 판촉 문제도 쉽게 해결할 수 있었다. 그는 무역 박람회 같은 대대적인 회합의 장을 적극 활용해 인맥의 장점을 최대한 끌어냈다.

에디슨은 인맥 관리, 마케팅, 홍보의 모든 분야에서 핵심 유력 인사를 타깃으로 삼아야 한다는 것을 알고 있었다. 그는 각 분야의 차이점을 분석하며 어떤 방안을 활용할지 연구했다. 그 당시 상류층의 사적인 정보 교류는 철저히 인맥을 통해 이루어졌다. 마케팅은 상류층뿐만 아니라 다수의 고객이나 비즈니스계 사람들에게 필요한 메시지를 만들어 접근해야 했다. 홍보는 메시지가 특정 대상에게 빠르고 널리 퍼지게 한다는 특성이 있다. 에디슨은 이 셋을 비교, 분석하는 과정에서 인맥을 통해 얻은 정보가 마케팅과 홍보에도 유용하게 쓰인다는 사실을 발견했다. 덕분에 에디슨은 마케팅과 홍보의 선구자가 되었다. 그의 인맥 관리 능력이 성공으로 가는 지름길을 알려준 것이다.

에디슨이 살았던 시대에는 인맥 관리나 네트워킹이라는 말조차 존재하지 않았다. 하지만 그는 본능적으로 그 방법을 알고 있었을 뿐 아니라 인맥 관리가 성공을 좌우할 수 있다는 점까지 간파했다. 에디슨의 인맥 관리 전략 중 몇 가지를 소개한다.

- 업계 동향을 면밀히 조사해 주요 관심 영역의 선도적인 전문가와 친분을 쌓는다.
- 다양한 분야, 특히 출판계나 언론계에서 가장 영향력 있고 지식이 넓은 인물과 깊고 장기적인 관계를 맺는다.
- 사적인 만남을 추구한다. 일대일 또는 소수 정예의 모임을 갖는다.
- 유력 인사들의 눈에 잘 띄도록 미국과 해외 대규모 무역 박람회에 참여한다.
- 상대방이 목표를 이룰 수 있도록 돕는다. 만나는 사람들이 무엇을 필요로 하는지 세심하게 살펴 어떻게 도울지 고민한다.
- 각각의 관계에서 얻고자 하는 것을 간략히 적어둔다.
- 재치, 유머 그리고 유려한 화술로 카리스마 넘치는 낙천주의를 보여주며 늘 기억하게 만든다.

에디슨은 소규모 사업가 시절부터 국제적인 명성을 얻을 때까지 폭넓게 인맥을 활용했다. 덕분에 지역에서 전국을 넘어 전 세계로 이름을 알리는 일이 비교적 수월하게 진행되었다. 에디슨은 계속해서 전략을 수정하며 다양한 인맥을 쌓아나갔다. 이름이 알려질수록 그에게 매료된 여러 분야 인사들과의 만남이 잦아졌다. 그 과정에서 극적인 사건이 생기기도 하며 조금씩 관록이 쌓여갔다.

에디슨의 천부적인 인맥 관리 능력은 청소년기 이전에 이미 빛을 발했다. 전신 기술을 갈고닦아 최고의 전신 기술자 반열에 빠르게 올라서는 계기를 만든 것도 인맥 덕분이었다. 청소년이 된 에디슨은 또래의 전신 기사들과 돈독한 관계를 맺으며 오랫동안 친분을 유지했다. 그때 '번개 조작자들'모임을 함께 하던 에즈라 질리랜드는 훗날 신시내티에서 성공한 사업가가 되었다. 그들은 오랜 연결의 끈을 놓지 않았다. 시간이 흘러 에디슨이 전기 펜을 비롯한 제품의 발명을 할 때에도 질리랜드가 큰 도움을 주었다.

에디슨은 정보에서 뒤처지는 법이 없었다. 그는 매일 빠뜨리지 않고 신문을 읽었다. 덕분에 늘 시장 동향을 간파하고 새로운 인맥에 속할 사람을 고르는 일도 수월해졌다. 특히 그의 발명품에 자금을 댈 사람으로 말이다. 에디슨은 '로비'라고 불리는 인맥 관리 형태의 선구자였다. 그는 늘 신문 스크랩을 벽에 붙여두었다. 국회의원 한 명 한 명이 무엇을 하고, 어떤 위원회에 참여하는지를 비롯해 화제가 되는 것은 무엇이든 알아야 했기 때문이다.

신문팔이 소년, 기자, 언론 발행인 등의 경험은 훗날 에디슨이 출판계와 언론계 인사들과 인맥을 쌓는 데 도움이 되었다. 에디슨은 여러 언론인과 친분을 쌓았고 그들 모두 에디슨의 경력에 중요한 역할을 했다. 무명의 발명가 시절에 이미 〈사이언티픽 아메리칸〉지의 핵심 인물들과 긴밀한 인맥을 쌓기도 했다. 1877년 12월, 축음기 모형 제1호를 완성한 바로 다음 날 이 잡지의 편집인들과 인터뷰 할 수 있었던 것도 이런 인맥 덕분이었다. 에디슨과 찰스 배츨러는 실린더형 축음기를 만들자마자 뉴욕 잡지사로 가지고 갔다.

에디슨과 배츨러가 편집자의 책상 위에 조그만 기계를 올려놓았다. 그런 다음 미리 녹음해온 레코드를 재생하기 시작했다. 그곳에 있던 모든 사람들이 기절할 정도로 놀랐다. 한 편집자는 이렇게 고백했다.

"그 기계가 우리더러 건강하냐고 묻더니 자기(축음기)를 본 소감이 어떠냐고 했다. 자기는 기분이 아주 좋다며 우리더러 따뜻하고 좋은 밤 보내라는 인사까지 했다. 우리들만 이 광경을 보고 들은 게 아니다. 여기저기서 열두 명 이상의 사람들이 몰려 들어 함께했다."

〈사이언티픽 아메리칸〉지 편집인들의 열렬한 반응을 시작으로 에디슨의 축음기와 그에 얽힌 이야기가 입소문을 타기 시작했다. 뉴욕과 뉴저지를 넘어 동부 해안과 워싱턴 D. C.까지 이 이야기가 삽시간에 미국 전역으로 퍼졌다. 각계의 요청으로 에디슨은 미국 의회뿐 아니라 러더퍼드 B. 헤이스 대통령 앞에서도 축음기를 시연했다. 얼마 지나지 않아 〈보스턴 글로브〉, 〈뉴욕 선〉, 〈하퍼스 위클리〉 등 유력 언론지 기자들의 인터뷰 요청이 쇄도했다. 수개월이 지나 〈뉴욕 데일리 그래픽〉지는 그에게 '먼로파크의 마법사'라는 별명을 지어주었다. 그리고 그 별명이 마지막 순간까지 에디슨을 따라다녔다.

축음기를 둘러싼 열기가 고조되기 시작할 무렵 에디슨과 친분을 맺은 기자들은 이후 오랜 세월 동안 그의 주요 인맥이 되었다. 그중 〈뉴욕 데일리 그래픽〉지의 W. A. 크로푸트와 〈뉴욕 선〉지의 아모스 커닝스는 에디슨의 명성이 전 세계로 퍼질 즈음 귀중한 조언을 하기도 했다. 미국 전역의 언론과 접촉할 수 있게 도운 것도 그들이었다. 풋내기 전신 기사이던 시절 알게 된 기자들, 특히 〈뉴욕 헤럴드〉지의 에드윈 폭스와 〈보스턴 글로브〉지의 토머스 맥과이어는 축음기가 세상에 알려지며 다시 관계를 맺었다. 그들은 에디슨이 더 많은 언론과 접촉하는 기회를 제공하고 미디어를 대하는 방법도 조언해주었다.

인맥 관리는 대부분 일대일이나 소수 정예 모임으로 이루어졌다. 에디슨은 발명품을 광고할 기회를 절대 놓치지 않으면서도 미국과 유럽의 무역 박람회에 참여하며 새로운 인맥을 쌓았다. 그가 맞이한 최초의 대규모 무역 박람회는 1876년 5월, 필라델피아에서 열린 100주년 박람회였다. 그때 그의 자동 전신기가 이 박람회의 대서양&태평양 전신 회사 부스에 전시되었고, 인쇄 전신기와 다중 송신기는 웨스턴 유니언 부스에 자리했다. 에디슨으로부터 특허권을 사들인 두 회사가 발명품을 박람회에 자랑스럽게 내놓은 것이다. 에디슨 자신도 이에 질세라 부스를 설치하고 독점권을 가지고 있던 전기 펜을 내놓았다.

그의 전기 펜은 뛰어난 기술과 유용함으로 많은 상을 휩쓸었다. 에디슨은 100주년 박람회에서 큰 성공을 거두며 여러 저명 인사들에게 깊은 인상을 남겼다. 영국의 유명한 물리학자 윌리엄 톰슨도 에디슨을 주목한 사람 중 한 명이었다. 톰슨은 당장 그 해 7월에 에디슨의 먼로파크 연구소를 견학하기 위한 특별 일정을 마련했다. 이 방문은 서로에게 중요한 인맥이 되었다. 더구나 발명가로서 막 이름을 알리기 시작한 에디슨에게는 영향력 있는 영국의 과학자들과 연결된 것 자체가 큰 행운이었다.

무역 박람회에 자신의 발명품을 전시해 큰 효과를 얻은 에디슨과 그의 팀은 전 세계 산업 행사에 더욱 열성적으로 참여하기 시작했다. 1878년 초, 파리 만국박람회에는 부스를 마련하고 80명의 스태프를 배치했다. 파리 만국 박람회는 5~10월까지 열리는 당시로서는 초대형 국제 무역 박람회였다. 에디슨의 축음기 시연회에는 주최 측도 깜짝 놀랄 정도로 많은 인파가 몰렸다. 결국 에디슨은 '이 시대의 발명가'에게 수여되는 그랑프리 메달을 받았다.

그 당시 에디슨에게는 몇 년 전 계약을 맺은 특허 중개인이 있었다. 그는 폴란드 인 사업가 시어도어 푸스카스로, 국제 특허권 협상과 감독을 담당했다. 푸스카스는 파리 박람회에서 에디슨을 위해 수많은 만남을 주선했다. 그곳에서 에디슨은 거물급 금융가들을 소개받았고 이들은 1880년대에 에디슨이 유럽 지역에서 전구 사업을 확장하는 데 큰 도움을 주었다.

1881년 봄, 에디슨은 찰스 배츨러를 파리로 보내 국제 전기 박람회에 초대형 부스를 설치하도록 지시했다. 이 부스에는 무게 30톤이 넘는 진짜 발전기가 들어섰다. 실제 중앙 발전소 심장부가 어떤 모습인지 보여주려 한 것이다. 발전기는 그 후로도 여러 해 동안 현장에 그대로 남아 있었다. 에디슨은 자신의 시스템이 가장 우수하다는 사실을 보여주기 위해 이 박람회에 비용과 인력을 아낌없이 쏟아부었다.

에디슨의 부스는 발명품 광고는 물론이고 인맥 관리에도 중추적인 역할을 했다. 실제로 에디슨은 국제 전기 박람회에 참석하지 않았다. 대신 지멘스운트할스케와 같은 여러 유럽 대기업의 핵심 대표와 그의 측근인 배츨러가 만나도록 일정을 잡아두었다. 결국 이러한 노력이 파트너십으로 연결되어 제품의 생산성을 높일 수 있었다.

몇 년이 지나 에디슨은 1889년 파리 엑스포 참석을 위해 유럽에 도착했다. 이미 사람들의 존경을 한 몸에 받던 시기였다. 1889년 파리 엑스포는 전 세계의 과학적 성과가 모이는 곳이었다. 거대한 규모 또한 오늘날의 대형 무역 박람회와 비슷했다. 에디슨 전시실은 4,000㎡에 이르는 부지를 차지했고, 매일

같이 3만 명 정도의 사람들이 수십 개의 언어를 구사하는 25대의 축음기 소리를 들었다.

에디슨은 8주 동안 파리에 머무르며 에펠탑 건축가 알렉상드르 귀스타브 에펠, 프랑스 생리학자 에티엔 쥘 머레이와 사적으로 만났다. 이 모임을 계기로 에디슨은 활동사진 개발에 박차를 가할 수 있었다. 움직이는 동물을 여러 가지 틀의 사진으로 표현한 머레이의 작업은 에디슨에게 핵심적인 영감을 주었다.

유럽을 떠나기 전 에디슨은 독일 하이델베르크에서 열린 독일과학발전협회 모임에 초대받은 자리에서 베르너 지멘스를 만났다. 이 밖에도 그의 인맥은 헤아릴 수 없을 정도였다. 에디슨이 유럽 산업계와 과학계에서 자신의 위치를 더욱 공고히 할 수 있었던 것도 핵심 인사들과의 연결고리가 바탕이 된 것이다.

에디슨은 이렇게 부지런히 쌓은 인맥을 이용해 다양한 차원의 혜택을 얻어냈다. '얻기 전에 베풀라'는 나폴레온 힐의 조언을 부단히 실천하면서 말이다. 그는 언제나 다른 이들을 돕고 격려하려 노력했다. 수많은 젊은 기업가와 비즈니스계 사람들이 그의 조언을 듣길 바랐다.

'자동차왕' 헨리 포드도 그중 한 명이었다. 1896년 8월, 포드는 디트로이트 지사의 최고 엔지니어로서 뉴욕에서 열린 에디슨 컴퍼니 엔지니어들의 연례행사에 참여했다. 알렉산더 도우가 에디슨에게 '휘발유 엔진 자동차를 만든 젊은이'라며 포드를 소개했다. 에디슨은 포드와 대화할 시간을 갖겠다고 약속했다. 결국 포드와 에디슨의 대화는 에디슨이 주먹으로 책상 위를 쾅 내려치며 외친 한마디로 마무리되었다.

"바로 그거야! 계속 그렇게만 하라고!"

시간이 흘러 포드는 에디슨에게 고백했다. 그때 휘발유 엔진 자동차라는 어처구니없는 생각을 격려해준 최초의 인물이 바로 당신이었다고 말이다.

혁신 역량 키우기: 네트워크를 주도하라

"중국인들은 성공하는 비즈니스 리더의 기본 조건으로 '꽌시(關恃, 관계)'를 꼽는다. 이것은 중국어로 '당신이 무엇을 하느냐 만큼 누구를 얼마나 아는지 또한 중요하다'는 뜻이다."

다든 비즈니스 스쿨의 제임스 G. 클로슨 교수의 말이다. 아무리 잘난 사람이라도 결과를 얻으려면 다른 사람과 협력해야 한다. 에디슨도 이것을 알고 있었다. 마스터 마인드 협력을 이루려면 먼저 마스터 네트워커가 되어야 한다. 그래야만 개인적인 성공은 물론이고 조직의 혁신을 현실로 만들 수 있다.

미국 발명가 명예의 전당에 이름을 올린 도널드 켁 박사도 인맥 관리의 중요성을 강조한다. 그는 연구원들에게 늘 이렇게 말한다.

"실험실 밖의 세상을 만나라. 훌륭한 아이디어에는 지형의 경계가 없다. 부지런히 콘퍼런스에 참여하라."

몇 년 전 우리는 3,000명의 도서관원이 모인 전국 규모의 콘퍼런스에 참여한 적이 있다. 그때《The Secrets Of Savvy Networking》을 쓴 수전 로앤이 마스터 네트워커가 되는 법을 주제로 강연했다. 그 강연을 듣고 반드시 수전의 인맥이 되겠다고 결심했다. 그녀의 도움으로 마스터 네트워커가 되는 법을 소개할 수 있게 되었다.

– 현재의 인맥을 살펴보고 유지하라: 의외로 인맥의 폭이 넓어 놀랄 수도 있다. 에디슨 같은 마스터 네트워커는 자신이 어떤 사람들을 아는지 기억하고

있었다. 당신도 못 할 이유가 없다. 인맥 관리 프로그램을 활용하거나 에디
슨처럼 노트에 인맥 목록을 작성하는 것도 좋다. 그런 다음 로앤이 제시한
방법으로 인맥 목록과 관리 프로그램을 보완하라. 반드시 계획을 세워 정기
적으로 관계를 다져야 한다. 인맥에 속하는 사람들에게 돌아가며 매일 한두
통의 전화를 걸거나 이메일을 보내라. 이때 받는 이의 관심사나 이익이 의사
소통의 초점이 되어야 한다.

- 다양성에 중점을 두라: 비슷한 성향을 지닌 사람끼리는 관계를 쌓는 것이 쉽
  다. 하지만 동질성은 마스터 마인드 협력에 별 도움이 되지 않는다. 에디슨
  이 어떻게 했는지 기억하라. 세대, 배경, 관심사, 전문 분야, 지역이 다른 이
  들과 관계를 맺어라. 로앤은 이렇게 지적했다.
  "그다지 중요해 보이지 않던 사람에게서 시간이 지나 어떤 도움을 받게 될
  지는 아무도 모른다."
- 핵심 유력 인사를 목표로 하라: 에디슨은 면밀한 조사를 통해 자신의 주요
  관심 영역에서 활동하는 전문가와 유명 인사를 목표로 삼았다. 당신도 똑같
  이 할 수 있다. 만나고 싶은 핵심 인물에 대한 목록이나 마인드맵을 작성해
  보자. 그런 다음 만남이 이루어질 수 있는 방법을 찾아라.
- 눈에 띄어라: 에디슨은 대규모 무역 박람회와 산업계 모임에 참여했다. 그런
  행사를 위한 여행이 쉽지 않았던 시절이었는데도 말이다. 마스터 네트워커
  는 집에서 쉬고 싶을 때조차 중요한 콘퍼런스, 모임, 프로그램, 행사 등의 초
  대를 지나치게 잘 받아들이는 성향이 있다.
- 적극적으로 어울려라: 이미 잘 아는 사람과는 편하게 대화를 나눌 수 있다.
  하지만 새로운 사람과 연락하고 만나려면 상당한 노력이 필요하다. 로앤이

강조하듯 대부분 사람들은 자신이 수줍음을 많이 탄다고 여긴다. 그녀는 새로운 사람과의 대화를 꺼리는 성향도 극복이 가능하다고 말한다. 어색한 침묵을 겁내지 말라고 다독이기도 한다. 일단 7~9초 정도의 간단한 자기소개는 준비해두는 것이 좋다. 에디슨처럼 평소에 지식과 견문을 쌓아두면 이야깃거리가 떨어질 일이 없을 것이다.

- 주인처럼 행동하라: 에디슨은 무역 박람회에서 자신의 부스를 담당하는 직원들에게 방문객을 대접하는 주인처럼 행동하도록 지시했다. 로앤은 어떠한 행사에서든 주인처럼 행동하는 게 중요하다고 말한다. 새로운 사람을 만나 그 사람을 다른 이들에게 소개하는 모습을 상상해보라. 서로 소개할 때는 상대방이 편안하게 느끼도록 해야 한다. 그들을 소외시키지 않도록 배려하고 늘 당신과 그들이 연결돼 있을 수 있도록 신경을 써라. 집에서 파티를 여는 친절한 주인처럼 말이다.

- 다른 사람을 먼저 생각하라: 에디슨은 다른 사람을 돕는 데 최선을 다했다. 누군가를 소개하고, 그에게 필요한 아이디어를 제공하고, 알아둘 만한 참고 사항을 일러주며, 가끔은 용기를 북돋아주기도 했다. 아는 사람을 서로 소개하며 자신의 인맥도 넓혀갔다. 사교 모임에서는 만나는 사람들이 무엇을 원하는지 파악하는 것이 좋다. 그들이 필요로 하는 것을 제공할 수 있다면 당신이 도와라. 나폴레온 힐의 말처럼 나의 것을 누군가에게 파는 최선의 방법은 우선 상대방의 것을 내가 사는 것이다.

- 헤어진 다음을 대비하라: 행사장에서 명함을 주고받으며 계속 연락하자는 부질없는 인사를 하는 장면을 수도 없이 보게 된다. 하지만 이런 약속은 지켜지기 힘들다. 상대방에게 독보적인 인상을 남기고 신뢰를 심어주려면 당

신이 먼저 연락해야 한다.

어떤 행사에서 8명의 명함을 받았다고 하자. 집으로 돌아와 명함을 다시 훑어보라. 그런 다음 이틀 내에 간단한 이메일이나 손으로 쓴 메모를 보낸다. 인맥에 쐐기를 박는 것이다. 이렇게 간단한 문구만으로도 충분하다.

"만나서 반가웠습니다. 특허품에 대한 설명도 아주 잘 들었고요. 흥미롭더군요."

– 직접 대면하라 : 이메일, 인터넷폰, 휴대폰을 이용해 전 세계 사람들과 손쉽게 연락할 수 있게 되었다. 하지만 이런 도구가 직접 만나는 것을 대신하지는 못한다.

에디슨은 마스터 마인드 협력을 추구했다. 실제로 그가 이끌던 팀은 혁신 아이디어를 내고, 발전시키며, 시험하는 데 어마어마한 생산성을 자랑했다. 에디슨과 그의 팀의 궁극적인 목적은 평균을 훌쩍 뛰어넘는 가치를 고객에게 안겨주는 것이었다. 젊은 시절 겪었던 투표 기록기 실패가 그에게 잊지 못할 교훈을 안겨준 셈이다.

발명이 사람들에게 현실적으로 유용해야 한다는 것을 깨달은 순간부터 에디슨은 시장에서 눈을 떼지 않았다. 덕분에 치열한 국제 경쟁 속에서도 고객에게 최고의 가치를 전할 수 있었다. 이것이 바로 에디슨처럼 이노베이터가 되기 위한 다섯 번째 역량인 '고객을 위한 최고 가치 창조'다.

5. 고객을 위한 최고 가치 창조

최고의 용기는 분별력이다.
– 윌리엄 셰익스피어 William Shakespeare

칼슨과 윌못이 정의한 혁신은 고객을 위해 새로운 가치를 창출하고 그것을 시장에 전달하는 과정이다. 에디슨은 진정한 가치란 '자연의 비밀을 밝혀내고 인간의 행복을 위해 사용하는 것'이라고 보았다. 우리는 이러한 그의 접근법을 '고객을 위한 최고 가치 창조(Super–Value Creation)'라고 부른다. 여기서 최고란 모든 경쟁자를 훌쩍 뛰어넘는 가치의 창조를 뜻한다. 이는 혁신 역량 중에서도 가장 결정적이고 근본적인 것이다.

에디슨은 무슨 일을 시작하든 정보부터 수집했다. 소비자들이 무엇을 원하고 시장에 어떻게 진출할지 결정해야 했기 때문이다. 연구원들이 시장성을 깨닫게 하기 위해 수집한 정보와 자신의 제품을 놓고 학습시키며 함께 고민하기도 했다. 그 다음에는 혁신적인 계획을 짰다. 덕분에 시장 진출에 드는 비용을 간단하게 계산하고 마케팅 방안까지 찾을 수 있었다. 제품의 마지막 손질이 끝나면 비장의 무기를 장착했다. 바로 '에디슨'이라는 브랜드를 붙인 것이다.

에디슨은 시장 동향을 파악하고 틈새시장을 포착하는 데 매우 뛰어났다. 늘 특유의 직감과 분석 도구를 활용해 시장의 규모와 목표고객을 정했다. 이번 장은 그의 접근법 중에서도 당신이 고객에게 다가가기 위해 바로 활용할 수 있는 비법을 다룬다.

에디슨은 정교한 브랜딩 기술에 폭넓은 언론 플레이와 홍보 수단을 더해 고객의 마음을 사로잡았다. 그를 본보기 삼아 당신의 아이디어를 상품화하고 조직을 혁신으로 이끄는 데 가장 적합한 비즈니스 모델을 설계하는 법을 배워보자. 고객을 위한 최고 가치 창조법은 다음과 같다.

- 핵심 강점을 시장 동향과 연결하라
- 목표고객을 조준하라
- 제대로 된 비즈니스 모델을 적용하라
- 시장확대의 효과를 이해하라
- 시장을 움직이는 브랜드를 창조하라

1) 핵심 강점을 시장 동향과 연결하라

에디슨의 혁신은 항상 이런 의문에서 출발했다.

'사람들이 무엇을 필요로 할까? 내가 채워줄 수 있는 것은 무엇인가? 현재 트렌드는 무엇이며 그것은 어떤 기회를 뜻할까? 시장에서 비집고 들어갈 틈은 어디인가? 이 분야에서 더 위대한 가치를 창조하도록 이끌 통찰은 무엇일까?'

에디슨은 독서와 인맥을 통해 시대의 흐름을 읽었다. 뭔가 빠진 게 있어 채워주어야 할 곳이나 품질과 기술을 효율적으로 개선할 여지가 있는 영역을 발견하면 절대 놓치지 않았다. 그는 찾아낸 틈새와 시장 동향을 연결시킨 통찰과 아이디어를 노트에 적었다. 그런 다음 가설을 세우고 개인이나 팀워크를 이용해 가설에 살을 붙이는 작업을 했다.

에디슨은 프로젝트를 맡을 때 늘 같은 사항을 중점에 두었다. 시장에 가장 큰 가치를 전할 수 있는 방법, 오직 그것뿐이었다. 그는 시대를 따라가는 사람이 아니었다. 그럴 바에는 차라리 혁신을 통해 시대를 창조했다.

에디슨은 비효율을 경계했다. 불필요한 인력, 쓸데없는 움직임을 포함해 장비 설계, 번거로운 기술 프로세스 같은 마찰을 최소화하길 바랐다. 초기 발명품 중 상당수가 전신기를 더욱 효율적으로 다루는 방법에 중점을 두었다는 점도 이러한 그의 성향을 잘 보여준다. 효율적인 장비는 제조 유지비를 줄여주고 사용도 훨씬 편하다. 에디슨은 어디서든 개선 기회를 포착했다. 늘 제품의 핵심 강점을 어떻게 고객에게 가장 의미 있는 가치로 바꿔 시장에 내놓을지 연구했다.

개선의 여지를 찾아내고 시장의 틈새를 포착해 도약의 기회로 삼는 것은 쉬운 일이 아니다. 지금 당신의 브랜드와 핵심 역량만으로는 혁신을 완성하기에 불가능해 보일 수도 있다. 하지만 에디슨의 접근법을 따라가면 5단계 해결책을 찾을 수 있다. 이것이 당신 회사가 지닌 핵심 강점을 시대의 흐름에 연결시켜줄 것이다. 에디슨의 5단계 과정은 다음과 같다.

① 트렌드(trend): 수요의 변화를 관찰해 시장을 파악하라.

② 틈새(gap): 새로운 수요의 변화 가운데 당신이 파고들 틈새가 있는지 체크하라. 이때 자기 분야 이외에도 다른 산업 분야까지 확인하도록 한다.

③ 통찰(insight): 각 틈새 사이에 놓인 수요를 꿰뚫어 '아하!' 하고 떠오르는 핵심 통찰(Core Insight)을 얻어라.

④ 연결(linkage): 당신의 회사가 경쟁사에 비해 어디가 강하고 약한지 파악하라. 그런 다음 그것을 앞의 통찰 내용에 연결하라. 그렇게 아이템이 탄생했다면 보완 사항을 찾아 비용 효율 면에서 가치가 있는지 평가하라.

⑤ 가설(hypothesis): 4단계에서 나온 '연결고리'를 시장에서 어떻게 활용할지 상상해보라. '만약 그렇다면'이라고 가설을 세워 당신의 시나리오를 실험하는 것이다.

에디슨은 위의 5단계 프로세스를 모든 프로젝트에 적용했다. 지금부터 에디슨 방식을 엿볼 수 있는 3가지 사례를 제시하고자 한다. 아래는 에디슨이 노트에 적었을 법한 글이다. 에디슨이 혁신에 관한 생각을 어떻게 정리해나가는지 한번 살펴보자.

《사례 1. 주식 시세 표시기와 금융 서비스 관련 장비 발명》

① 1868년 트렌드: 남북 전쟁 이후, 미국이 남부를 재건하는 과정에서 인프라 구축에 필요한 원자재 물가가 상승했다는 기사를 보았다. 목재, 돌, 벽돌, 기타 건축 자재에 대한 수요가 치솟은 데 비해 공급이 터무니없이 빡빡하다는 것이다. 현재 미국 기업들은 자재 가격과 물가의 기준이 될 만한 금, 귀금속

시세의 공시를 애타게 기다리는 형편이며 그 요구 또한 점점 커지고 있다.

② 틈새: 일반재, 귀금속, 주식의 시세를 미국의 전력 기업들에게 신속하고 정확하게 보고하는 효율적인 기계나 서비스가 거의 없다.

③ 통찰: 전신 원리를 응용해 시세를 보고하는 기계를 만들 수 있을까?

④ 연결: 전신 장비에 관해서는 자신 있다. 전신 장비를 응용하면 빠르고 효율적인 시세 표시기를 설계할 수 있다.

⑤ 가설: 내가 전신기를 응용해 믿을 만한 시세 표시기를 만든다면? 미국 전역에 물가와 귀금속 시세를 보고하는 사업을 돕는다면 막대한 수익을 올릴 수 있을 것이다.

※ 결과: 주식 시세 표시기의 성공을 시작으로 에디슨은 발명가이자 이노베이터로서 승승장구하게 되었다.

《사례 2. 서류 하나로 여러 장의 복사본을 만드는 시스템 개발》

① 1872년 트렌드: 보험 설계사 사무실이나 회계 사무실에서 일하는 사람들을 보았다. 하나같이 종이 서류를 만드느라 정신이 없었다. 그들은 오늘도 수많은 사람들이 쓸 서류를 만드는 데 여념이 없다.

② 틈새: 한 사람이 한 부 이상의 서류를 쉽고 빠르게 만들 방법이 아직까지 없다.

③ 통찰: 서류 하나를 계속 스텐실 기법으로 찍어내면 다량의 복사본을 신속하게 만들 수 있을 것이다. 그 기계에 전지를 활용하면 좋지 않을까? 스텐실에 필요한 홈을 다시 파내는 것은 일종의 특수 펜을 만들면 해결할 수 있다.

④ 연결: 화학 처리 제지술에 늘 관심이 있었다. 종이 표면은 매끈하게 유지하면서 파라핀이 종이에 스며들게 하는 법과 종이에 깔끔하고 정확하게 눈

금을 새기는 법을 이미 알고 있다. 게다가 전신 장비가 종이에 어떻게 홈을 내는지도 완벽하게 안다. 나는 조그만 모터와 전지를 활용해 기계를 작동할 수도 있다.

⑤ 가설: 사무실에서 서류를 복사할 때 휴대 가능한 기계를 만든다면 새로운 시장은 이미 잡은 것과 마찬가지다.

※ 결과: 1875년 에디슨은 전기 펜을 발명해 미국과 유럽 시장에서 큰 성공을 거두었다. 전기 펜은 후에 A. B. 딕 컴퍼니에 라이선스 판매되었다. A. B. 딕은 전기 펜 시스템의 배급을 확장시켰고, 그것은 시간이 지나 '에디슨 등사기'라는 이름으로 잘 알려졌다.

《사례 3. 음파가 다양한 물질에 미치는 영향에 관한 실험》

① 1875년 트렌드: 최근 미국과 유럽에서 음향 실험이 증가하고 있다. 어떻게 하면 소리가 다양한 매체를 통해 더욱 효과적으로 전달되고, 인간의 귀로 들어간 소리는 어떻게 되는지 등에 관한 실험이다.

② 틈새: 소리와 음향과학에 대해 깊이 연구해 전신에 적용한 경우가 드물었다. 벨은 전화기 발명에서 날 이겼다. 하지만 수신인이 부재중일 때 음성 메시지를 녹음하는 전화는 아직 없다.

③ 통찰: 소리는 파장으로 전달된다. 전신 통화처럼 말이다. 게다가 음파는 다양한 매체에 자국을 남긴다.

④ 연결: 독일 음향 전문가 헤르만 폰 헬름홀츠의 저서에서 여러 가지 음향 장비를 보았다. 피리, 소리굽쇠, 금속 줄 등을 조합하면 실험이 가능하다.

⑤ 가설: 소리로 인해 생겨난 빠른 진동을 잡아내는 장비를 만들면 녹음 기능

이 있는 전화기도 발명할 수 있다.

※ 결과: 에디슨이 전신 지식을 음향과 연결시킨 결과물은 음성 녹음 전화기가 아니라 세계 최초의 축음기가 되었다. 1877년 최초의 축음기는 얇은 알루미늄 호일에 홈을 파서 음을 재생했다.

에디슨의 5단계 접근법은 제품을 성공적으로 개발하고 서비스 질을 높여 현대적 혁신의 토대를 마련했다. 최근 〈타임〉지 선정 올해의 발명 부문만 훑어보아도 에디슨의 발자취를 따르는 사람들의 예는 쉽게 찾을 수 있다.

〈타임〉지는 매년 이 기사를 통해 다양한 분야의 흥미로운 신제품을 소개하고 있다. 2006년 '올해의 발명품' 중 하나로 선정된 포옹 셔츠(Hug Shirt)도 기발하다. 무선 기술을 활용해 실제와 똑같이 가상으로 안아주는 최첨단 의류다. 셔츠에 장착된 회로가 압력, 심장 박동, 온기 그리고 몇 초 동안 안아줄 것인지 기억해 안아주고 싶은 사람에게 그대로 재현하도록 프로그램이 되어 있다. 접었을 때 빗물이 떨어지는 현상을 방지한 우산, 옷이 타지 않는 다리미, 로봇 소믈리에, 갑각류를 안락사시키는 방법 등도 같은 기사에 실린 발명품들이다.

시장의 틈새를 채우고, 애정을 갈구하는 욕구를 충족시키며, 바닷가재를 먹는 죄책감을 더는 일에 이르기까지, 이들 제품의 한결같은 목표는 고객의 작은 요구에도 부응하는 것이다. 이 책을 집필할 때인 2006년 발명품 중에서도 〈타임〉지가 단연 최고로 꼽은 것은 바로 유튜브였다. 스티브 첸과 채드 헐리가 2005년 겨울에 개인 동영상 공유 서비스를 개시한 것이 유튜브의 시작이었다. 첸과 헐리는 인터넷 네트워킹 사이트의 인기가 높아지는 트렌드에 주목했다. 그런 다음 시장의 틈새를 파악했다. 다행히 온라인 비디오 네트워킹 사이트는 별로 없었다. 동영상을 쉽게 업로드하고 볼 수 있는 프로그램을 인터넷에 올릴 수 있음을 깨달았다. 그 순간 '아하!' 하고 머리를 치는 통찰의 순간이 찾아왔다. 첸과 헐리는 이러한 통찰을 자신들이 보유한 기술에 연결시켰다. 다음은 가설을 세울 차례다. 그들은 동영상 공유 서비스 프로그램을 제대로 작동시킬 수만 있다면, 상업화할 수 있는 여러 가지 기회가 열릴 것이라고 가설을 세웠다. 마지막으로 결과는? 대성공이었다. 동영상 조회 수 하루 1억 건이 넘는

▲1912년 웨스트 오렌지 연구소에서의 에디슨. 가정용으로 설계된 활동사진 영사기의 필름을 들여다보고 있다.

소비자 매체 기업으로 우뚝 선 것이다. 구글은 주식 교환을 통해 16억 5천만 달러에 유튜브를 인수했다.

혁신 역량 키우기: 핵심 강점과 시장 동향을 연결하라

시장 변화를 이끄는 요인은 다양하다. 기술 혁신, 인구 변화, 수요와 공급의 변동, 기후 현상, 종교 운동 그리고 시시각각 변화하는 금리와 세금 제도까지도 시장이 변화하는 데 영향을 미친다. 정치적 요인도 빼놓을 수 없다. 인도와 중국은 굳게 닫혀 있던 경제 체제를 개방하고 있다.

사람들이 늙지도, 이동하지도, 혁신하지도 않는다면 어떨까? 새로운 전염병이 발생하지 않고, 날씨는 늘 같고, 정부도 안정적이라면 모든 일은 늘 같은 상태에 머물 것이다.

그렇게 되면 시대의 흐름이나 트렌드 따위는 중요하지도 않다.

하지만 모든 일은 똑같은 상태에 머무르지 않는다. 오히려 변화의 속도는 갈수록 빨라지고 있다. 혁신을 이루기 위한 시대 흐름을 예견하는 능력이 더 중요해진 것이다. 아래 내용은 우리가 생각하는 세계적인 변화의 방향이다.

- 빨라진 속도: 컴퓨터의 정보 처리 속도가 빨라지고 있다. 사람들은 순식간에 정보를 교환한다. 변화 속도에 눈앞은 팽팽 돌아갈 지경이고 더 빠른 속도에 대한 요구가 급격히 늘고 있다. 소비자들은 모든 제품과 서비스의 즉시 구매, 신속한 주문, 초고속 배달을 원한다.
- 작아진 크기: 1959년 리처드 파인만이 예언하듯 말했다. "물리학에 따르면 원자 수준에서 물질을 다루는 것도 가능합니다."

그의 말대로 작은 것의 과학이라 불리는 나노 기술이 급부상하고 있다. 예전에는 거대한 슈퍼컴퓨터로만 가능했던 연산이 컴퓨터 칩 하나로 해결될 전망이다. 소니, 도시바, IBM이 공동으로 개발한 셀 브로드밴드 엔진(Cell Broadband Engine)같은 신기술 덕분이다. 미니-슈퍼컴퓨터의 등장으로 의료기기, TV 세트, 컴퓨터 게임, 가상현실 제어장치 분야에 새로운 지평이 열릴 것이다.

- 똑똑해지는 물건들: 2006년 지구에서는 쌀보다 컴퓨터 칩이 더 많이 생산되었다. 마이크로프로세서 중에는 매우 작고 저렴해 한 번 쓰고 버려도 아깝지 않은 것들도 있다. 무선전파 식별 시스템(RFID)을 비롯한 칩 기술은 응용 범위가 넓어졌다. 이제 일상적으로 사용하는 똑똑한 물건들이 더욱 거대한 신규 시장을 형성할 것이다.

- 노출의 심화: 자유로운 정보 접근이 세계적으로 보편화되었다. 카메라폰과 CCTV가 어디든 깔려 있고, 유튜브를 시작으로 동영상 이미지 공유 사이트가 속속 출현했다. 이 두 가지가 결합하면 사람들의 모든 활동이 기록되어 전 세계에 퍼질 가능성이 있다.

- 협력과 공동 개발 증가: 협력 관계와 인터넷으로 가능해진 자원 개방형 공동체 또한 새로운 지적 자본의 창출을 더욱 가속화할 것이다. 제품과 서비스의 맞춤형 제조에도 소비자 의견이 더 많이 반영될 전망이다.

- 탄소 배출 감소: 탄소 배출을 줄여야 한다는 자각이 전 세계적으로 확산된다. 지구 온난화에 대한 실용적 해결책을 찾는 움직임이 속속 나타나는 추세다.

- 경쟁 심화: 인도나 중국의 경우처럼 최첨단, 저비용 경제 발전이 지속되고 있다. 빠르고 저렴한 통신 시스템도 덩달아 급증했다. 제품과 서비스에 대한

글로벌 경쟁은 더욱 치열해질 것이다.

현재 미국 전역에서 나타나는 트렌드는 다음과 같다.

- 인구 변화: 부유한 고령 인구가 은퇴를 다른 의미로 바라보기 시작하고 사회 복지 제도의 변화를 요구할 것이다. 스페인계 인구가 지속적으로 늘고 있다. 스페인어로 된 언론과 제품 설명서 수요도 증가할 것으로 보인다.
- 화상 통신 증가: 인구 구성이 갈수록 다양해지고 있다. 따라서 의사소통에서 언어보다 이미지가 더 많이 활용될 전망이다.
- 비영리 전략이 거둔 상업적 성공: 비영리 활동에 투자·지원하는 활동이 마케팅과 홍보 분야에서 크게 중요해졌다. 기업들은 교육기관, 자선단체, 보건기관, 기타 비영리 단체 활동을 통해 브랜드를 널리 알리고자 할 것이다.
- 사생활 보호와 안전에 관한 수요 증가: 경비 카메라를 비롯한 모니터링 장비가 곳곳에 널려 있다. 테러나 범죄의 위험으로부터 보호받을 수는 있지만 그만큼 사생활 보호에 대한 욕구가 커질 것이 분명하다.

거시적인 관점으로 시대 트렌드를 살피며 당신의 핵심 강점과 시장 동향을 연결시켜보는 것은 어떨까? 위에 소개한 시대의 흐름은 당신의 사고를 자극하기 위한 것이다. 이러한 변화가 의미심장한 것이라는 데 동의하는가? 그렇다면 이것이 당신의 삶과 일에서 뜻하는 바가 무엇인지 찾을 수 있어야 한다.

에디슨은 이러한 탐색과 고찰을 순전히 지적인 의미로 즐겼다. 하지만 지적인 즐거움에 그치지 않고 이렇게 파악한 동향을 실용적 혁신과 최고 가치 창조 전략으로 연결했다.

당신도 유튜브를 창조한 이들처럼 될 수 있다. 에디슨의 5단계 접근법은 당장이라도 마음만 먹으면 응용이 가능하다. 먼저 관심 영역의 트렌드를 파악해 틈새를 찾아라. 통찰력을 발휘하기 위해 앞 장에서 익힌 만화경식 사고를 활용해도 좋다. 그런 다음 틈새시장과 트렌드의 연결고리를 만들어 행동을 위한 가설이나 계획을 세우는 것이다.

거시적 흐름을 읽고 그에 관해 사색해보라. 자기 분야의 흐름을 넓은 안목에 비추어 생각할 줄 알아야 한다. 필요하다면 다른 분야의 기술 전문지는 물론이고, 넓은 범위의 학술지, 잡지, 신문, 책 등을 탐독하라. 일반적인 관심사를 담은 출판물도 읽고, 다른 나라에서 출간되는 것들도 몇 개 정도는 읽어야 한다.

한마디로 에디슨처럼 읽어라. 평소라면 절대 손에 잡지 않았을 책을 일주일에 단 몇 번이라도 읽는 습관을 들이자. 그런 다음 기발하고 파격적인 관점으로 세상을 보려고 노력하라. 지금은 에디슨의 시대보다 훨씬 빠르게 변화하고 있다. 하지만 그 정도 속도는 얼마든지 따라잡을 수 있다. 우리에게는 인터넷이 있기 때문이다. 닐슨 버즈메트릭스처럼 전략적 블로그 분석을 통해 인터넷 동향에 관한 정보를 전문적으로 제공하는 기업도 많이 생겨났다. 필요하다면 이들의 도움을 받아도 좋다.

가장 구미가 당기는 트렌드를 파악했는가? 이제 틈새를 찾을 차례다. 피터 린치는 피델리티 마젤란 펀드[18]를 운용한 전설적인 펀드 매니저다. 그가 시대

---

18) 1977~1990년, 피터 린치가 은퇴할 때까지 연평균 투자수익 29.7%를 올린 당시 최대 규모의 뮤추얼 펀드. 피터 린치는 이 펀드를 운용하며 '투자의 전설'이라는 찬사를 받음. ―옮긴이 주

흐름을 읽고 틈새를 포착한 덕분에 투자자들은 수십억 달러를 벌 수 있었다.

린치의 투자 철학 중 가장 잘 알려진 것이 바로 '잘 아는 것을 사라'다. 그는 국지적(local)정보의 중요성을 강조한다. 친숙한 분야의 동향과 흐름에 집중하라는 것이다. 투자서의 고전이 된 그의 저서 《전설로 떠나는 월가의 영웅》은 린치가 어떻게 일상생활에서 시장의 틈새를 포착해 최고의 투자 대상을 발견했는지 상세히 설명하고 있다.

틈새는 많은 곳에서 찾을 수 있다. 품질, 기술, 프로세스, 효율성, 사용자 편의성, 가격 등 어디에나 있는 것이다. 최근 한 혁신 세미나에 참여한 여성이 발견한 틈새를 살펴보자.

- 품질: 아침에 콜라 뚜껑을 열었다가 금방 닫았는데, 몇 시간 지나고 보니 탄산이 거의 다 빠졌더라고요.
- 기술: 제 노트북은 디지털카메라의 정보 입력이 안 돼요.
- 프로세스: 주유소에서 타이어에 바람 넣을 때 왜 꼭 직접 해야 하는지 이해할 수 없어요. 전 타이어 압력도 잴 줄 모르는데 말이죠.
- 효율성: 제 의료 기록이 근처 병원에 여기저기 흩어져 있대요. 다음 달 무릎 수술 전에 그 기록들을 다 모아야 해요.
- 사용자 편의성: 케이블 TV 회사에 전화하면 자동 음성을 네 단계나 듣고서야 진짜 상담원하고 통화할 수 있어요.
- 가격: 온라인으로 가구를 사면 배송료가 너무 비싸요.

이러한 '틈새 인식'이 언뜻 보기엔 하찮고 사소해 보일지 모른다. 하지만 매일 이런 능력을 조금씩 키워간다면 분명 에디슨처럼 혁신하는 능력이 빠르게 다져질 것이다. 틈새 인식을 성공적인 혁신으로 발전시키려면 자신의 핵심 역량과 연결해야 한다. 이에 관해 최근 한 혁신 세미나에서 있었던 사례를 소개한다.

미국 중서부의 잘나가는 디자인 컨설팅 회사에서 4명으로 구성된 관리팀을 세미나에 보냈다. 최근 의뢰받은 일을 새로운 방법으로 접근해보고 싶었던 것이다. 이 팀은 그동안 여러 번 막다른 골목에 부딪힌 경험이 있어 새 프로젝트를 어떻게 시작해야 할지 막막하기만 했다.

새 프로젝트는 고객사의 치아 미백 프로그램을 새롭게 알릴 방법을 찾고, 브랜드 콘셉트를 다시 잡는 것이었다. 팀에서 초기 조사를 실시한 결과, 고령화 초입에 있는 베이비붐 세대가 치아 미백을 원하는 비율이 높아지고 있었다. 젊은 외모를 유지하기 위해 주름 관리와 머리 염색을 하기도 했다. 하지만 이미 수많은 대기업 치약 브랜드가 미백 기능이 있는 젤과 패치를 시장에 선보인 상태였다.

엎친 데 덮친 격으로 전국의 치과 의사들도 300~600달러짜리 치아 미백 시술을 하고 있었다. 게다가 고객사는 자사 프로그램 소비자가격을 이와 비슷한 수준으로 맞추려 했다. 그리고 치과를 통해 신제품을 판매하지는 않을 거라고 단언했다.

디자인 팀은 해결해야 할 모든 도전 목록을 정리했다. 고객사가 미백 제품을 시장에서 차별화하려면 어떻게 해야 할까? 소비자에게 최고의 가치를 안겨주는 동시에 큰 수익을 올리는 가장 적합한 방법은? 이미 시장에 나온 트렌드 중에서 고객사의 제품과 연결시킬 만한 것이 있는가?

분석을 시작하면서 커다란 종이 맨 윗부분에 이렇게 적었다. '최고 가치 창

조: 치아 미백' 그 다음 제목 아래에 4~5개의 경쟁사 목록을 만들었다. 경쟁사는 고객사가 겨냥한 제품과 서비스를 이미 제공하고 있는 곳들로 정했다. 목록에 포함된 경쟁사는 다음과 같았다. 렘브란트[19], 크레스트 화이트 스트립스, 아쿠아프레시 화이트 트레이스 그리고 미백 치료를 하는 치과.

그들은 10분간 최대한 많은 아이디어를 내는 '초록 모자 회의'를 했다. 그 결과 고객이 어떤 기준으로 미백 제품의 가치를 매기고, 브랜드를 성공으로 이끌려면 어떻게 해야 하는지에 관한 목록이 작성되었다. 30가지에 달하던 목록 내용 중 가장 많은 추천을 받은 10가지 항목을 추렸다. 그리고 그것을 다시 8가지로 정리했다. 사용이 쉽다, 쉽게 구할 수 있다, 내 라이프스타일에 딱 맞는다, 저렴하다 등이 포함된 목록을 종이 왼쪽에 적었다.

차트 위와 아래에는 '기준에 전혀 못 미침'에서 '기준을 완전히 충족시킴'까지 1~5점으로 숫자를 넣었다. 경쟁사의 제품과 서비스마다 각기 다른 모양으로 점선을 그렸고, 제품 이름이 적힌 목록 옆에는 해당 점선을 표시했다. 디자인 팀은 경쟁사 제품을 하나씩 짚어가며 각 요인별로 점수를 매겨 차트에 표시했다. 차트에 그려진 여러 개의 점선이 시장에서의 성과를 보여주었다.

그 다음에는 차트의 빈 공간인 '현재 아무도 고객 가치를 제공하지 않는 틈새시장'을 찾았다. 디자인 팀은 다른 색깔 펜으로 차트 위의 빈 공간을 따라 새로운 선을 그렸다. 이 틈새 라인에 아직까지 치아 미백 시장에 남아 있던 최고 가치 제공의 기회가 숨어 있었다.

틈새 라인을 살펴본 팀원들은 그려진 선이 현재 트렌드와 얼마나 일치하는

---

19) 세계 최초로 치아미백 제품을 선보이고 대량 보급해 최대의 성공을 거둔 기업.

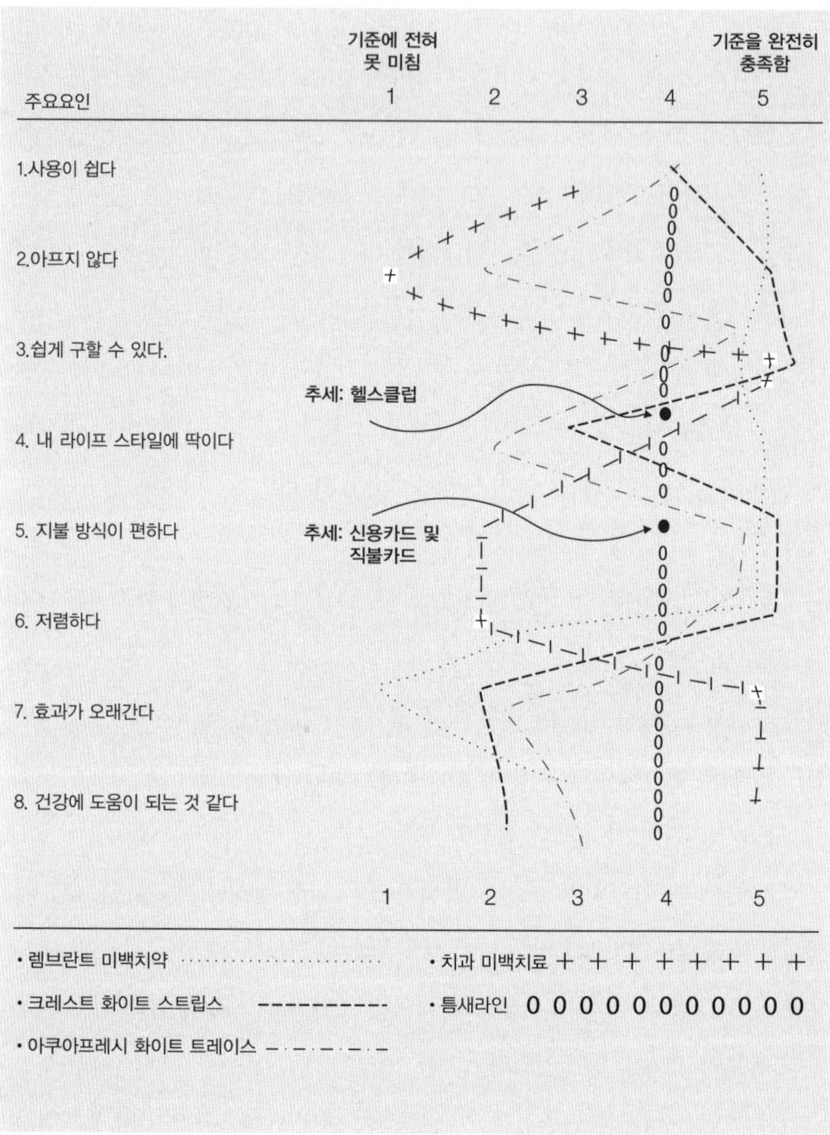
기준에 전혀
못 미침
기준을 완전히
충족함
주요요인
1
2
3
4
5
1.사용이 쉽다
2.아프지 않다
3.쉽게 구할 수 있다.
추세: 헬스클럽
4. 내 라이프 스타일에 딱이다
추세: 신용카드 및
직불카드
5. 지불 방식이 편하다
6. 저렴하다
7. 효과가 오래간다
8. 건강에 도움이 되는 것 같다
1
2
3
4
5
• 렘브란트 미백치약
• 치과 미백치료
• 크레스트 화이트 스트립스
• 틈새라인
• 아쿠아프레시 화이트 트레이스

지 확인했다. 팀원들 중 상당수는 베이비붐 세대가 걷거나 헬스클럽에 등록해 꾸준히 운동한다는 사실을 알고 있었다. 건강에 대한 관심을 '내 라이프스타일에 딱 맞는다'는 거시적 트렌드로 해석해 여기에 해당하는 틈새 라인에 별 표시(*)를 한 다음, '헬스클럽'이라고 적어두었다. 결제 수단으로 신용카드와 직불카드 사용이 많아진다는 사실도 발견해 별 표시를 했다.

틈새 라인과 두 가지 트렌드를 놓고 몇 분간 숙고한 끝에 중요한 사실을 발견할 수 있었다. 헬스클럽 멤버십의 일환으로 치아 미백제품을 제공하면 어떨까? 아니면 골프 회원권이라도? 한번 상상해 보자. 골프를 치거나 수영을 하고 나서, 이 제품을 치아에 바르고, 라커룸에 설치해둔 치아 미백용 특수광 앞에 선다. 바로 그 다음 치아에 이 빛을 쬐는 것이다. 필요하다면 구내에 설치된 스마트머신이 고객 서비스 센터로 바로 연결되도록 하고 제품을 바르는 양과 기간에 대한 모니터링까지 받을 수 있다. 지불 방식은 신용카드나 직불카드 또는 개인 식별 번호(PIN, Personal Identification Number)를 사용한다. 멤버십에 가입 할 경우, 옵션으로 치아 미백 서비스까지 택할 수 있도록 하면 어떨까.

디자인 팀은 고객사의 역량을 이미 파악하고 있었다. 다행히도 고객사는 치아 미백기술을 다양한 형식으로 제공할 만한 수준이 되었다. 하지만 기획이 배급까지 완성되려면 배급 면에서 새로운 핵심 역량을 개발하거나 다른 회사와의 파트너십이 필요했다.

다시 활발한 토론이 시작되었다. 이번 프로젝트에 대해 가설을 여러 개 세웠다. 그 다음 아이디어를 조금씩 더 발전시키며 다양한 실험을 통해 효율성을 확인해보았다.

지금까지 살펴보았듯이 디자인 팀은 경쟁 제품을 선별해 해당 산업의 핵심 가치와 성공 요인에 대한 목록을 작성하고, 각 경쟁 제품별로 가치 전달 수준을 평가했다. 이러한 방식으로 틈새시장을 찾아낸 다음에는 현재의 동향과 결합시켜 고객사를 위한 놀라운 아이디어를 발견해냈다. 이제는 회의실을 벗어나 행동에 돌입할 단계였다. 첫 번째 실험에서 베이비붐 세대에게 더욱 희고 깨끗한 치아를 제공할 방안을 마련했다. 고객을 위한 최고 가치 창조의 첫발을 내딛는 것이다.

뉴욕의 홍보 대행사인 풀픽처의 설립자 겸 사장인 데지레 그루버도 시장 트렌드와 틈새를 연결해 슈퍼모델을 키운 주인공이다. 어떻게 이러한 성과를 거두었는지 그녀의 이야기를 들어보자.

"1996년 하이디 클룸을 처음 만났습니다. 그때까지만 해도 그녀는 뉴욕 엘리트 모델 에이전시 소속으로 아직 미국에서는 상대적으로 알려지지 않은 상태였지요. 아름다운 외모였지만 미국 최고 수준의 패션모델들의 스타일과는 거리가 있던 것입니다. 그 당시 대부분 슈퍼모델은 극도로 깡마르고 도도하며 일반인들과 완전히 동떨어져 있었어요. 하이디는 마른 편이 아니었으며 사람들과 잘 어울리는 데다 친근한 면이 있었습니다. 제 눈엔 하이디가 패션계의 틈새를 완벽하게 채워줄 것으로 보였어요. 그리고 실제로 사람들은 그녀의 친근하고 자연스러운 모습에서 쉽게 호감을 느꼈습니다.

재미있는 사례가 하나 있습니다. 그녀가 데이비드 레터맨 쇼[20]에 출연해 요들송을 선보인 것이지요. 이제 막 떠오르는 모델이라면 방송에서 머리부터 발끝까지 완벽하고 화려한 모습만을 보여야 한다고 생각할 수 있지만 요들송은

---

20) David Letterman Show, 미국 CBS 방송국의 심야 토크쇼. ―옮긴이 주

그녀의 아름다움을 위협할 정도는 아니었습니다. 그녀는 단지 자신이 가진 재능 중 하나로 요들송을 보여준 것뿐이었지요.

저는 하이디의 성장과정을 개인적으로 눈여겨보았습니다. 그리고 그녀의 능력이 향상되는 만큼 일의 범위도 더 다양하고 폭넓어질 거라고 확신했어요. 그런 확신을 바탕으로 그녀에게 리얼리티 경쟁 프로그램 진행을 제안했습니다. 그녀의 강점인 세련된 스타일과 아름다운 외모, 날카로운 안목 그리고 예민한 감수성을 내세워 프로그램을 제작하려고 한 것이지요. 이렇게 그녀는 프로젝트 런웨이[21]의 진행자가 되었습니다. 그리고 시간이 지나 프로젝트 런웨이는 브라보 케이블 채널 역사상 가장 높은 시청률을 자랑하는 프로그램이 되었습니다. 더 나아가 미국 팝 문화의 한 현상으로까지 자리 잡게 되었지요.

우리는 그녀가 다른 모델들과 달라 보이는 데 중점을 두었습니다. 그녀의 차별성이 빛을 발할 수 있는 공간도 만들었지요. 덕분에 하이디는 잠들어 있던 잠재력을 모두 깨울 수 있었습니다. 패션시장은 진정성과 친근함을 지닌 진짜 모델을 원했어요. 우리는 그 틈새를 보았고 하이디의 '핵심 역량'을 강력하고 색다른 이미지와 연결시킨 것입니다."

2) 목표고객을 조준하라

팔지 않을 거라면 발명도 하지 않겠다. 판매가 유용함의 증거고 유용함이 곧

---

21) Project Runway, 런웨이의 다양한 출신 디자이너가 모여 최고를 가리는 인기 리얼리티 프로그램. ㅡ옮긴이 주

성공이다. **_토머스 에디슨**Thomas Edison

얼마 전 한 미국인이 맨해튼에 위치한 펄 스트리트 다이너에 다녀온 소감을 인터넷에 올렸다.

"전 맨해튼의 금융가에 입성한 지 얼마 안 되는 새내기입니다. 점심시간에 먹을 만한 게 없나 하고 근처를 배회하고 있었습니다. 점심으로는 버거나 미트로프, 샐러드 같은 게 적당하죠. 저는 특별히 속을 채운 소라 모양 파스타를 좋아하지만요. 음, 맛있겠다. 아무튼 그런 걸 잘하는 데를 찾아 돌아다니다가 우연히 펄 스트리트 다이너가 눈에 들어오더군요. 여기 기로스[22]는 정말 맛있더군요. 게다가 풍미가 끝내 주는 소스까지 곁들였죠. 근처에 올 일이 있다면 꼭 들러서 맛보시길 권해요. 직원들 미소도 기분 좋고, 서비스도 신속하거든요."

펄 스트리트 다이너는 고객이 무엇을 원하는지 알고 있었다. 맛있는 음식, 친절하고 효율적인 서비스 그리고 적당한 가격이다. 에디슨이 살던 시기에 이 식당이 있었다면 고객이 무엇을 필요로 하는지 고민하다가 들렀을 수도 있을 것이다. 하지만 안타깝게도 130년 전에는 이 식당이 존재하지 않았다. 여기서 중요한 것은 시대가 변해도 목표고객을 정확히 조준해야 한다는 사실은 변하지 않는다는 것이다. 맛있는 버거를 팔든 전구로 세상을 밝히든 마찬가지다.

SRI 인터내셔널의 칼슨과 윌못은 고객이 원하는 가치를 전하기 위해 기업 내에 헌신하는 문화를 만들었다. 실용적인 혁신을 통해서 말이다. 그들은 이 접근법의 선구자인 에디슨에게 모든 공을 돌린다.

---

22) gyros, 담백하게 구운 전병에 여러 가지 재료를 얹고 돌돌 말아 먹는 그리스 전통 음식. —옮긴이 주

"에디슨은 시대의 중요한 문제점을 짚어냈다. 그것을 바탕으로 혁신 대상을 파악하는 능력도 뛰어났다. 덕분에 경이로운 혁신을 계속해서 창조할 수 있었다. 시장의 수요와 중요 고객을 만족시킬 방법이 어디 있는지도 이미 알고 있었다. 정보가 모여 있는 곳에서 찾는 것이다. 전구는 하나의 발명품에 지나지 않을 수 있다. 하지만 그는 고객의 생활에 직접적으로 도움을 주기 위해 실용적인 시스템까지 갖춘 전구를 발명했다. 인류 역사상 가장 중요한 혁신을 이룬 것이다."

에디슨의 전력 시스템 개발은 시대를 통틀어 가장 의미 있고 전략적인 혁신이다. 칼슨과 윌못도 이러한 점을 강조했다. 그가 발명에 성공하고 상용화까지 할 수 있었던 것은 목표고객을 정확하게 겨냥하고 경제적으로 실행 가능한 방법을 찾아 집중 공략한 덕분이었다.

에디슨은 일찍이 투표 기록기 실패를 맛보며 목표고객을 조준하는 일이 얼마나 중요한지 깨달았다. 그때 그가 발명한 투표 기록기의 기능은 흠 잡을 데 없었다. 하지만 판매가 전혀 되지 않았다. 입법부 의원들이 시기적절하고 정확한 투표 기록을 원하지 않았기 때문이다. 이 일은 젊은 발명가에게 귀중한 교훈을 안겨주었다. 발명을 혁신으로 발전시키기 위해서는 반드시 고객의 요구에 맞춰야 한다는 것이다. 에디슨은 고객의 요구를 이해하고 만족시키는 데 모든 노력을 기울이겠다고 결심했다. 노트에도 이렇게 적었다.

"판매는 유용성의 증거요, 유용성이 곧 성공이다."

고객의 요구를 잘 파악해야 한다는 깨달음이 뒷날 그가 이룬 모든 일을 이끌었다고 할 수 있다.

전기 펜을 발명했을 때에도 고객이 원하는 것을 제공하기 위한 또 하나의 교

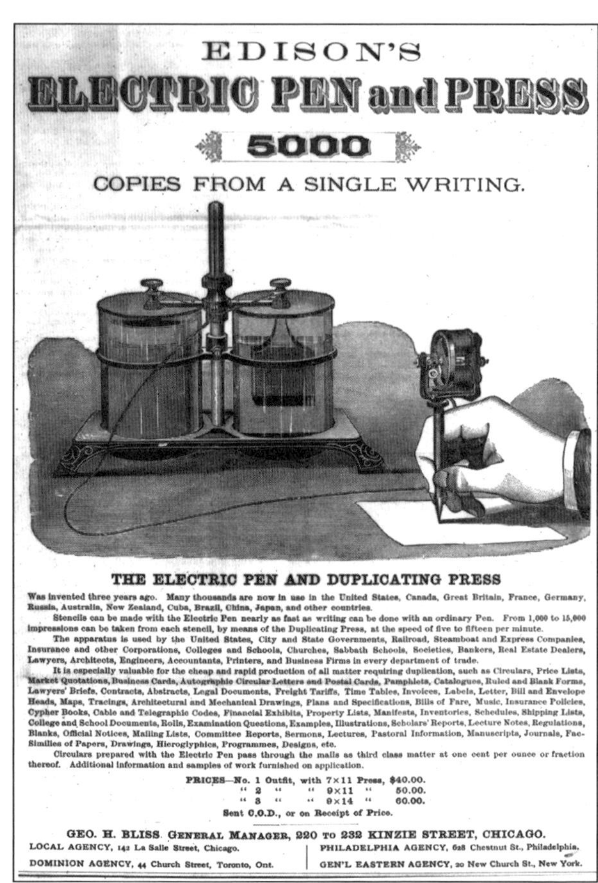

▲ 전 세계 사람들이 사용하고 있음을 강조한 전기 펜 광고. 실용적인 가치를 내세우는 에디슨 브랜드의 이미지에 걸맞게, 전기 펜으로 할 수 있는 50여 가지 일의 목록과 함께 전기 펜으로 작성된 서류를 저렴하게 우편으로 보낼 수 있다는 내용을 담았다.

훈을 얻었다. 에디슨은 비즈니스계에서 사본을 빠르게 제작하는 방법에 대한 수요가 커지고 있음을 간파했다. 그는 수백 장의 사본을 만들어낼 수 있는 복사기 발명에 착수했다. 폴 이스라엘은 이에 대해 이렇게 말했다.

"그는 도소매상, 법률회사, 보험회사 등 '엄청나게 많은 사본을 필요로 하는'

회사들 중에서 수요를 얼마든지 찾을 수 있을 거라는 희망에 부풀어 있었다."

에디슨이 발명한 기계는 원본 스텐실에서 나온 잉크를 조그만 압축 인쇄기에 스며들게 했다. 잉크가 묻은 스텐실 위로 깨끗한 종이가 지나가며 복사본이 만들어졌다. 가느다란 전선으로 모터에 연결된 철제 바늘은 진동하며 스텐실에 구멍을 낼 수 있도록 설계되었다. 결국 전기 펜, 전지 모터, 특수 잉크, 압축 인쇄기가 무쇠로 장식된 상자 안에 자리를 잡아 기계 형태가 완성되었다.

'에디슨 자동 압축 인쇄기'라고도 불리는 이 전기 펜은 30달러에 가격이 책정되었다.

에디슨은 독립적인 판매 중개인들을 고용해 전기 펜을 팔았다. 예상대로 제품에 대한 수요는 엄청났다. 그런데 어느 날, 전직 전신 기술자였던 판매 중개인이 구매자를 찾기 어렵다고 에디슨에게 귀띔했다. 모터의 소음 때문에 시끄럽고 상자가 지나치게 무거워 옮기기 힘들다는 것이다. 거기다 펜에서 기술적인 결함이 발견되고 동력을 제공하는 전지의 관리가 힘들다는 불만이 속출한다고 전했다.

에디슨과 그의 오른팔 찰스 배츨러는 그의 보고를 진지하게 받아들였다. 그들은 바로 실험실로 돌아가 결함을 해결하는 대신, 팀을 조직해 고객의 사무실로 보냈다. 팀원들은 고객이 업무에 전기 펜을 어떻게 사용하는지 관찰했다. 그리고 그들은 15가지 기계 결함을 발견했다. 에디슨은 그것들을 전부 고쳐서 전기 펜의 기능을 개선하는 동시에 제조 비용까지 줄일 수 있었다.

결과적으로 전기 펜은 화려한 성공을 거뒀다. 얼마 지나지 않아 에디슨은 판매망까지 확대했다. 제품 발명을 도운 웨스턴유니언의 윌리엄 오튼이 수요를 따라가기 힘들다고 고백할 정도였다.

전기 펜의 경험을 통해 고객이 제품을 사용하는 패턴을 분석한 에디슨은 고객에 대한 더욱 확실한 이해를 바탕으로 사업을 키웠다. 덕분에 다양한 제품을 만들어 팔며 큰 수익을 남기는 동시에 다른 프로젝트도 시작할 수 있었다.

에디슨은 전기 펜으로 번 돈을 전구 시스템에 몽땅 투자했다. 새로운 모험을 시작한 것이다. 이제 그는 목표고객을 겨냥하는 일에 완전히 통달했다. 전기 펜의 경험으로 고객의 수요가 있는 곳에 집중해 사업을 시작해야 한다는 교훈을 얻었다. 더불어 고객의 관점에서 제품을 바라볼 줄도 알게 되었다.

전기 펜의 성공으로 그는 또 한 가지 사실을 깨달았다. 더 좋은 결과를 얻으려면 제품을 선보이기 전에 반드시 이러한 통찰력을 발휘해야 한다는 것이다. 에디슨은 전구 시스템을 세상에 내놓기 전에 고객에 대해 자세히 분석했다. 직원들은 맨해튼 펄 스트리트 일대 가정집과 사무실을 일일이 돌아다니며 조사를 진행했다. 에디슨은 실제 환경에서 제품이 사용되는 모습을 관찰하는 것이 얼마나 중요한지 알고 있었던 것이다.

에디슨은 조사를 맡은 직원들에게 잠재고객이 가스등, 스토브, 히터를 사용하는 패턴을 관찰하라고 지시했다. 경쟁사의 강점과 약점에 관한 귀중한 정보를 습득하기 위해서였다. 프랜시스 업튼은 이 모든 자료를 집계, 분석했다. 덕분에 에디슨은 조사를 통해 알게 된 사실을 활용해 더욱 구체적인 발명 계획을 세울 수 있었다. 업튼의 도움으로 해당 시장의 총 수요를 예측하는 프로세스도 완성했다. 이 과정에서 직원들의 참여는 고객의 요구에 부응하는 것만큼이나 중요했다.

펄 스트리트에서 이루어진 전구 시스템의 시범운영은 성공을 거두었다. 에디슨은 새로운 발전소를 세우는 데 가장 적합한 후보지 몇 곳에 미리 세워둔

'목표고객 전략'을 적용했다. 시장 조사를 위해 훈련된 전문 중개인을 고용하기도 했다. 그들의 임무는 해당 지역에서 높은 수익이 기대되는 주민과 기업을 파악하는 것이었다. 약 80만 평에 달하는 적당한 지역을 찾아낸 중개인들은 건물 하나 빼놓지 않고 모든 잠재고객과 인터뷰를 행했다. 발전소 건설에 필요한 예산을 책정하고 건축 계획을 세우려면 이런 자료가 꼭 필요했다.

에디슨은 자비 1만 2백달러를 들여 80개 지역에서 고객조사를 시행했다. 그중 12개 지역에서 계약을 따냈다. 물론 이들 지역에서 성공한 다음에는 전 세계가 에디슨에게 발전소를 지어달라고 아우성이었다.

목표고객에 집중하는 전략은 먼로파크와 웨스트 오렌지의 조직 문화 속에도 녹아들었다. 웨스트 오렌지 연구 단지에서 가장 바쁘게 돌아가던 곳 중 하나가 고객의 반응을 살피는 본관 1층이었다. 에디슨은 일부러 시간을 들여 이곳을 찾았다. 쏟아져 들어오는 편지 속에서 고객의 반응을 파악하려 한 것이다.

"편지를 처리하는 일은 웨스트 오렌지에서 아주 중대한 업무였다. 사적인 내용이든 사업에 관한 것이든 상관없이 말이다. 이 업무를 위해 직원들 여러 명이 배치되었다. 편지는 각각 정확한 경로로 신속히 전달되었다. 편지지 여백에는 에디슨이 명쾌하게 휘갈겨 쓴 서명이 있었다. 놀랍게도 온갖 종류의 편지가 1년 내내 쉬지 않고 쏟아졌다."

에디슨이 축전지의 결함을 발견한 것도 고객의 편지를 통해서였다. 5년의 개발 시기를 거치고 수천 개의 제조 설비와 판매망까지 갖춘 후에 벌어진 일이었다. 편지에는 축전지 표면 이음새를 따라 내용물이 조금씩 샐 때가 있다는 내용이 있었다. 그는 실험실과 제조 부서 직원의 반대를 무릅쓰고 축전지 제조라인을 폐쇄하고 판매를 중단했다. 그런 다음 5년의 세월과 5만 번 실험을 거쳐 개선된 축전지를 다시 시장에 내놓았다. 결과적으로 이 축전지는 그들에게 엄청난 수익을 안겨주었다.

에디슨은 지속적인 개선을 장려했다. 실험실에서든 제조 설비에서든 고객의 관점으로 제품과 서비스를 대할 것을 늘 강조했다. 목표고객을 조준하는 능력은 혁신을 통해 최고의 가치를 창조하기 위한 새로운 통찰력으로 이어졌다. 에디슨은 제품 모델을 시장에 내놓기 전에 정보를 수집하여 목표고객에 맞게 테스트하고 다듬는 프로세스를 최초로 도입한 인물이다. 제품 출시 후에는 고객의 편지를 읽고 만족과 불만족에 대응함으로써 고객과의 지속적인 관계를 유지했다.

혁신 역량 키우기: 목표고객을 조준하라

세계적인 화학제품 업체의 일류 엔지니어들과 함께한 세미나에서 일어난 일이다. 세미나에 참여한 그룹 중 하나가 마케팅 부서 직원들을 위해 프레젠테이션 영상을 상영했다. 직원들은 발표를 이해하기 어려웠다는 피드백을 내놓았고, 세미나를 준비한 이들도 그 점에 공감했다. 다음 발표는 복잡한 기술적 세부 사항에 초점을 맞추고 있었다. 한 엔지니어는 자신이 연구 중인 화합물의 분자 구조가 복잡하다는 말만 반복했을 뿐이다. 이 그룹 멤버들은 비디오를 보고 나서 잠시 할 말을 잃고 침묵을 지켰다. 그러다가 그룹 리더가 일어나 여기서 깨달은 교훈을 이야기했다. 그의 말을 그대로 옮기면 이렇다.

"어이쿠 세상에, 누가 봐도 우린 의사소통에 문제가 있군요. 분자에 푹 빠진 우리는 분명 유죄입니다."

분자에 푹 빠졌다는 표현은 적절했다. 기술을 다루는 사람들이 자기들 연구에만 집중한 나머지 청중의 수준은 잊고 마는 경향을 절묘하게 표현한 것이다. 실제로 똑똑하고 열정적인 연구원일수록 최종 소비자와의 연결고리를 놓치는 경우가 많다. 먼로이노베이션스의 CEO 리처드 셰리던이 분자에 빠지는 성향을 극복하고 에디슨처럼 혁신을 이룬 경험을 털어놓았다.

"저는 20년이 넘도록 소프트웨어 제조회사에서 일했습니다. 그때 저는 회사를 위해, 회사와 함께 일하고 있다고 생각했습니다. 물론 실수도 많았죠. 고객이 원하지 않는 제품을 기획한 적도 있었고, 그로 인해 귀중한 자원을 낭비하기도 했습니다.

이런 제게 행운이라고 할 수 있는 배움의 기회가 찾아왔습니다. 그때 홍보를 많이 하지 않아도 고객들이 기꺼이 돈을 지불하게 하는 방법이 있다는 사실을 깨달았습니다. 그 비법은 바로 기술에 파묻히지 않는 것입니다. 컴퓨터 프로그래머가 들으면 충격에 빠질 이야기지만 말이죠.

이러한 변화를 겪기 전에는 기술을 중심으로 생각하는 것이 나의 문제라고는 꿈에도 생각하지 못했습니다. 제가 컴퓨터 프로그래머였을 당시에는 멋진 신기술로 '대단한' 제품을 만들겠다는 생각만 했어요. 심지어 고객들이 이렇게 대단한 제품을 몰라볼 리 없다고 착각한 적도 있었죠. 결국 내가 망한 이유는 바로 이런 생각 때문이었습니다. 물론 그때는 문제가 나에게 있다는 것을 스스로 깨닫지 못했지만 말이죠. 하지만 이제는 알게 되었습니다. 고객이 제품이나 시스템을 어떻게 사용하는지 이해해야만 그것이 실제로 그들에게 도움이 되는지 확인할 수 있다는 것을 말이죠."

셰리던과 그의 팀은 목표고객을 겨냥하려면 컴퓨터공학이 아니라 인류학을 활용해야 한다는 점을 깨달았다. 그들은 인류학 기술과 방법론을 연구했다. 그리고 그 결과를 적용해 시스템의 전체 과정을 사용자의 관점에서 이해하도록 노력했다. 셰리던은 이러한 접근법에 '첨단기술 인류학'이라고 이름 붙였다. 첨단기술 인류학으로 얻은 혜택을 그는 이렇게 말한다.

"놀라운 일이 벌어지기 시작했습니다. 우리 프로세스는 지금껏 목격한 그 어떤 프로세스보다 효과적인 성과를 내고 있습니다. 모두 에디슨의 '발명 공장' 정신을 이어받은 덕분이에요."

3) 제대로 된 비즈니스 모델을 적용하라

에디슨은 평생 150여 가지 사업을 하며 다양한 역할을 수행했다. 발명가나 투자자, 라이선스 소유자였으며 때로는 라이선스 취득자, 경영진, 이사회 임원이었다. 그는 제품과 서비스를 발명하는 데 그치지 않고 여러 가지 사업을 철저하게 운영하는 방법까지 터득했다. 그의 혁신은 기업, 정부, 학교, 가정, 아동 등 광범위한 사용자를 타깃으로 삼았다.

에디슨이 거대한 비즈니스 제국을 만들 수 있었던 힘은 무엇이었을까? 바로 고객을 위한 신기술을 고안하는 재주와 최고 가치 창조에 필요한 비즈니스 모델을 찾기 위해서라면 수만 번의 실험이라도 해낸다는 의지였다.

한 기업이 시장에 제품이나 서비스를 제공하는 방식을 가리켜 '비즈니스 모델'이라고 한다. 따라서 고객에게 이례적으로 뛰어난 가치를 안겨주도록 설계하는 것이 바로 최상의 비즈니스 모델이 된다.

에디슨 시대에는 조직들이 변화하는 시장 환경에 유연하게 대처하며 동시에 적절한 비즈니스 모델을 마련해야 했다. 사실 비즈니스 모델은 조직의 '사업 운영 방식'이 결정되면 더 이상 변화를 꾀하기 어렵다. 기존에 성공한 모델을 대체하거나 변경하려면 만화경식 사고와 헌신적인 태도 그리고 훈련이 필요하기 때문이다.

에디슨은 하나의 비즈니스 모델을 특성에 따라 잘게 나누었다. 그리고 그것을 '마디(legs)'라고 불렀다. 하나하나의 마디가 각 모델의 차별화 요소를 만든다는 것이다. 실제로 비즈니스 모델의 여러 마디들을 조직의 강점과 연결하지 못하면, 판매나 마케팅을 비롯한 산업 전반에서 효율성이 떨어질 수 있다. 대출 연체율이 높으면 은행 전체 수익이 떨어지는 것처럼 말이다.

에디슨은 R&D 마디를 핵심으로 삼았다. R&D 마디를 중심으로 하는 비즈니스 모델을 꿈꾼 것이다. 당시로선 R&D 마디를 보유했다는 것 자체로도 이미 혁신이었다. 하지만 경쟁사와 차별화하려면 궁극적으로 R&D라는 위업을 보완해줄 다른 강점까지 키워야 했다.

에디슨은 먼저 비즈니스 모델의 R&D 마디와 마케팅, 제조 마디를 연결했다. 그 다음 우수한 송전 시스템으로 전력을 배급하는 인프라를 구축했다. 그는 여러 마디를 다르게 조합해 각기 다른 비즈니스 모델을 만들면 다양한 고객에게 더 나은 서비스를 제공할 수 있다고 믿었다. 에디슨은 마디들을 어떻게 조합하느냐에 따라 차별화가 가능해진다는 사실을 경험을 통해 이미 알고 있었다.

고객에게 최고 가치를 제공하려면, 각 마디들이 모여 최종 소비자가 원하는 것에 가깝게 진화해야 한다. 그리고 그 과정에서 조직의 핵심 역량을 반영해야 한다. 에디슨은 먼저 R&D 마디를 마케팅, 제조, 배송 마디와 연결했다. 20여 가지 축음기 모델과 수백 가지 녹음 내용을 전 세계 고객에게 전하기 위한 사업의 기초를 다지기 위해서였다. 그렇게 만들어진 당대의 독특한 음악 제공방식은 오늘날의 미국 인터넷 DVD 대여 사이트인 넷플릭스와 같은 것이다.

미국 전역의 도시와 마을에 전기로 빛을 전달하겠다는 비즈니스 모델도 R&D 마디에서 출발했다. 그는 R&D 기술을 활용해 각 가정과 기업을 위한 송전 인프라를 건설했다. 이 독특한 모델은 그가 보유한 R&D 마디와 건설 부서 마디, 고객 서비스 마디를 조합한 것이었다. 건설 부서는 발전소를 설계하고 짓는 일을 담당했고, 고객 서비스는 기업과 지방자치 단체에 맞게 설계되었다. 그는 비즈니스 모델의 여러 마디를 이런 식으로 재편성했다. 덕분에 오늘날의 가맹점 운영과 비슷한 혁신적인 제공방식을 만들 수 있었다.

에디슨은 62년간 무수한 업적을 쌓았다. 그리고 그 과정에서 최소 6가지의 비즈니스 모델을 사용했다. 그중에서 주로 사용한 핵심 모델은 아래와 같다. 여러 가지 모델을 실험하고 시장 환경의 변화에 따라 효과적인 모델을 적용하는 전략이 에디슨의 혁신을 성공으로 이끈 셈이다.

오른쪽의 표는 에디슨이 자주 활용한 핵심 모델을 설명해준다. 왼쪽 칸은 여러 가지 마디를, 오른쪽 칸은 그와 관련한 활동을 나타낸다. 에디슨이 처음 도입한 R&D 마디를 제외하면 다른 기업에서도 쉽게 찾아볼 수 있는 비즈니스 모델과 비슷해 보일 수 있다. 하지만 에디슨은 R&D 마디 덕분에 다양한 목표고객의 요구에 부응해 차별화를 꾀할 수 있었다.

오늘날 널리 사용하는 핵심 비즈니스 모델을 최초로 다양한 산업에 적용한 사람이 바로 에디슨이다. 그는 축음기, 영사기, 영화 등 여러 제품에 핵심 모델을 활용해 그 가치와 유용함을 증명해냈다. R&D 마디의 장점을 극대화시켜 실용적이고 수익성 있는 독점 기술을 계속해서 창조한 것이다. 위의 표는 에디슨의 핵심 비즈니스 모델을 생생히 보여준다. 우수한 분석과 적용방법을 참고하여 당신의 비즈니스 모델에 활용하기 바란다. 다음은 에디슨의 핵심 모델 중 몇 가지를 변형한 것이다.

– 모델 변형 1: 지적재산권의 판매와 대여

에디슨은 상품화 마디를 수정해 연구소의 기술 특허권을 넘기기도 했다. 이 방법으로 직접 판매하기에 적합하지 않은 발명품에서도 수입을 얻게 되었

에디슨의 핵심 비즈니스 모델(미국과 해외)

마디	활동
R&D	에디슨 연구 단지에서 독점 제품을 개발하고 특허를 신청해 보호한다.
상품화	독점 특허권을 보유한 특허품을 국내외에 출시한다.
제조	에디슨 특허품에 대한 제조 프로세스를 개발하고, 에디슨 소유의 시설에서 제조한다. 해외 주문은 세계 곳곳에서 엄선한 지역에 세워둔 제조 설비로 충당한다.
마케팅	기업과 개인 고객을 목표로 마케팅 전략을 세울 전문가를 고용한다. 에디슨이라는 브랜드를 관리하고, 고객에게 제품을 적절히 활용하는 법을 알려줄 '강사'를 교육한다.
판매	숙련된 외부 중개인을 활용해서 에디슨 제품의 사용법을 알린다. 그들에게 봉급과 중개 수수료를 지불한다.
배급	중개인이 공장 직영으로 각 가정에 제품을 전달한다. 카탈로그 판매는 편지나 배송으로 이루어진다. 일부 제품의 판매를 위해서는 소매점의 공간을 대여한다.
고객 서비스	기술적인 부분의 서비스와 함께 공장을 통한 수리 서비스까지 제공한다. 고객이 편지나 전화로 문의한 사항에 응답한다.

에디슨의 핵심 비즈니스 모델(미국과 해외)

핵심 역량: 최첨단 기술, 집중 기술 개발
주요 마디: R&D, 제조, 마케팅
최고 가치: "오, 이거 예술인데!"

마디	활동
R&D	미국과 해외에서 상용화가 가능하도록 설계된 독점 기술을 개발한다.
상품화	특허를 취득하고 독점권을 보유한다. 미국과 해외에 제품을 출시한다.
제조	회사 소유의 공장에서 최고급 제품을 제조하는 프로세스를 설계한다.
마케팅	브랜드 개발과 2차 설계를 위한 핵심 직원을 고용한다. 중개인과 강사를 교육한다.
배급	공장 직영 배송, 편지 주문, 대여, 소매점 등을 활용한다.
판매	에디슨 브랜드가 붙은 제품과 서비스를 판매할 중개인과 강사를 훈련시킨다.
고객 서비스	공장 내의 기술적 지원, 고객 편지에 대한 응답 등을 병행한다.

다. 라이선싱 계약 시 추가비용을 내면 에디슨이라는 브랜드를 그대로 쓰도록 허용하기도 했다. 전기 펜 특허권을 A. B. 딕 컴퍼니에 판매하여 에디슨 등사기를 보급한 것은 비즈니스 모델 변형의 좋은 예다. 에디슨은 녹음기 특허권도 판매했다.

– 모델 변형 2: 외부 발명가의 지적재산권 라이선싱

에디슨은 독자적인 기술을 만들어 시장에 직접 내다 파는 편을 선호했다. 하지만 비즈니스 제국이 팽창하자 독자적인 제품 라인만으로는 계속해서 시장 변화를 따라갈 수 없었다. 1895년 영사기 산업은 경쟁이 매우 치열했다. 에디슨이 세계 최초로 내놓은 영사기마저 독자적인 개선만으로는 시장경쟁에서 자꾸 뒤처졌다. 1896년 초반, 에디슨은 경쟁사가 설계한 영사기 특허권을 구매했다. 경쟁사 제품에 에디슨 브랜드를 붙여 제조하고 판매하기 위해서였다. 경쟁사 제품을 위해 영사기의 다음 모델이 완성될 때까지 영화를 공급하기도 했다. 핵심 모델의 상품화, 제조, 배급, 판매 마디를 수정해서 만든 외부 라이선싱 전략을 실행에 옮긴 것이다.

– 모델 변형 3: 빠른 보급을 위한 가맹점 서비스 개발

에디슨은 제조 기준을 높게 만들었다. 그 기준에 맞추려면 공장을 직접 소유할 필요가 있었다. 하지만 전구 배급 시스템이 막대한 성공을 거두며 이런 전략을 수행하는 데 드는 비용이 천정부지로 치솟았다. 에디슨은 오늘날 흔히 볼 수 있는 가맹점 형식을 도입해 이 문제를 해결하고자 했다. 발전소 건설을 담당하는 부서는 잠재시장 내의 고객들을 직접 찾아다니며 발전시설을 세울 장소를 추천받아 발전소 건축을 도왔다. 에디슨이 이들 건설 부서 기업의 주주가 될 때도 있었지만 늘 그런 것은 아니었다. 이 비즈니스 모델 변형에서, 에디슨은 제조, 판매, 배급 마디를 가맹점 서비스 마디에 맞춰가며 적용했다. 이 모델은 제품을 기반으로 하는 주요 모델과는 뚜렷한 차이를 보인다.

– 모델 변형 4: 에디슨 특허품의 국제적 상품화

에디슨은 세계시장에서 유리한 고지를 선점하기 위해 맞춤식 발명품을 개발해냈다. 가장 눈에 띄는 사례는 전신기와 전화 발명품에 이 모델을 적용한 것이다. 먼로파크 시절, 그는 웨스턴유니언과 기술 제공 계약을 맺고 미국에서 사용될 탄소판 송신기와 영국 사용자를 위한 초크 드럼 수신기(Chalk Drum Receiver)를 개발했다. 이 수신기의 장점은 벨의 영국 특허를 피할 수

있다는 것이었다. 초크 드럼 수신기와 탄소판 송신기의 결합은 영국에서 사상 최초의 성공을 거두었다. 이후 벨은 이 특허를 사기도 했다. 에디슨은 상호 특허 사용권 계약과 특허권 판매로 높은 수익을 올렸다. 그리고 이 일을 계기로 자신의 브랜드를 전 세계에 널리 알릴 수 있었다.

– 모델 변형 5: 신규 산업 구축을 위한 교육 서비스 제공

에디슨의 전력 배급 시스템이 성공하려면 숙련된 설치와 유지를 위한 기술 담당 직원이 많이 필요했다. 당시까지만 해도 이러한 목적에 활용할만한 훈련과정이 없었다. 에디슨은 찰스 L. 클라크의 도움으로 훈련 매뉴얼을 직접 만들었다. 손수 훈련 과정을 진행할 때도 많았다. 그는 전구 시스템의 세세한 부분까지 꿰뚫고 있었다. 따라서 그 모든 것을 전달하려면 훈련과정을 마련하기 위해 더욱 많은 시간과 노력을 들여야 했다. 전기공학 분야가 현재 수준까지 성장한 것도 이러한 에디슨의 노력이 학문의 싹을 틔운 덕분이다. 그렇게 에디슨은 핵심 모델의 판매, 마케팅, 배급, 고객 서비스 마디를 수정해 훈련과정을 만들었다.

5가지 변형 모델은 에디슨이 얼마나 시장 환경과 고객 요구의 변화에 민감하게 반응했는지를 잘 보여준다. 물론 이런 접근법이 늘 수월하게 이뤄지지는 않았다. 하지만 비즈니스 운영에 새로운 방식을 도입하려는 에디슨의 사고방식 덕분에 계속해서 고객을 위한 최고 가치를 전할 수 있었다.

고빈다라잔과 트림블은 공동 저서 《늙은 코끼리를 구하는 방법 10가지 원칙》에서 올바른 비즈니스 모델을 만드는 것이 현대 사회에서 가장 필요하다고 강조했다. 의사소통의 속도가 빨라지고 이동수단이 발달함에 따라 혁신을 시도

하려고 마음먹은 동시에 다른 이들에게 그 사실이 알려지기 때문이다.

당신이 제품을 개발한다고 해보자. 그 사실은 기업 경영진이나 목표고객 또는 경쟁사들도 얼마든지 간파할 수 있다. 인터넷, 휴대전화, TV, 라디오가 난무하는 세상에서는 그 어떤 정보도 몇 분 안에 퍼져버린다.

고빈다라잔과 트림블은 모기업으로부터 올바른 자질을 받아들이는 것이 중요하다고 강조한다. 그렇게 해야 각 조직들이 그 내용을 바탕으로 혁신적인 비즈니스 모델을 만들었을 때 효과를 발휘할 수 있다는 것이다. 그들의 연구에 의하면 에디슨은 특정 모델에서 필요한 노하우를 뽑아내 다른 모델에 적용하는 데 탁월했다.

에디슨은 자기 조직만의 독특한 문화적 강점을 다양한 비즈니스 모델에 활용하기도 했다. 새로 공장을 짓는 곳에 최측근을 파견할 때였다. 에디슨은 이들이 전혀 경험이 없다는 점을 잘 알고 있었다. 실제로 최측근들은 인프라 구축에 필요한 제품을 개발해본 적조차 없었다. 에디슨 연구소와 브랜드가 지닌 가치, 시장을 위해 실용적인 기술을 창출하는 핵심 역량에 대한 지식은 따라올 이가 없었다. 에디슨은 최고 관리자와 긴밀하게 연락하며 각각의 새로운 공정을 파악해나갔다. 그리고 필요하다면 새로운 인력을 고용하도록 허용했다. 핵심적인 의사결정은 직접 참여했지만, 실험실 승인서에 서명하는 등의 활동은 각 공장 연구원들의 자율에 맡겼다. 에디슨의 이러한 배려 덕분에 공장에서도 모기업의 좋은 문화를 찾아볼 수 있었다.

각 조직이 새로운 비즈니스 모델을 만들어 혁신을 시도할 때 자주 실패하는 이유는 모기업에서 지나치게 많은 것을 가져오기 때문이다. 고빈다라잔과 트림블도 이점을 지적했다. 소프트웨어, 고용, 보상, 계획 수립 등의 모든 시스템을 모기업에서 가져오면 그 조직만의 새로운 문화를 구축하기 힘들다. 고빈다라잔과 트림블은 모기업의 효과적인 핵심 역량도 필요한 부분을 제외하면 버려야 할 요소가 많다고 강조한다.

이것은 비즈니스 주기를 정할 때 더욱 중요하다. 기업은 반드시 매주 단위로 예측을 하고 계획을 실행할 수 있어야 한다. 새로운 비즈니스 모델의 단기 계획에 적응하는 기간이 필요하기 때문이다. 시장이 빠르게 변화하는 곳에서는 더욱 짧은 주기의 계획표가 필요하다. 에디슨도 이 점을 알고 있었다. 그는 예측 결과를 토대로 계획을 수립할 때 특정 패턴에 사로잡히는 일이 드물었다. 전력 배급망을 구축하는 과정에서 에디슨이 파견한 직원들 중 상당수가 다양한 계획 수립과 예측 기술을 익혔다. 그리고 그렇게 얻은 지식을 새로운 비즈니스 모델을 만들 때마다 계속해서 활용해나갔다.

에디슨은 비즈니스 모델을 실행할 때 비용을 꼼꼼하게 따져보았다. 비즈니스 모델이 수익성 면에서도 이치에 맞아야 하기 때문이다. 그는 우선 비즈니스 모델을 정량화했다. 각각의 '마디'를 살펴 개발, 성장 그리고 유지에 비용이 얼마나 들지 계산한 것이다. 대부분 이 과정에서 어떤 모델에 더 많은 투자비용이 드는지 드러났다. 더불어 투자한 돈을 회수하고 수익이 나려면 시간이 얼마나 걸릴지도 알게 되었다.

전력 시스템을 도입하고 축전지를 개발할 때도 이 방식을 사용했다. 새롭게 만든 축음기는 투자에 대한 보상이 비교적 빠르게 돌아왔다. 소비자들이 이 발명품의 기본적인 기술에 이미 익숙했기 때문이다. 에디슨은 비즈니스 모델의 구조와 재정 설계를 상황에 따라 적절히 조정했다.

에디슨은 제대로 된 비즈니스 모델을 만들기 위해 시장 전체에 대해 전반적으로 평가하는 절차를 반드시 밟았다. 일단 에디슨의 머릿속에 아이디어가 떠오르면 시간을 두고 지속적으로 평가하고 다듬었다. 1880년 1월 말, 전구 시스템의 시범운영에 대한 비용 계획을 확정지을 때였다. 에디슨은 친구에게 한 통의 편지를 보냈다.

"지난주 몇 가지 견적을 놓고 계산해봤는데 결론이 모두 같더군. 지금의 휘발유 가격이라면 우리가 어마어마한 수익을 올린다는 거야."

에디슨과 프랜시스 업튼은 설비에 들어갈 비용을 예측하는 데 2년에 가까운 시간을 보냈다. 산업의 전반적인 예상 경로도 미리 예측해두었다. 결국 에디슨이 만든 30년간의 예상 수치는 1910년 전체 전력 인프라의 실제 가치에 매우 근접했다. 칼슨과 윌못은 에디슨의 성공에 기여한 이 결정적인 요소를 한 마디로 요약했다.

"비즈니스 모델을 개발하려면 필요한 과제부터 수행해야 한다."

혁신 역량 키우기: 제대로 된 비즈니스 모델을 적용하라

에디슨은 혁신에 창의력이 필요하다는 사실을 잘 알고 있었다. 하지만 그것만으로는 부족하다. 창의력이 풍부한 사람이라도 경영진이 자신의 아이디어나 혁신 계획을 듣지 않는다고 느끼면 좌절하게 된다. 따라서 단순한 아이디어를 뛰어넘어 경영진까지 설득하려면, 성공에 필요한 다른 요인들과 함께 제시되어야 한다. 에디슨처럼 혁신하기를 원한다면 당신의 아이디어를 뒷받침할 적절한 비즈니스 모델부터 고안해야 하는 것이다. 그리고 당신의 핵심 역량을 어떻게 극대화하고, 어떤 마디를 강조할지 고민해야 한다.

에디슨이 그랬듯이 제품의 시장성, 신제품 개발과 출시에 드는 비용을 미리 생각해보라. 칼슨과 윌못은 이렇게 강조했다.

"실행 가능한 비즈니스 모델을 만들어야 기회가 생긴다."

비즈니스 모델을 설계할 때에는 다음 사항들을 고려해야 한다.

- 고객에게 최고 가치를 안겨주는가?

- 조직의 핵심 역량과 연결되는가?

- 경쟁사와 차별화하기 위해 하나 이상의 마디에 활용할 수 있는가?

- 비즈니스 전반에 활용 가능한가?

에디슨처럼 혁신하는 것은 비즈니스 모델 전부를 혁신하라는 뜻이 아니다. 에디슨은 반드시 중심이 되는 핵심 마디를 택했다. R&D를 깔때기 삼아 자신이 가진 모든 혁신 역량을 쏟아부은 것이다. 고객 서비스나 배송처럼 상대적으로 덜 중요한 영역은 주요 기술을 발전시키거나 제품을 혁신하는 방법으로 보완했다.

중요 마디를 정해 당신의 모든 역량을 쏟아부어라. 핵심 역량을 극대화하고 조직의 강점을 최대한으로 끌어올리는 방법으로 말이다. 그렇게 해야 가장 효율적으로 고객에게 최고의 가치를 안길 수 있을 것이다.

비즈니스 모델 자체가 가장 중요한 혁신의 대상이 되기도 한다. 현재 활동하는 기업들 중에서 혁신적인 비즈니스 모델의 사례를 찾아보자.

- 델: R&D 면에서는 별다른 차별성이 없는 컴퓨터 기업이다. 대신 이들은 생산과 배급 비용을 축소하는 동시에 고객 서비스 마디에 중점을 두었다. 고객

맞춤 설계 컴퓨터로 최종 사용자에게 만족감을 안겨주는 것이다. 기복은 있었지만 델은 지금도 변함없이 배급과 고객 서비스에 중점을 둔 비즈니스 모델로 고객에게 최고 가치를 제공한다.

- 사우스웨스트 항공: 대도시 공항을 경유하는 '허브&스포크 시스템'을 과감히 탈피했다. 인기 있는 주요 노선을 저렴한 요금으로 제공하기 시작한 것이다. 사우스웨스트 항공은 비즈니스 모델 중 배급 마디에 중점을 두었다. 더불어 고객 서비스의 일환으로 '재미있는 항공 여행'이라는 혁신적인 개념을 도입해 긍정적인 기업 이미지를 심어주고, 이것을 마케팅과 홍보 전반에 활용하고 있다. 그들이 추구하는 최고 가치는 2가지다. 첫째는 승객들이 신속하게 비행기를 이용하는 것이고, 두 번째는 공중에서 보내는 시간을 가능한 한 유쾌하게 만드는 것이다.

- 이베이: 실시간 경매 산업 분야의 비즈니스 모델 중 보급 마디를 변형한 경우다. 판매가 가능하다면 어떤 것이든 인터넷에 전시할 수 있다. 이베이 비즈니스 모델의 특징은 고객이 직접 경매에 참여하고 구매한 다음, 온라인 발송을 선택하는 독점적인 소프트웨어다. 이 비즈니스 모델은 고객에게 최고 가치를 전하는 온라인 서비스 업체에 일괄적으로 판매되고 있다. 그들은 갖가지 품목을 제공하는 온라인 서비스에 비즈니스 모델을 결합시켜 새로운 길을 만들어낸 것이다.

비즈니스 모델을 적용하는 법은 제대로 배워야 한다. 이 사실은 당신이 대기업에서 일하든, 자신의 발명품을 판매하려고 시도하든 똑같이 중요하다. 그것이 바로 혁신 역량을 키우는 핵심이기 때문이다.

로버트 랭어는 발명의 천재들이 적절한 비즈니스 모델을 적용해 최고 가치를 창출한 사례를 보여준다. 1998년 랑어는 의학계 역사상 가장 많은 발명품을 만들어낸 공로로 레멀슨-MIT 상을 받았다. 2003년에는 공학적 성과로 에디슨이 수상했던 존 프리츠 메달을 받기도 했다. 2006년 미국 발명가 명예의 전당에 입성했으며, 180여 개의 특허를 전 세계 기업에 라이선싱하고, 신생 기업에 그의 혁신 비법을 제공하기도 했다.

랑어와 MIT 협력 팀은 제대로 된 비즈니스 모델을 적용하는 일이 얼마나 중요한지 잘 알고 있었다. 대학에서 시작된 대부분의 지적재산 개발 그룹이 성공을 거두지는 못했지만 MIT 기술 라이선싱 오피스(TLO)만은 독보적인 번영을 누리고 있다. 다음은 랑어의 설명이다.

"우리가 발명을 하면 MIT 기술 라이선싱 오피스(TLO)에서 특허 출원을 도와줍니다. 그들은 중계자 역할을 톡톡히 해내죠. 덕분에 우리는 특허를 다른 기업에게 라이선싱할지, 독자적인 기업을 설립할지 선택할 수 있습니다. TLO는 발명가, 기업, MIT에 도움이 될 만한 다양한 처리를 도맡아 합니다. 말 그대로 윈-윈 구조를 만들었죠. 돈을 버는 것이 꼭 목적이 될 수는 없습니다. 발명 성과를 외부에 알리는 것이 목적일 때도 있죠.

실제 우리는 규모가 작은 신생 기업에 뇌종양 치료를 목적으로 개발한 웨이퍼[23]특허권을 팔았습니다. 그 기업은 운영을 꽤 잘해 나갔어요. 다양한 임상 실험도 이루어졌죠. 그런데 다른 회사가 그 기업을 인수해버린 겁니다. 새로 탄생한 합병 회사는 우리 웨이퍼와 관련 있는 모든 업무를 중단했습니다. 바로 그때 TLO가 나선 거죠. 그들은 합병 회사 측에 이렇게 협상을 제

---

23) wafer, 반도체 집적회로의 원재료로 사용되는 실리콘 단결정으로 된 원판 모양의 기판. —옮긴이 주

의했습니다.

'두 가지 방법 중에서 선택하십시오. 우리에게 특허권을 돌려주든지 당신들이 거기에 돈을 투자하든지 말입니다. 투자를 결심한다면 우리도 수수료를 10분의 1로 내리겠습니다.'

TLO는 일만 성사된다면 진심으로 그렇게 할 용의가 있었던 겁니다. 결국 그 회사는 다른 회사를 출범시키기로 결정했죠. 약 2,500만 달러의 추가비용을 들여야 했지만 말입니다. 뇌종양 치료제인 글리아델 웨이퍼는 이런 과정을 거쳐 탄생했습니다.

사실 이러한 비즈니스 성공 모델은 규격화하기에는 무리가 있습니다. 하지만 이점은 확실하게 말씀드릴 수 있습니다. 개발자와 그들이 개발한 지적재산 그리고 시장 사이에 실용적인 연결고리가 필요하다는 겁니다.

TLO는 기업의 특성에 따라 각기 다른 방식으로 협상합니다. 이때 MIT가 받는 몫은 항상 같고 우리는 MIT가 얻는 수익의 28%를 받습니다. 물론 그게 전부는 아니죠. 우리는 기업들로부터 컨설팅 기회를 얻을 수 있습니다. 실제로 우리와 기업 간에 그러한 방식으로 계약이 성사되기도 합니다. 수수료와 더불어 컨설팅 프로젝트에서도 수입을 얻는 셈입니다. 그 기회를 TLO가 제공하는 것이죠."

4) 시장확대 효과를 이해하라

요리사가 친구 몇 명에게 대접할 요리를 만들기는 어렵지 않다. 하지만 20명 정도의 손님을 위해 파티를 준비한다면 조금 어려운 도전일 수 있다. 그렇다면 2,000명 분량의 음식을 준비하는 것은 어떨까? 경험이 많은 출장 요리 전문가가 아니고서야 끔찍한 악몽일 것이다.

에디슨에게는 수많은 고객이 필요로 하는 것을 제공하려는 의지가 있었다. 그것이 결정적인 성공의 요인이었다. 자신이 만든 제품과 서비스에 고객이 얼마만큼 가치를 부여할지 늘 적극적으로 고민한 것이다.

에디슨은 시장의 확대효과를 이해하기 위해 어마어마한 집중력을 쏟아 심사숙고했다. 그는 제품을 출시하기 전에 전략, 디자인, 제품, 서비스 그리고 기술 혁신에 대한 비용 계획을 세운 다음, 계획에 결함이 있는지 살펴 미리 제거했다. 덕분에 제품을 성공적으로 시장에 내놓을 수 있었다.

에디슨은 제품 출시 전에 결함을 미리 발견해 없애려고 애썼다. 세분화된 작은 문제일수록 해결하기 쉽다는 점을 간파했기 때문이다. 그의 이런 노력이 제품을 연구하는 단계에서 상용화에 이르기까지 모든 과정을 순조롭게 진행하도록 만들었다. 그리고 그 과정에서 모의실험, 기본모형, 시범운영이라는 아이디어를 최초로 생각해낼 수 있었다.

오늘날 많은 산업 분야에서 시장확대 전략을 사용하고 있다. 특히 소프트웨어, 컴퓨터 시스템, 제조 프로세스, 확장된 전기 통신망 등의 분야에서 이러한 전략은 기준이 되다시피 했다. 물론 일부 기업에서는 여전히 검증받지 않은 제품과 서비스들이 시장으로 쏟아져 나온다. 대부분 재앙에 가까운 실패를 겪지만 말이다.

시장확대에 관한 에디슨의 3가지 비법을 소개한다. 고객을 위한 최고 가치 창조를 더욱 잘 이해하고 혁신과정에 에너지를 불어넣는 데 도움이 될 것이다.

우리는 비교적 쉽고 비용이 적게 드는 시행착오적인 방법론에서 다소 복잡한 시범운영에 이르기까지 광범위한 영역의 사례를 다룰 예정이다.

에디슨과 측근들은 시장확대 경험을 활용해 제품을 실험실 밖 환경으로 옮기는 데 성공했다. 그리고 그 과정에서 뜻밖의 지출과 홍보로 인해 발생하는 위험성을 늘 고려해야 한다는 사실을 깨달았다.

발명가가 된 지 얼마 지나지 않아 에디슨은 축적 모형뿐만 아니라 실물 크기의 모형으로 실험해보는 것이 중요하다는 사실을 깨달았다. 그는 조수에게 이렇게 조언하기도 했다.

"규모를 축소하면 실험을 조금 더 자유롭게 할 수는 있지. 하지만 훌륭한 발명가는 돈을 다 쏟아붓더라도 모형을 실물 크기로 만들려고 애써야 해."

에디슨은 발명할 때 반드시 실물 크기로 3차원 모형을 만들었다. 이 모형으로 정밀한 테스트를 시행해 결함을 찾은 덕분에 제품을 시장에 내놓기 전에 개선할 수 있었다. 더불어 작은 모형을 여러 개 만드는 것에 비해 상당한 양의 비용과 시간도 절약했다.

에디슨은 고객이 제품을 작동하는 데 최소한의 기술만 필요하도록 배려했다. 전신기나 축음기 또는 그 외에 무엇이든 최대한 쉽게 사용할 수 있는 방법을 찾아 헤맸다. 에디슨은 발명가로서 경력을 쌓기 시작할 때부터 '쓰기 쉽게'라는 철학을 마음에 새겼다. 그리고 그것을 이루기 위해 계속해서 시장확대 전략을 계획하고 실행했다.

전신 기술자 시절, 에디슨은 발명품을 개발하고 테스트할 돈이 거의 없었다. 문제를 해결하려면 동료에게 도움을 청해야 했다. 결국 함께 공장에 다니던 친구들의 도움으로, 새롭게 기능을 개선한 전신 장비의 단순한 기본 모형을 만들 수 있었다. 에디슨의 곁에는 장비 테스트를 도우려는 든든한 동료 전신 기술자들이 늘 함께했다.

에디슨은 실험 결과를 꼼꼼하게 기록하며, 이렇게 알게 된 사실들을 적용해 혁신을 완성시켰다. 반드시 시장확대 프로세스를 거친 다음에야 새 전신 장비의 효율성과 신뢰성에 대해 자신감을 갖고 고객에게 접근할 수 있었다.

새로운 전신 장비의 성공에서 힘을 얻어 에디슨은 독립 발명가로 나서게 되었다. 드디어 백열전구 보급 시스템이라는 무대가 마련된 것이다. 수천 번 실험을 하며 복잡하게 얽힌 전구 시스템 시장을 확대하기 위해 노력한 결과였다. 에디슨은 먼로파크에 있는 자신의 집과 연구소에서 먼저 전구를 밝혀 성공을 확인했다. 그런 다음 본격적으로 뉴욕의 80만 평에 달하는 지역을 전깃불로 밝힐 연구를 시작했다.

1879년 12월, 백열전구가 언론계를 강타했다. 에디슨의 위대한 발명품인 전구 시스템을 더 넓은 지역에, 더 큰 규모로 테스트해보자는 요청이 봇물 터지듯 밀려들었다. 일만 성사된다면 대단한 홍보 효과를 얻을 수 있었지만 에디슨은 요청들을 거절했다. 시스템 효율성이 아직 검증되지 않았기 때문이었다.

이듬해 초 거물급 인사인 헨리 빌라드가 에디슨을 찾아왔다. 그는 콜롬비아호라는 이름의 증기선을 만들고 있었는데, 항해 준비를 위해 한동안 뉴욕 항에 머무를 예정이었다. 1879년 에디슨은 크리스마스를 맞아 먼로파크에서 집집마다 전구를 밝히는 최초의 시연회를 열었다. 이때 그 현장에 있었던 빌라드는 전구의 열혈팬이 되었다. 그는 에디슨에게 자신의 배에서 전구 시스템을 테스트해보자고 제안했다. 에디슨은 빌라드의 제안을 받아들였다. 콜롬비아호에서 시범운영을 하는 방식이 대도시 시스템과 상당 부분 비슷하다고 생각했기 때문이다. 게다가 콜롬비아호에서 성공을 거두면 엄청난 홍보 효과까지 기대할 수 있었다. 에디슨은 이것이야말로 경쟁자들의 간담을 서늘하게 만들 기회라고 생각했다.

콜롬비아호 전구 시스템의 시범운영을 준비하는 과정에서, 에디슨은 업튼과 배츨러, 인설 등을 들들 볶았다. 더 커진 도시 설비 규모에 맞는 발전기, 절연체, 전선, 스위치, 기타 시스템을 개량하기 위해서였다. 실제로 콜롬비아호에서 이루어진 시장확대 실험은 완전한 대규모 시스템을 만드는 데 큰 도움이 되었다. 최초로 램프 소켓을 개발하기 위해 키 스위치, 안전 전선, 퓨즈 등을 준비할 수 있었는데, 램프 소켓은 누전으로 인한 화재를 예방하는 중요 부품이었다.

1880년 후반, 콜롬비아호가 항해 준비를 마쳤다. 프랜시스 업튼이 배에 설치할 새로운 전구 시스템의 책임을 맡았다. 그는 직접 배에 올라 전구 시스템의 모든 사항을 꼼꼼히 기록했다. 이렇게 해서 콜롬비아호는 완벽하게 작동하는 선상 전구 시스템을 갖춰 항해한 첫 번째 선박이 되었다.

콜롬비아호 시범운영으로 얻은 피드백은 대체로 긍정적이었다. 하지만 몇몇 언론은 뜻밖에도 부정적인 반응을 보였다. 일부 기자들이 백열전구는 특수한 시장에만 적합한 한계가 있다고 보도한 것이다. 에디슨과 그의 측근들은 이 소식을 듣고 더 큰 규모의 공공 론칭에 적합한 부지를 찾기 위해 몇 배의 노력을 기울였다.

그들은 새로운 중앙 전력 시스템의 효과를 다시 선보이기에 적합한 환경을 찾기 위해 온갖 자료를 찾아 분석하고 계산했다. 그 결과 약 8만 평 정도 넓이에 비교적 소비량이 많은 지역이 가장 적합하다는 결론을 내렸다. 완벽한 장소를 물색하는 데 몇 달을 보낸 끝에, 마침내 맨해튼 월 스트리트 근처에서 시범운영에 가장 적합한 장소를 찾을 수 있었다. 지금의 펄 스트리트가 바로 그곳이었다.

1880년 가을, 시의회는 중앙 전력 시스템의 테스트를 허가했다. 에디슨은 영향력 있는 뉴욕 언론사들이 그의 일거수일투족을 보고 있다는 사실을 잘 알았다. 펄 스트리트가 뉴욕의 금융 중심가인 월 스트리트와 가깝다는 점도 충분히 긍정적 효과를 거두리라 예상했다. 에디슨은 1882년 9월 4일의 테스트를 위해 비장하게 론칭 계획을 세웠다.

펄 스트리트에서 테스트하려면 완전히 새로운 인프라를 구축해야 했다. 먼로파크와 콜롬비아호에서 면밀하게 검증된 발명 특허품 수백 종도 이곳 환경에 맞게 개량할 필요가 있었다. 에디슨 연구팀은 백열전구의 필라멘트를 더욱 완벽하게 만드는 동시에, 가로등, 계량기, 스위치, 지하 전선로, 복잡한 회로 설계 등 모든 부분을 개선하는 데 열정적으로 뛰어들었다. 하지만 30톤짜리 발전기와 같은 일부 장비는 한번 짓고 나면, 테스트한 다음 옮길 수가 없었다. 결국 완벽한 시스템을 위해 '실제로 사용할 장소'에서 테스트가 이루어져야 한다고 결론 내렸다.

1990년대에 최초의 OS/2 컴퓨터 작동 시스템을 운영한 사례는 1882년, 에디슨이 최초로 전력 시스템을 설치하는 과정과 여러 모로 닮았다. OS/2 컴퓨터는 그 당시 세계 최초로 등장한 시스템이었다. 따라서 결함을 찾아낼 숙련된 소프트웨어 엔지니어가 부족할 수밖에 없었다. 에디슨도 실험을 성공시키기 위해 애쓰는 과정에서 같은 어려움을 겪었다. 유능한 엔지니어를 확보하지 못해서 작업이 지연되고 있다는 사실을 깨달은 것이다. 그에 대한 해결책으로 에디슨은 뉴욕에 전력 시설을 설치할 전문가를 키우는 훈련기관을 만들었다.

1882년 9월 4일, 모든 준비가 끝났다. 전례 없는 인프라를 구축하고 설치 전문가를 키우는 훈련까지 해야 했던 여러 난관을 뚫고 펄 스트리트에 불을 밝힐 시간이 온 것이다. 에디슨은 엔지니어 존 리에브와 손목시계의 시각을 똑같이 맞추고 J. P. 모건 사무실로 향했다. 크루에시, 베르그만 등과 함께 브로드 가와 월 스트리트 교차점에 있는 그의 사무실에 도착했다. 마지막으로 안전장치 설치가 제대로 이루어졌는지 확인했다. 오후 3시 정각, 스위치가 "탁!" 소리를 내며 올라가자, 펄 스트리트 일대 8만 평 지역의 백열전구가 일제히 빛을 발했다. 바로 다음 날 〈뉴욕 헤럴드〉지에 이 역사적 사건이 실렸다.

"지난 밤, 낯선 불빛이 도시의 4분의 1을 차지하는 지역에 있는 점포와 사무실을 가득 채웠다. 표면에 그을음이 생겨 불빛이 희미했던 가스등은 이제 밝고 부드러운 빛을 쉬지 않고 발하는 전구에 자리를 내주게 되었다. 에디슨의 전구는 건물 안을 환히 밝히는 것으로도 모자라 창문 밖으로 흔들림 없이 빛을 뿜었다."

흥분에 들뜬 언론 보도가 잇따르자, 펄 스트리트 테스트에 쏟아부은 자금 압박이 다소나마 해소되었다. 에디슨은 재정상 어려움을 겪긴 했어도 2년간의 고된 과정이 그만한 가치가 있다고 느꼈다. 특히 숙련된 직원을 키우려는 노력은 그가 보여준 가장 놀랍고 훌륭한 교훈이었다. 그는 이후로도 숙련된 직원을 많이 배출해 전구 산업 자체를 번영시킬 것을 맹세했다. 그 일환으로 1881년, 파리 국제 전기 박람회에 전시했던 5만 달러 상당의 장비를 콜롬비아 대학에 기부하여 새로운 프로그램을 위한 기금 마련을 돕기도 했다. 덕분에 콜롬비아 대학은 MIT, 코넬대와 함께 미국 최초로 전기공학 학위를 수여한 교육 기관이 될 수 있었다.

펄 스트리트 테스트는 에디슨에게 또 한 가지 중요한 깨달음을 안겨주었다. 바로 인구밀도가 낮은 지역에는 다른 유형의 시스템이 필요하다는 것이다. 실제로 펄 스트리트에 맞춰 설계된 중앙 전력 시스템은 인구밀도가 높은 지역에서만 효과가 있었다. 이 교훈을 바탕으로 에디슨은 즉시 두 번째 전력 시스템을 구상하기 시작했다. 그로부터 얼마 지나지 않아 규모가 더 작은 지역에 적합한 '삼선 시스템(Three-Wire System)'이 탄생했다.

에디슨은 시장확대 전략을 치밀하게 준비해 전 세계를 뒤바꿀 전략적인 혁신을 이뤄냈다. 새로운 인프라 구축과 같은 새로운 시스템을 고안하고 점진적으로 규모를 확대하려면 비전과 고집이 있어야 한다고 굳게 믿은 것이다. 우리도 에디슨의 경험을 교훈 삼아 혁신 프로세스를 만들 때 반드시 시장확대 전략을 활용해야 한다. 이때 예기치 않은 결과가 일어나는 상황까지 시간과 돈을 적절히 조절하는 것도 잊지 말자.

혁신 역량 키우기: 시장확대 효과를 이해하라

사람들은 시장확대 효과를 이해하는 일이 중요하다는 것을 알고도 자주 잊는다. 최고 가치를 창출하려면 이 중추적 요소에 반드시 관심을 기울여야 한다. 1979년, 카즈히코 카이 니시가 마이크로소프트에 입사했다. 1986년에는 부사장 자리에 올라 신기술을 담당하며, 일본 PC 산업에서 독보적인 인물이 되었다. 그는 시장확대 효과의 중요성에 대해 이렇게 말했다.

"창의성에는 2가지 유형이 있다. 첫 번째는 0에서 1을 만드는 것이고, 두 번째는 1에서 1,000을 만들어내는 것이다."

칼슨과 윌못은 이렇게 덧붙인다.

"1에서 1,000을 향해 가는 것은 기나긴 여정이다. 더구나 그 험난한 과정은 눈에 잘 띄지도 않는다."

2000년 미국 발명가 명예의 전당에 입성한 헬렌 프리 박사는 그들 부부가 1에서 시작해 1,000 이상을 만들어낸 과정에 대해 입을 열었다. 1950년대와 1960년대에 그들은 당뇨 여부를 알아내는 소변과 혈액검사 시장을 여는 데 큰 몫을 했다. 덕분에 환자들은 가정에서 스스로 검사할 수 있게 되었고, 이것이 훗날 가정용 임신 테스트기를 발명하는 토대가 되었다. 헬렌은 검사기의 개념을 만들고 시장확대를 통해 제품을 출시하는 모든 과정에 참여했다. 다음은 그녀의 설명이다.

"나의 남편 알프레드는 실험실 최고 책임자였어요. 그는 '2단계 효소 반응'이라는 멋진 아이디어로 가정용 검사기의 기초를 제공했지요. 덕분에 1950년대에 특허를 취득할 수 있었습니다. 검사방식은 쉽고 간단해요. 살짝 찍어보기만 하면 반응 결과가 나오죠. 이것은 일대 혁신이었습니다.

하지만 이 간단한 방식을 찾는 과정은 쉽지 않았습니다. 우리는 실험실에서 긁는 방법을 포함해 모든 시도를 해본 결과, 종이를 시약에 살짝 담그면 포도당을 측정할 수 있다는 것을 알 수 있었지요. 이 사실을 확인하기 위해 화학 물질의 무게를 달아 일정량씩 나눠 측정용 플라스크에 넣어 섞어보았습니다. 그런 다음 특수 처리한 종이를 커다랗게 만들어 말린 후 정사각형으로 작게 잘라냈습니다. 알프레드는 꼭 에디슨이나 할 만한 질문을 했어요.

'있잖아, 정사각형 종이로도 가능하다면 끈 모양은 어때?'

물론 우리가 일하던 제약회사인 바이엘의 마일스 연구소에도 점진적 시장확대와 상품화에 협조할 만한 제조 전문가들은 있었습니다. 하지만 실제로 제품을 만드는 방법을 고안한 것은 우리 실험실 사람들이었죠. 우리가 상품화 시작 단계부터 끝까지 관여한 겁니다.

제조 단계를 준비할 때였어요. 우선 오븐 안에 커다란 종이를 매달았지요. 종이가 오븐에서 바싹 마르면 가위로 일일이 잘라 병 속에 넣었습니다. 생산량이 늘어나면 그 효율성도 측정해두었지요. 드디어 우리의 첫 제품이 인도 엘카트에서 탄생했습니다. 그것이 바로 1956년 만들어진 클리니스틱스입니다.”

프리 박사의 성공 스토리에는 중요한 교훈이 담겨 있다. 다양한 분야의 구성원이 협력해야 시장확대 효과가 가장 크다는 것이다. 이때 혁신 프로세스 초기부터 평소에 함께 작업하지 않던 사람들과 일하면 작업이 한층 매끄럽게 흘러간다.

프리 박사 제조 팀은 박사와 그 동료들이 자기들의 주 무대인 실험실에서 원료를 성공적으로 만드는 모습을 쭉 지켜보았다. 덕분에 제조 전문가들까지도 효율적인 시장확대 작업에 필요한 핵심 요소를 뽑아낼 수 있었다. 그들은 대량 생산 프로세스를 함께 고안하고, 수만 개의 클리니스틱스 원료를 흠잡을 데 없이 완벽하게 생산해냈다. 마케팅 프로세스를 시작할 때에도 관여했다. 이 혁명적인 상품의 이점을 드러낼 만한 홍보 전략, 과학적 성과 그리고 생산 프로세스를 연계하는 데 아이디어를 낸 것이다.

톰 퀵은 전기 면도기 제조사 스펙트럼 브랜즈의 품질 담당 부사장이다. 수백 개에 달하는 브랜드의 시장확대를 지휘하며, 프리 박사 팀이 수십 년 전에 세운 원리를 체계적으로 적용하고 시도하기도 했다. 그는 사내의 여러 자원을 조정해 가장 효율적인 방식으로 시장확대를 이루는 데에도 최선을 다했다. 퀵은 자신의 접근법을 이렇게 설명한다.

“스펙트럼 브랜즈의 신제품 개발 과정 중에는 ‘단계별 관문’이라는 것이 있습니다. 모든 프로젝트는 초기 아이디어부터 생산에 이르기까지 반드시 이 과정을 거쳐 자체 기준을 통과하지요. 기본 모형에서 시작해 기술 실험, 공장 실험, 대량생산 등으로 연결되는 것이죠. 이 모든 과정을 위해 설계 증명과 생산성 검증이라는 2가지 방법을 주로 사용합니다. 여기서 설계 증명은 '한번 해볼 수 있을까?' 생산성 검증은 '수백만 번까지도 할 수 있을까?'라는 물음에 답하는 겁니다. 프로젝트 전체의 예상 손익은 반드시 신제품을 개발하는 첫 단계에서 승인받아야 합니다. 따라서 신제품 출시 계획에 맞춰 시장확대 목표일을 정해두는 것이 좋습니다.

견본 중 한두 개가 기술 실험 기준을 통과하면 공장 실험 단계에 들어갑니다. 약 200여 개 과정을 거쳐 생산 시스템을 테스트하는 거죠. 일반적으로 2차 공장 실험까지 이루어집니다. 이때 규모는 첫 번째 공장 실험의 두 배에 달해요.

다음은 제품을 판매 가능한 수준까지 만드는 제한적 생산과정 단계입니다. 제품이 아직 불완전한 상태이므로 생산량에 제한을 두는 거죠. 먼저 제품을 출시하기 전에 얼마나 생산할지 정합니다. 물론 각 단계마다 테스트를 완료해야 합니다. 비용은 작은 단위부터 투자 시설비에 이르기까지 모두 꼼꼼히 기록합니다.

다음으로 기술공학부가 증명을 맡습니다. 이때 프로젝트 설계가 사전에 동의한 설계 명세서와 일치함을 보여줘야 합니다. 검증은 품질부의 몫이죠. 생산 라인에서 만든 제품이 최종 설계 명세서와 일치한다는 사실을 확인하는 거지요. 기술공학부가 '밀고' 품질부가 '당기며' 함께 최상의 제품을 만들기 위해 최선을 다한 덕분에 전체 프로세스는 매우 효율적으로 이루어집니다. 우리는 이런 방식으로 매년 수백 종의 신제품을 성공적으로 출시합니다.

시장확대는 고객이 제품을 사용할 때 일어날 수 있는 모든 상황과 변화에 대처하는 과정입니다. 다시 말해 계속해서 실험하며 위험 요소를 찾는 겁니다. 모든 단계의 시작과 끝은 반드시 고객의 요구에 맞춰야 해요. 어떤 상황에서도 고객의 요구에 어긋나지 않을 때 성공은 자연스럽게 따라오기 때문이죠."

톰 퀵의 원리는 서비스업에 꼭 들어맞는다. 신규 서비스를 내놓기 전에 실제로 운영할 때 벌어질 수 있는 모든 상황에 대비하라. 신규 고객과 기존 고객이 맞닥뜨릴 수 있는 모든 잠재적 상황을 기업에서 먼저 겪어야 한다. 신규 고객이 당신의 서비스를 구매하길 원하거나 단순히 당신의 서비스보다 더 나은 것을 찾으려 하는 순간, 그들은 자연스럽게 당신이 준비해둔 시장확대의 결과를 경험할 것이다. 어떤 산업 분야든 시장확대를 이용하면 문제가 더 커지기 전에 해결할 수 있다. 그리고 당신의 고객은 완전한 최고 가치를 누리는 것이다.

에디슨의 전구 보급 시스템을 돌이켜보자. 인프라 규모 확대 전략은 다른 대부분의 제품이나 서비스 규모 확대보다 훨씬 많은 시간과 비용이 소요된다. 따라서 대규모 프로젝트에 참여하는 정부와 여러 단체는 늘 시장확대 효과부터 깨달아야 한다.

우리가 오늘날 인터넷이라고 부르는 것은 미 국방고등연구기획청(DARPA) 프로젝트에서 파생되어 대략 20년간의 시장확대 과정을 거쳤다. 1972년 미 국방고등연구기획청에 들어가 13년간 활동한 MIT 교수진 임원 로버트 칸은 당시 스탠퍼드 대학 조교수였던 UCLA 철학박사 빈튼 서프와 공동으로 인터넷 설비(Internet Architecture)를 개발했다. 그들이 바로 오늘날의 TCP/IP 프로토콜을 최초로 설계한 이들이다. TCP/IP 프로토콜은 현재 월드와이드웹(www)상에서 이메일부터 인스턴트 메시지까지 광범위하게 응용할 수 있는 기본적인 통신 프로토콜로 활약하고 있다. 최근 우리와 나눈 인터뷰에서 칸 박사는 이렇게 말했다.

"미 국방고등연구기획청과 여러 컴퓨터를 연결하는 방안을 처음 모색하던 때가 1972~1973년이었습니다. 현재 우리가 아는 인터넷이 시장확대를 거쳐 완성되기까지 자그마치 20여 년이 걸린 셈이죠. 인프라라는 것이 보급에서 정착까지 굉장히 오랜 시간이 걸리기 마련입니다. 그런 면에서 일반 제품이나 서비스와는 많이 다르지요."

로버트 칸과 빈튼 서프는 TCP/IP 프로토콜 개발이라는 대단한 업적을 세워 2006년 미국 발명가 명예의 전당에 이름을 올렸다.

5) 시장을 움직이는 브랜드를 창조하라

온 세계가 무대이니. _윌리엄 셰익스피어 William Shakespeare, 《뜻대로 하세요》 중에서

에디슨은 통찰을 통해 아이디어를 얻는 것을 뛰어넘어 자신의 핵심 역량과 시장의 틈새를 연결시킬 줄 알았다. 날카로운 집중력으로 목표고객을 조준해 이러한 능력을 완성시켰다. 그는 제대로 된 비즈니스 모델을 활용하는 능력을 키워 여러 가지 혁신을 이루는 동시에 시장확대 효과를 극대화하는 방법까지 지속적으로 연구했다. 이 모든 노력 덕분에 혁신을 거듭하고 질 좋은 제품과 서비스를 경쟁자들보다 우월한 가치로 고객에게 전할 수 있었다.

이것이 전부가 아니다. 에디슨은 최고 가치 창조 요소 중에서 눈에 확 띄지

는 않지만 필수적인 또 하나의 요소를 이해하고 있었다. 바로 자신의 노력을 세상에 알리는 것이다.

1800년대 후반과 1900년대 초반에는 에디슨이 도움받을 만한 마케팅 관련 도서나 브랜딩 컨설턴트가 거의 없었다. 하지만 에디슨은 시장을 움직이는 브랜드를 창조하겠다는 신념을 끝까지 꺾지 않았다. 그가 사용한 방법 중 상당수는 오늘날 홍보, 실시간 제품 시연회, 특정 고객 겨냥용 부수 재료 전략 등에서 집중적으로 강조하는 부분이다. 에디슨은 천차만별의 성향을 지닌 고객들과 공감하는 방법을 포착했다. 이른바 오늘날의 B2C[24]와 B2B[25] 같은 개념을 컴퓨터나 인터넷이 없던 시절에 이미 구상한 것이다. 에디슨은 컴퓨터, 인터넷은 물론 TV조차 없이, 오늘날의 기준으로 보아도 누구나 부러워할 만한 국제적인 마케팅 기업을 만들었다.

에디슨의 이름은 최첨단 기술, 참신한 제품 활용, 최우수 품질, 다양성, 최고 가치와 동의어가 되었다. 그는 당시에 이미 수치로 표현이 가능한 범위를 넘어섰다. 끊임없이 말로 표현할 수 없는 무언가를 추구했다. 사람들은 에디슨을 '과학과 기술로 진보를 이루어낸 천재'라고 보았다. 하지만 에디슨은 천재라는 타이틀에 만족하지 않았다. 오히려 자신도 평범한 한 인간에 지나지 않는다는 이미지를 강조해 독특하고 마술적인 분위기를 내는 자신만의 브랜드를 창조한 것이다.

소비자와 기업들은 에디슨이라는 이름만 보아도 그 제품이 최고급 품질과

---

24) Business to Customer, 기업과 소비자 간 전자상거래. —옮긴이 주
25) Business to Business, 기업과 기업 간 전자상거래. —옮긴이 주

내구성을 갖추었다고 확신했다. 투자자들에게 그의 이름은 아직까지 한 번도 시도되지 않은 신기술을 상징했다. 에디슨 제품은 시장에서 새로운 흐름을 만들었다. 그가 제품을 출시할 때마다 그 분야에 대한 기준을 높여주리라 기대한 것이다.

에디슨 브랜드가 시장에서 어느 정도 위력을 발휘했는지 잘 보여주는 사례가 있다. 에디슨 활동사진 카메라가 출시되기 직전, 영화업에 종사하던 노먼 C. 라프와 프랭크 R. 개먼은 에디슨의 경쟁자에게 이런 내용의 편지를 보냈다.

"다른 사람이 발명한 기계가 얼마나 훌륭하고 유용한지에는 별 관심이 없소. 그 기계에 관심을 보이고 투자까지 생각하는 사람들 중 대다수가 에디슨의 기계를 기다리고 있기 때문이오. 그들은 에디슨이 아니라면 절대 만족하지 않을 거요. 차라리 에디슨이 기계를 완성할 때까지 기다리는 쪽을 택할 거란 뜻이지. 다들 에디슨이 제 시간 안에 모든 경쟁자들을 능가하는 기계를 내놓을 거라고 믿고 있으니 말이오."

에디슨은 자신의 브랜드가 가진 매력을 강화하기 위해 매순간 최선을 다해 노력했다. 그는 청소년기에 신문 발행인으로서 경험을 쌓은 덕분에 고객의 요구와 안목을 민감하게 알아챌 수 있었다. 전기 작가인 로렌스 프로스트는 이렇게 평했다.

"열다섯 살의 신문 발행인은 문법과 철자에는 서툴렀다. 하지만 독자들의 관심사가 무엇인지 만큼은 누구보다 확실히 알고 있었다."

이런 경험은 기자와 언론인이 무엇을 원하는지 이해하는 데에도 큰 도움이 되었다. 더 나아가 그들이 원하는 것을 정확히 전달하는 방법까지 통달할 수 있었다. 언론은 그를 사랑했다. 한 기자는 이런 찬사를 보내기도 했다.

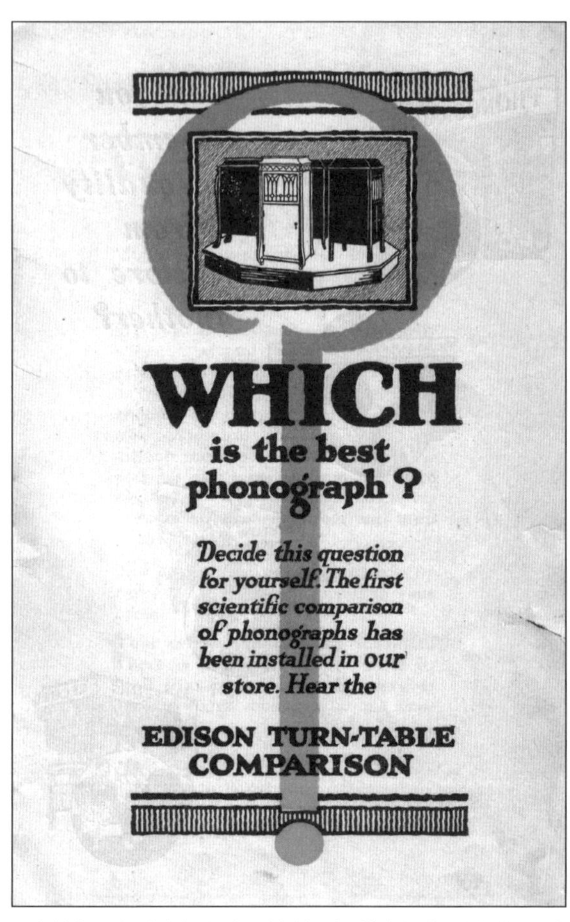

▲ 에디슨은 브랜드의 가치를 높이는 핵심이 '고객 교육'이라고 확신했다. 잠재고객을 향해 자신의 제품을 경쟁사의 제품들과 비교해보라고 권하기도 했다. 29세기 초에 배포된 축음기 광고에서 이러한 전략이 잘 드러난다.

"신문 기자에게 에디슨은 알라딘 램프와도 같은 존재예요. 그를 만나러 가는 기자는 무엇을 원하는지 생각만 해도 그 정보를 얻을 수 있습니다."

대중 매체는 에디슨의 사진을 찍어 공개하기를 무척 좋아했다. 그가 작업복 차림으로 야외에서 일하는 모습, 실험실 안에서 여기저기 화학물질이 튄 옷을 입고 연구에 몰두하는 모습을 담은 사진이 언론을 수시로 장식했다. 그들은 에디슨의 사진이 노동자 계층부터 지식인 계층에 이르는 모든 사람들에게 큰 반향을 일으킨다는 점을 간파했다.

에디슨은 대중성, 유머 감각, 날카로운 지성, 폭넓은 관심사를 모두 갖췄다. 언론은 큰 사건이 없어도 기삿거리가 필요할 때마다 그를 찾아가 인터뷰를 요청했다. 기자들은 에디슨이 어떤 방법으로든 기사를 쓰는 데 도움을 주리라는 걸 알고 있었다. 조만간 출시 예정인 제품 정보를 슬쩍 흘려주거나 미국 경제의 앞날에 대한 예측을 일러주는 식이었다. 웨스트 오렌지 연구소로 오라는 에디슨의 말 한마디에 연구소 앞은 1시간 만에 기자들로 가득 찼다.

에디슨은 소박한 농담과 호소력 있는 언변으로 기자들을 사로잡았다. 그는 자기가 이루고자 하는 성과에 대해 대담한 예언을 서슴지 않았다. 한 기자는 이렇게 말하기도 했다.

"에디슨은 엄청난 발언으로 청중들을 깜짝 놀라게 하길 좋아합니다. 실제로 그가 이룬 일들은 대단하죠. 그는 무언가를 공언할 때 환상에 사로잡히지 않는 현명함을 지니기도 했습니다."

에디슨은 미국 전역과 해외의 신문, 잡지, 전문지와 긴밀한 관계를 유지했다. 라디오가 등장했을 때는 신속하게 새로운 매체의 장점을 취해 웨스트 오렌지 연구소나 셔토쿼의 휴가지에서 방송을 했다. 심지어 자신의 생일인 2월 11일마다 기자들에게 일대일 인터뷰 기회를 제안하기도 했다. 대중들은 그날 하루 동안 '먼로파크의 마법사'와 기자들의 대화 내용을 계속해서 실시간으로 들을 수 있었다. 시간이 지나 2월 11일은 '발명가의 날'이라는 미국 국경일로 지정되어 에디슨의 업적을 기릴 수 있게 되었다.

그 후 에디슨 영사기가 세상에 나왔다. 이때 에디슨의 인터뷰 내용을 영화 필름에 담기도 했다. 에디슨의 모습은 대통령, 해외의 유명 인사들, 과학자, 기타 상류층 인사들과 나란히 필름에 담겼다. 그는 이 새로운 매체를 활용해 에디슨 브랜드의 신비로운 기운을 순식간에 새로운 차원으로 끌어올렸다. 덕분에 '살아 있는 전설'이라는 그의 이미지는 더욱 굳건해졌다. 에디슨이 방송과 영화에 출연한 효과는 단순히 제품과 서비스의 인지도를 높이는 데 그치지 않았다. 영화와 방송을 본 대중들이 에디슨을 국가 경제 번영을 주도하는 위인으로 칭송하게 된 것이다.

에디슨은 언론을 능수능란하게 다루는 재주로 실수를 만회하기도 했다. 어느 날 에디슨은 언론과의 친분을 이용해 강력한 라이벌인 웨스팅하우스를 망신시킬 계획을 세웠다. 에디슨은 직류를 선호했지만 그의 강력한 라이벌인 웨스팅하우스가 교류의 우수성을 주장한 것이 그 이유였다. 에디슨은 온갖 선전을 동원해 교류의 효용성을 비난했다. 심지어 뉴욕 주의 의뢰로 개발한 교류 전기의자를 사형수에게 사용해보자며 소름끼치는 제안을 하기도 했다. 하지만 이런 노력에도 직류를 산업 표준으로 만들려던 에디슨의 계획은 수포로 돌아가고 말았다. 결국 교류의 우수성이 증명되었던 것이다. 언론은 그런 상황에서도 적극적으로 에디슨의 명예 회복을 도왔다. 역사상 유례를 찾기 힘든 그의 혁신 성과를 높이 샀을 뿐만 아니라 유난히 언론과의 관계가 돈독했기 때문이다.

에디슨은 언론 홍보 말고도 자신만의 브랜드를 구축하기 위한 전략을 만들었다. 모든 단계에 마케팅과 브랜딩을 적용해 어떻게든 고객에게 자신이 한 일들을 알리려고 한 것이다. 에디슨과 최고 마케팅 책임자(CMO)였던 에드워드 H. 존슨은 먼저 고객과 의사소통을 나누는 통로를 하나로 합쳤다. 마케팅 전략은 대체로 크고 선정적인 표제를 활용한 브로슈어, 사용설명서, 광고 등을 활용했다. 이때 눈을 사로잡는 표제 다음에는 소비자와 기업 고객이 정말 필요로 하는 것에 중점을 둔 내용을 현실적인 언어로 표현했다. 사진과 일러스트에는 제품을 사용하는 고객의 이미지를 싣기도 했다. 제품에 대한 동경과 이상적인 '자기 이미지(Self-Image)'를 상상하도록 만들었다. 최첨단 기술로 무장한 제품을 사용자의 생생한 경험을 담은 언어로 포장해 전달한 것이다. 에디슨은 마케팅 계획을 세울 때마다 구매자가 사용하기 쉽고, 즐길 수 있으며, 그 혜택을 오랫동안 누릴 수 있다는 점을 강조했다. 덕분에 그는 늘 '최고의 가치를 전한다'는 이미지로 고객에게 다가갈 수 있었다.

에디슨은 훈련된 강사를 고용해 고객에게 제품의 사용 방법을 가르치는 마케팅 전략을 펴기도 했다. 강사와 판매원들이 소매 대리점을 통해 제품 주문을 받은 다음, 고객의 집이나 직장에 마차로 배달하도록 만든 것이다. 결과적으로 고객에게 제품에 대해 교육하는 전략은 에디슨 브랜드가 다른 경쟁사를 앞서는 결정적인 계기가 되었다.

에디슨은 고객들도 자신이 산 제품에 대해 잘 알아야 한다고 믿었다. '자신이 낳은 아이'라고 부르며 무척 아끼던 축음기를 처음 출시했을 때에는 최대한 유용하게 축음기를 사용할 수 있는 방법에 대해 직접 가르칠 정도였다.

에디슨은 브랜드의 가치를 높이는 핵심이 '고객 교육'이라고 확신했다. 잠재고객을 향해 자신의 제품을 경쟁사의 제품들과 비교해보라고 권하기도 했다. 29세기 초에 배포된 축음기 광고에서 이러한 전략이 잘 드러난다.

교육을 받은 고객들은 그 제품의 가치를 더 크게 느꼈다. 에디슨은 강사들이 일만 잘 해낸다면 고객이 제품을 즐기는 것을 넘어 에디슨 브랜드 자체에 더욱 강한 호감을 가질 거라고 믿었다.

에디슨은 제품이 진짜임을 증명하는 방안도 마련했다. 그들이 일하는 방식을 자랑스럽게 공개하기도 했다. 그의 자부심과 기쁨은 판매·강사 팀뿐 아니라 창의적인 제품 설명회 무대를 통해서도 고객에게 그대로 전달되었다.

에디슨은 제품 출시 이전부터 고객의 관심을 끌었다. 미리 축전지 판촉 행사를 열고 언론을 초대한 다음, 새로운 전지를 장착한 자동차가 가파른 언덕을 올라가는 모습을 보여준 것이다. 그리고 바로 이때 인기 절정의 쇼맨십을 갖춘 에디슨이 등장해 13층 창문 밖으로 전지를 던져 제품의 견고함을 강조했다. 이 장면을 본 언론은 열광했고, 에디슨은 후속 작업으로 목표고객에게 편지를 보내는 행사를 진행했다.

에디슨은 가격 책정, 고객 서비스, 품질 관리, 디자인 전략 등 다양한 방법을 이용해 브랜드 이미지를 구축했다. 사실 신기술을 담아낸 에디슨의 제품은 가격이 비싸질 수밖에 없었다. 하지만 에디슨은 부유층 소비자들만을 위한 장사꾼으로 비춰지길 꺼렸다. 대신 한 아이템을 여러 가지로 변형해 다양한 가격대의 제품을 제공했다. 특히 축음기는 모든 가정이 한 대씩은 보유할 수 있도록 폭넓은 가격으로 20여 종을 선보였다.

기업 고객을 위해서도 한 가지 제품을 다양한 크기와 가격으로 재구성하여 제공했다. 더욱 많은 기업 고객의 유치를 노리고 6가지 크기의 발전기와 3종류의 축전지를 내놓기도 했다.

당시에는 그처럼 다양한 아이템을 내놓을 만큼 깊이 있는 기술을 보유한 경쟁사가 없었다. 설령 그들이 어떻게든 기술은 따라잡는다고 해도, 에디슨 브랜드와 대적할 방안을 찾는 데는 실패했다. 그럼 에디슨의 브랜딩 기술을 한

번 살펴보자.

'마스터 브랜드(Master Brand)' 전략

에디슨은 이른바 마스터 브랜드를 창조하여 다양한 분야에서 시장의 선두 자리를 지켰다. 마스터 브랜드는 다양한 종류의 제품과 가격대를 아우르는 '우산'과도 같은 브랜드다. 소니, IBM, Virgin-Group, 디즈니, HP, 나이키, 애플 등이 오늘날 이와 유사한 전략을 사용하고 있다.

에디슨은 디자인이 브랜드를 강화하는 데 어떤 역할을 하는지 완벽히 알고 있었다. 전신 기술자 시절 동료 기술자들이 복잡한 장비 때문에 고생하는 모습을 목격했다. 그때부터 자신이 만드는 제품은 누구든 간편하게 사용할 수 있길 바랐다. 그리고 이렇게 사용이 간편한 제품이라도 디자인이 멋지고 깔끔해야 고객 입장에서 자랑할 기분이 든다고 판단했다. 그의 제품을 소유한 고객이 자부심을 느끼길 바랐던 에디슨은 디자인이 기능 못지않게 중요하다고 여겼다. 실제로 에디슨의 제품은 대체로 디자인이 아름답고 실용적이었다. 그중에서도 가장 대표적인 것이 백열전구에 사용된 유리알이다. 인체공학적인 동시에 아름다운 전구의 디자인은 오랜 세월을 거쳐 지금까지 이어지고 있다.

에디슨의 가격·디자인 전략을 뒷받침한 것은 기술과 품질 관리였다. 그는 최고의 기술이 고객이 원하는 최고급 브랜드를 만든다고 생각했다. 이를 위해 품질보증 제도를 마련해 고객이 제품에 만족하지 못할 경우 반품이나 교환할 수 있도록 배려했다. 서비스 보증서 같은 문서가 없던 시절이었지만 에디슨의 제품은 구매 영수증을 제시하거나 단순히 구매 사실을 증명할 사람의 말 한마디면 반품과 교환이 가능했다.

에디슨은 자신의 이름을 달고 나온 제품 뒤에서 늘 든든히 버티고 있었다. 제품 설계, 제조, 판매 프로세스의 모든 단계에서 엄격하게 품질을 관리했다. 덕분에 에디슨 제품의 품질은 당연히 믿을 수 있다는 이미지를 심어주었다. 그 당시 에디슨의 감시망을 피해 결함이 생기기라도 하면 무슨 수를 써서라도 고쳐놓아야 했다.

그는 고객들이 자사 제품의 디자인과 기능을 어떻게 보는지 귀신같이 파악했다. 하지만 안타깝게도 고객의 오락 취향을 꿰뚫는 재주는 없었다. 그의 레코드 브랜드가 고전을 면치 못했던 것도 레코드에 등장하는 음악가와 가수를 자신의 취향대로 선택한 탓이었다. 에디슨은 레코드에 교육적인 내용을 담고 싶어 했지만, 대중은 순수한 오락거리를 원했다.

에디슨에게는 시장을 이끄는 창조 능력이 있었지만 사람들의 음악이나 영화 취향은 맞추지 못했다. 제너럴 일렉트릭의 주식을 팔고 회사명에서 자기 이름을 빼야 했던 일과, 10년을 투자했으나 운이 트이지 않았던 광석분쇄 사업도 에디슨의 명성에 금이 가게 만들었다.

그런 상황에 부딪혀도 에디슨은 언론 홍보, 현장 설명회, 부수재료 전략, 고객 교육, 사용자의 편에 선 디자인, 제품 지원, 엄격한 품질 관리에 힘썼다. 그 결과 고객을 위해 최고 가치를 창조할 수 있었던 것이다. 이제부터 에디슨의 고객 우선주의에 대해 살펴보자.

고객 우선주의

다음은 시장을 움직이는 불후의 브랜드를 창조하는 법에 관한 제임스 G. 클로슨 교수의 설명이다.

"디즈니, 코카콜라, HP, 나이키······. 시장을 움직이는 브랜드이자 위대한 혁신을 이룬 기업들입니다. 에디슨은 바로 이들이 성장할 수 있는 토대를 마련 했죠. 물론 그들 모두가 에디슨의 생애와 업적을 연구하진 않았을 거예요. 하지만 분명한 것은 위의 기업들이 그가 세상에 선보인 프로세스의 혜택을 누리고 있다는 점입니다.

에디슨은 시장을 움직이는 브랜드를 만드는 일이 마케팅 부서를 넘어 조직 전체의 일임을 보여주었습니다. 그의 타고난 과학적·지적 호기심은 고객의 반응을 정확하게 예측하는 능력과 훌륭한 조화를 이루었죠. 정말 보기 드물게 강력한 조합이 아닐 수 없습니다."

그리고 이렇게 덧붙인다.

"오늘날 기업들은 마스터 브랜드를 만들어내는 과정에서 이윤 창출에만 급급한 경우가 많아요. 이렇게 기업의 가치를 창출하는 데 소홀하면 십중팔구 문제를 겪게 됩니다. 경영의 관심을 판매에만 집중하면 정작 판매 욕구를 일으키는 부수적인 요인들을 간과하기 쉽기 때문이죠.

에디슨은 혁신 프로세스의 모든 면에서 고객을 만족시키는 데 집중했습니다. 고객이 가치 있다고 느낄 만한 요인이 품질, 가격, 신뢰, 효율성, 유용성과 같은 조건들과 더불어 성공에 핵심적인 역할을 한다고 보았죠. 에디슨은 양쪽 모두에 중점을 둔 결과, 다음 모델을 개발하고 각 아이템에서 파생된 제품들까지 판매로 연결할 수 있었습니다. 수익이 자연스럽게 따라온 건 물론이고요. 마케팅만으로 브랜드를 만들려고 하는 개인은 비즈니스 역사의 뒤안길로 흔적도 없이 사라질 뿐입니다."

혁신 역량 키우기: 시장을 움직이는 브랜드를 창조하라

연극은 중요하다. _윌리엄 셰익스피어 William Shakespeare, 《햄릿》 중에서

어린 시절부터 셰익스피어를 동경했던 에디슨은 성인이 되어서도 연극 애호가가 되었다. 배우가 되어 셰익스피어 연극을 하겠다는 꿈은 실현하지 못했지만 대신 셰익스피어 연극의 원리를 이용해 브랜드를 만들었다. 당신도 같은 원리를 적용하여 고객을 위한 최고 가치를 창조하는 능력을 향상시킬 수 있다. 연극 원리의 기본은 내부적으로든 외부적으로든 모든 것을 보여주는 것이다. 그리고 이를 위해서는 광고와 마케팅에 노력을 기울여야 한다. 사업상 지지자를 찾거나 자신의 브랜드 구축에도 연극의 원리를 적용할 수 있다.

전설적인 비즈니스 컨설턴트인 톰 피터스를 비롯한 여러 전문가들이 공통적으로 주장하는 바가 있다. 스스로 '자신의 브랜드'가 되어야 한다는 것이다. 어떤 조직에 속해 있건 최고 가치를 안겨주는 사람으로 보이도록 전략을 세울 필요가 있다. 연극의 원리는 자신의 브랜드는 물론이고 당신을 고용한 조직의 브랜드까지 키울 수 있게 도와줄 것이다.

그렇다면 도대체 어떤 연극의 원리를 말하는 것일까? 사실 그중에서도 가장 기본적인 원리는 이미 앞의 '목표고객을 조준하라'에서 논의되었다. 셰익스피어는 연극이 유명세를 타려면 관객에게 재미와 감동을 주는 것을 뛰어넘어 매혹적인 영감까지 전달해야 한다는 사실을 알고 있었다. 희곡 작가로서의 성공을 가늠하는 유일한 척도가 오직 관객의 반응을 살피는 일이란 사실도 알고 있었다.

에디슨도 마찬가지였다. 그는 사람들이 자신의 발명품을 사고 싶어 할 때에

야 비로소 성공 여부를 알 수 있다고 믿었다. 이것은 단순해 보이지만 중요한 원리이다. 청중에게 무엇인가를 전하고자 할 때 성공 여부를 판단하려면 그들의 입장에서 무엇을 어떻게 받아들였는지 확인해야 한다. 당연한 상식 같아도 사람들은 이를 쉽게 무시하거나 잊기 일쑤다. 실제 생활에 비춰보면 이 사실이 더 분명하게 드러난다. 친구와 대화를 한다고 치자. 대화를 자꾸 자기 얘기로 이끄는 사람부터 혁신을 제안하는 자리에서도 자기 전문분야에만 폭 빠져 이야기하는 사람까지, 아무도 자신의 메시지가 성공적으로 전달되었는지는 알려고 하지 않는다.

여기서 중요한 것은 청중에게서 자신이 의도한 결과를 얻으려면, 먼저 그들이 당신의 메시지를 기억해야 한다는 사실이다. 사람들이 이 원리를 쉽게 잊는 이유는 이해하는 것과 기억하는 것을 혼동하기 때문일 것이다. 하지만 이 둘은 전혀 다르다. 같을 수가 없다. 실제 생활에서 우리가 어떤 내용을 완벽하게 이해했다고 느끼는 순간은, 잘 정리된 발표를 끝까지 듣거나 TV에 나오는 광고를 볼 때 정도다. 이것마저도 시간이 조금만 지나면 새까맣게 잊어버리곤 한다.

브랜딩 활동 초기에도 같은 일이 자주 벌어진다. 막대한 돈을 투자했고, 재미도 있으며, 구성도 잘 짜여 있다. 하지만 사람들의 뇌리에서 금방 사라지는 것이다.

청중이 당신의 메시지를 이해할 뿐만 아니라 기억까지 하게 만들 방법이 있을까? 에디슨은 그 방법을 알고 있었다. 메시지를 각인하는 열쇠는 셰익스피어의 작품 안에 전부 들어 있다. 기억 심리학을 연구하는 현대의 전문가들도 고개를 끄덕일 정도이다. 이제부터 당신이 이해하고 명심해야 할 지침들을 알려주려고 한다. 그리고 그에 앞서 기본 원리에 추론을 통합해볼 것이다. 당신이 원하는 실용적인 적용방법을 찾아야 하기 때문이다.

말로 하든, 글로 쓰든, 전기 통신을 활용하든, 의사소통을 계획할 때는 정확한 목표부터 설정해야 한다. 당신의 메시지를 들은 청중이 무엇을 알고, 느끼고, 행동하기를 원할지 정하는 것이다. 이때, KISS 원칙(Keep It Simple, Shakespeare)을 기억하라. 무조건 단순하게, 셰익스피어처럼 하는 것이다. 어떤 혁신 아이디어나 프로젝트에 대한 지지를 얻고자 한다면, 청중이 그에 관해 무엇을 기억하면 좋을지 정확히 알아야 한다. 이때 내용은 최대한 쉽고 간단하게 구성하라.

에디슨은 청중에게 특별한 사람이라는 느낌을 심어주는 데 선수였다. 그의 제품이나 서비스를 경험한 고객은 으레 자신이 특별하다는 느낌에 우쭐했다. 그는 광고, 제품 설명회, 발표 등을 통해 고객의 이성과 감성을 사로잡았다. 물론 청중들은 그가 원하는 대로 움직였다.

에디슨처럼 청중을 유혹하려면 먼저 청중이 기억해야 할 사항부터 확실히 정하라. 그런 다음 메시지를 기억에 남게 하는 원리를 적용하는 것이다. 간단한 연습만으로도 이 원리를 터득할 수 있다. 오른쪽에 50개 단어가 있다. 왼쪽에서 오른쪽 방향으로 딱 한 번씩만 읽어라. 공부하려고 들지 말고, 그저 한 단어씩 차례로 읽기만 하면 된다. 누군가에게 한 번씩 소리 내어 읽어달라고 부탁해도 좋다. 이때 전체를 읽는 데 90초를 넘기지 않도록 주의하라. 다 끝났으면, 기억나는 단어를 적어보자.

눈 자동차 지팡이 갑판 탁자 병 빛 모래 하늘 책 비누 숟가락 식물 카펫 에디슨 지하실 현관 베개 트렁크 종이 도로 칼 의자 짚더미 노트 공기 비 새 혁신

줄 지역 외투 컵 미키루니 빛 바람 나무 연필 밧줄 도장 테이프 빛 석탄 카드
송곳 트럭 망토 파일럿 책상 액자

연습을 마친 대부분의 사람들이 목록 첫머리에 있는 두세 단어나 마지막 두
세 단어를 기억해낸다. 심리학자들은 이처럼 처음에 있는 것을 기억하는 경향
을 '초두효과(Primacy Effect)'라고 부른다. 또한 순서의 마지막에 오는 것을
기억하는 현상을 '최신효과(Recency Effect)'라고 한다.

맨 처음과 끝 사이에 있는 것들은 기억에서 사라진다. 그런데 위의 연습에서
는 예외가 등장한다. 사람들이 3번 반복된 것(빛), 유난히 도드라지거나 낯선
것(미키루니), 정황상 개인적으로 특별한 의미가 있는 것(에디슨, 혁신)을 기억
한다는 것이다. 기억에 관한 연구는 이러한 사실을 증명한다. 연구 결과에 따
르면 순서의 맨 처음과 끝에 오는 것, 반복되는 것, 두드러지는 것 그리고 개인
적 연관이 있을수록 기억하기가 쉬워진다.

PROPAR는 청중의 기억에 남는 의사소통을 위한 5가지 방법이다. 처음
(primacy), 반복(repetition), 두드러짐(outstanding), 개인적 연관성(Personal
Association), 최신(recency)의 앞글자로 만들어졌다. 이 5가지 열쇠를 의사소
통에 어떻게 적용하는지 살펴보자.

– 처음: 에디슨은 셰익스피어의 '리처드 3세'를 무척 좋아했다. 이 연극은 불구
  인 리처드가 왕위에 오르기 위해 형제와 조카들을 죽일 음모를 꾸미는 혼잣
  말로 시작한다. 관객은 순식간에 이 인상적인 독백에 빨려든다. 비즈니스에
  서도 똑같은 원리가 적용된다. 소통을 하려면 처음부터 청중에게 이로움을

주고 그들을 사로잡아야 한다. 사람들은 첫인상을 기억한다. 첫인상을 만드는 데 두 번째 기회란 없다.

- 반복: 왕이 되려 하는 글로체스터 공(公)리처드는 독백의 첫머리를 장식하는 몇 줄의 대사에서 '지금'이라는 단어를 반복한다. 이로써 관객은 현재 눈앞에 살아 있는 듯한 리처드를 만난다. 그 다음에 이어지는 3문장의 시작을 '우리의'라는 단어로 채운다. 이때 관객은 왕국에서 벌어지고 있는 사건과 연결된 느낌을 받게 된다.

이제 오프닝 대사를 할 차례다. 그는 '나', '나의', '내 것'이라는 단어를 12번이나 사용한다. 이로써 관객은 뒤에 이어질 내용이 모두 그의 뒤틀린 자기애, 왕이 되겠다는 황홀한 욕망에 관한 것이라는 사실을 기억할 수밖에 없게 된다. 사람들은 반복된 것을 기억한다. 셰익스피어는 바로 그 점을 간파했다. 에디슨도 마찬가지였다. 그는 기회가 있을 때마다 가능한 모든 형태의 대중 매체를 활용해 제품의 장점을 거듭 강조했다. 당신의 한마디 말로 청중이 메시지를 이해하고 기억할 거라고 기대하지 마라. 기회를 놓치지 말고 늘 핵심 포인트를 반복하라.

- 두드러짐: 에디슨이 사랑한 연극은 잊을 수 없는 독특한 장면들로 가득 차 있다. 리처드가 앤 여왕을 유혹하는 장면은 그가 그녀의 남편을 살해한 직후에 나온다. 리처드는 기뻐 날뛴다.

"이렇게 우스꽝스러운 프러포즈를 받은 여자가 세상에 또 있을까? 이렇게 어이없이 설득당하는 여자가 있을까? 이제 곧 내 품에 안기겠지만, 그 여자를 오래 가질 생각은 없어."

셰익스피어는 주인공을 두드러지게 비열한 인물로 만들었다. 덕분에 관객은 리처드라는 인물이나 이 연극을 결코 잊지 못한다.

에디슨도 극적인 요소를 활용해 자신의 메시지를 돋보이게 하는 법을 터득했다. 축전지의 효능을 기자들에게 심어주려 고민하던 에디슨은 설계도나 설문 조사 결과를 보여주는 것만으로는 부족하다는 사실을 깨달았다. 그래서 축전지를 창문 밖으로 집어던졌다. 그런 다음 그 전지를 자동차의 동력원으로 이용해 가파른 언덕을 오르는 쇼를 선보였다. 예상대로 이 획기적인 메시지는 기자들의 뇌리에 각인되었다. 에디슨은 모든 비즈니스 발표가 극적인 형식을 갖추어야 한다고 믿었다. 관객, 기자, 투자자, 또는 고객을 향한 것이든 상관없이 에디슨처럼 상상력을 발휘하라. 그리고 당장 당신의 메시지를 돋보이게 만들 창의적인 방법을 찾아라.

- 개인적 연관성: 셰익스피어는 모든 사람을 겨냥했다. 남녀노소, 사회 계층 전부를 아울렀다. 그는 어떻게 똑같은 연극을 가지고 무수한 이들의 가슴을 울릴 수 있었을까? 셰익스피어는 인간이 보편적으로 경험하는 부분에 초점을 맞췄다. 인간이라면 누구든 가끔씩 상처를 받기도 하고 악의를 품을 때도 있다는 사실을 알고 있었던 것이다. 이런 보편적인 인간의 속성을 과장해 만든 인물이 바로 리처드였다. 우리가 리처드를 경멸하면서도 어느 정도 공감하는 것은 그런 이유 때문이다.

에디슨도 다양한 청중의 공감을 얻었다. 사람들은 어떤 물건이 자신에게 필요하다고 느끼면 기억하려는 성향이 있다. 에디슨은 이 사실을 간파하고 제품에 담긴 기술을 설명할 때 어려운 용어 대신 생활에서 접할 수 있는 일상적인 언어를 사용했다. 광고를 하더라도 제품과 서비스를 사용하는 평범한 사람들의 이미지를 사용했다. 타깃 고객과 눈높이를 맞추라. 그런 다음 당신이 전하려는 메시지와 개인적인 연관성을 느낄 수 있는 용어와 방식을 활용해야 한다.

- 최신 효과: '리처드 3세'는 아름다운 시로 끝을 맺는다. 요크 가(家)와 랭커스터 가(家)의 집들 사이로 흐르는, 평화로운 이미지를 떠오르게 하는 시 말이다. 셰익스피어는 관객에게 흥미진진한 배신으로 가득 찬 애피타이저와 메인 요리를 대접했다. 하지만 후식으로는 긍정적인 느낌을 남기고 싶었던 것이다.

에디슨도 흥미진진하고 극적인 설명에 농담을 섞어 청중의 흥을 돋굴 줄 알았다. 그런 다음이라야 청중에게 의도한 메시지를 잘 전달했다고 확신했을 정도다. 그는 홍보 활동을 할 때, 단 한순간도 목적을 잊지 않았다. 덕분에 청중에게서 원한 것은 반드시 얻어낼 수 있었다.

프레젠테이션을 이용해 의사소통을 할 때에는 목표를 이루는 데 도움이 되는 방법을 사용해야 한다. 당신이 아래 내용을 원한다고 가정해보자.

- 재정적인 지원
- 다시 한 번 심화 발표를 할 기회
- 인력 증강 또는 지원 서비스
- 일반적인 규칙에서 벗어나는 것

발표를 끝낼 때는 당신이 원하는 것을 청중이 줄 수 있는 기회를 마련하라. 그러기 위해서는 단기적 목표를 이루는 동시에 당신의 소통방식으로 브랜드 자체를 강화한다는 장기적인 안목까지 갖춰야 한다.

에디슨처럼 다른 이들의 기억에 남는 방법을 활용하면 모든 노력이 성공으로 이어질 가능성은 극적으로 높아진다. 반드시 청중을 중심으로 목표를 세우고, 발표할 때에는 PROPAR 원리를 적용하라. 당신만의 브랜드를 만들고 그것을 성장시키는 데 더없이 좋은 자산이 되어줄 것이다.

한 가지 더 명심해야 한다. 창의적인 아이디어나 발명품을 혁신으로 발전시키고 싶다면, 그 성패가 '소통 방식'에 달려 있음을 기억하라. SRI의 칼슨과 월못 또한 이 점을 강조한다.

"새로운 혁신을 꿈꾼다면 프로젝트를 완성시키는 데 필요한 재정적, 인적 자원을 확보하는 과정이 꼭 필요합니다. 이는 항상 누군가를 설득해야 한다는 의미지요. 사장, 이사회 임원진, 벤처 투자가, 정부 프로그램 관리자 등 누구에게든 당신의 아이디어가 훌륭하다는 사실을 알려야 합니다. 세상에 프로젝트는 많고, 재정 자원은 한정되어 있으니까요."

칼슨과 월못은 SRI의 혁신 도전자들에게 엘리베이터 피치[26]를 잘해야 한다고 강조한다. 여기서 엘리베이터 피치는 혁신적 가치 제안에 대한 지지를 끌어내기 위해 PROPAR에 입각해 발표하는 것이다. 칼슨과 월못은 셰익스피어의 《햄릿》에 나오는 인상적인 구절을 명심하라고 조언한다.

---

26) Elevator Pitches, 설득시켜야 하는 상대방과 우연히 같은 엘리베이터를 탔다고 가정하고, 그가 몇 층에서 내릴지도 모르는 상황에서 당신의 의도를 설명하고 그의 관심을 끌어낼 수 있어야 한다는 의미에서 나온 용어. —옮긴이 주

"지혜의 생명은 간결함이다."

온 세상이 무대예요.

모든 남녀는 한낱 배우에 불과하죠.

각자 등장하고 퇴장도 하며

한 사람은 죽을 때까지 수많은 역을 거치지요.

_윌리엄 셰익스피어 William Shakespeare, 《뜻대로 하세요》 중에서

온 세상이 무대다. 비즈니스 세계를 포함한 무대 말이다. 여기서 우리 모두는 한낱 배우에 불과하다. 개개인은 각자 등장하고 퇴장도 하며 경력을 쌓는 과정에서 수많은 역할을 맡기도 한다. 이때 역할을 제대로 소화할 능력을 갈고닦으려면 당신이 속한 다양한 팀과 조직에 기여하는 재주도 함께 키워야 한다.

최고의 배우는 맡은 역을 훌륭히 연기하는 동시에 동료 배우를 돋보이게 하는 방법을 알고 있다. 당신이 청중에게 바라는 것이 무엇인지, 즉 그들이 무엇을 알고 느끼고 행하면 좋을지를 먼저 알아야 한다. 그런 다음 PROPAR 접근법을 활용해 그들의 기억에 남겨야 할 것을 확실히 남겨두라. 이는 개인적 성과와 팀 내 의사소통을 위해서도 중요한 전략이다. 지금까지 당신이 혁신 역량을 키우기 위해 배운 것들이 고객에게 최고 가치를 효과적으로 전달하기 위한 에디슨의 비법이다. 에디슨은 자신의 천재성을 이루는 요소를 적극 활용했다. 다양한 사업에 생명을 불어넣을 쇼맨십까지 연마했다. 그는 최측근과 2차 측근 멤버들도 자신처럼 단련시켰다. 청중을 겨냥해 기억에 남을 만한 방식으로 아이디어를 제시하게 만든 것이다. 이 모든 노력이 있었기에 그의 무대를 채운 배우들은 시장을 움직이는 브랜드를 우뚝 세울 수 있었다.

PART 3 이노베이션 역량을 키우는 법

1. 21세기로 이어진 에디슨의 유산

—토머스 에디슨 Thomas Edison, 1882년 9월 4일 발전소 실험을 성공한 뒤

에디슨은 체계적으로 혁신을 만들어냈다. 그의 '발명 공장'은 독창적인 혁신 프로세스와 문화를 선보이며 전에 없던 가치를 낳았다. 사실 우리가 가장 주목해야 할 에디슨의 유산은 전구 시스템, 축음기, 활동사진 영사기가 아니다. 오히려 이 모든 것을 가능하게 만든 그의 혁신 비법이다.

에디슨은 혁신을 그저 성공적인 비즈니스를 위한 수단으로만 여기지 않았다. 사회에 미치는 긍정적인 영향력이라고 생각한 것이다. 그는 전 세계 과학자와 발명가들을 먼로파크와 웨스트 오렌지에 초대했다. 각자의 실험실로 돌아가서 에디슨의 방식을 본받게 하기 위해서였다.

과학적·혁신적인 발견을 널리 공유하려는 열망은 에디슨이 〈사이언스〉지를 창간하는 데 자금을 투자하도록 이끌었다. 미래에 대한 자신의 견해를 알리고자 영화와 같이 새롭게 부상하는 매체를 활용하기도 했다. 방송에서 에디슨은 기술적 진보에 대한 자부심으로 가득 차 있었다. 에디슨은 자신의 혁신이 온 세상에 도움이 되길 원했다. 그리고 미국이 인류의 진보를 이끄는 특별한 역할을 맡아야 한다고 생각했다. 미국의 민주주의와 자유주의 문화는 그가 혁신을 이룰 수 있는 완벽한 환경을 제공했다. 에디슨은 이것을 고맙게 여겼다. 그는 미국의 잠재력을 최대한으로 끌어내어 완성시키고자 했다.

에디슨의 롤 모델은 링컨이었다. 에디슨은 발견과 발명을 통해 삶의 질이 향상된다고 보았던 링컨의 생각에 깊이 공감했다. 그리고 이렇게 발견과 발명이 가능하려면 자유와 기회가 보장된 환경이 필요하다고 믿었다. 결과적으로 링컨은 이상을 가능성으로 변화시키는 데 삶을 바쳤고, 에디슨은 일생을 바쳐 그 가능성을 현실로 만들어냈다.

미국에는 '양키의 독창성(Yankee Ingenuity)'이라는 말이 있다. 문제를 창의적으로 해결하는 미국식 사고방식을 잘 드러내는 표현이다. 프랭클린이 처음으로 이런 주장을 한 데 이어, 링컨도 이 의견을 옹호했다. 그리고 에디슨은 탁월한 능력을 발휘해 이것을 현실로 증명해냈다. 이러한 접근법은 낙관적이고, 창의적이며, 집요하고, 실용적이다. 미국인들이 마음속 깊은 곳에서부터 더 나은 세상을 꿈꾸게 하는 원동력인 것이다.

미국의 통신 회사 벨사우스의 회장 겸 CEO이자, 2005년 미국혁신조사위원회 공동위원장인 F. 드웨인 애커먼은 이렇게 강조했다.

"미국이 하나의 기업이라면, 그 핵심 역량은 자유와 탐구 정신이다."

IBM 회장이자 CEO, 미국혁신조사위원회 공동위원장인 사무엘 팔미사노는 세계가 변화하고 있음을 지적했다. 전 세계가 첨예한 경쟁 무대가 되면서 미국이 여러 면에서 선두 자리를 빼앗기고 있다는 것이다. 세계 곳곳에서 혁신을 가로막던 장벽들이 무너지고, 동등하게 겨루는 편평한 세상이 되었다. 이런 상황에서 지형이나 유형 자산보다 지적 자본의 중요성이 커지고 있다.

여기서 지적 자본은 유능한 인재를 뜻한다. 아직까지 상당수의 미국 교육기관은 산업사회의 교육제도와 교과과정을 그대로 따르고 있다. 유능한 인재를 키운다는 주도권을 상실한 것이다. 그중에서도 특히 수학과 공학 분야의 인재를 키우는 면에서는 문제가 심각하다.

혁신은 문화와 교육이 만나는 지점에서 생긴다. 그런데도 대부분의 미국 기업과 학교는 혁신과 거리가 먼 곳으로만 향하고 있다. 이런 모습은 그 어느 때보다 다양한 생각과 여러 분야를 아우르는 아이디어가 중요해진 현실을 외면한 것이라고 볼 수 있다.

에디슨이 혁신을 위한 체계적인 접근법을 만들어냈듯이, 우리도 각자의 경쟁 우위를 지켜내는 데 필요한 요소를 습득하기 위한 체계적인 접근법을 개발해야 한다. 개리 하멜은 이렇게 한탄했다.

"요즘 창의적이고 기업가적인 인재를 체계적으로 관리하는 기업이 많지 않다. 그것이 바로 경쟁력인 데도 말이다."

혁신에 익숙해지려면 기업과 교육단체들이 변해야 한다. 아직 진가를 발휘하지 못한 국가 자원을 개발하도록 장려해야 하는 것이다. 상상력과 기업가 정신의 결합이 곧 혁신이며, 혁신은 곧 경쟁력이다.

학교, 기업, 기관에 앞서 바꿔야 할 것은 바로 우리 자신이다. 산업사회의 사고방식과 태도로는 정보화 시대를 위한 해결책을 찾을 수 없다. 입으로는 혁신을 말하면서도 지금까지 우리가 논의한 모든 것들과 정반대로 행동하는 교사,

관리자, 리더들이 많다. 의도 자체를 비난할 수는 없지만 문제만 생각하는 자세, 단편적인 사고방식, 목적 없는 노력, 얼렁뚱땅 때우는 태도 그리고 자기 분야에 매몰되어서는 좋은 결실을 맺을 수 없다. 물론 시대착오적인 인습을 따르느라 많은 에너지를 쏟는 것도 해답은 아니다.

에디슨이 지금 살아 있다면 학습, 성장 그리고 사업적인 성공의 기회가 넘치는 모습에 전율할 것이다. 그의 유산이 생명력을 얻으려면 당신이 스스로 혁신 역량을 개발해야만 한다. 시작은 어렵지 않다. 에디슨을 최대한 활용하기만 하면 된다. 먼저 에디슨처럼 혁신을 이루기 위한 5가지 역량을 실천하는 것부터 시작하라. 이 책에 실린 25가지 요소에 알맞은 태도와 기술을 터득해 주변 사람들에게 영감을 비추는 등대가 되는 것이다. 이제 마지막 장인 '에디슨의 이노베이션 적용하기'가 남았다. 지금까지 배운 것들을 정리하고 발전시켜보자.

2. 에디슨의 이노베이션 적용하기

그는 하루 종일 일을 하고도 모자라 꿈에서도 발명을 해요.
– 미나 밀러Mina Miller, 에디슨의 2번째 아내

이번 장에서는 당신의 혁신 역량 수준을 평가하고 목표를 세운 다음 발전 상황을 점검할 수 있도록 도울 것이다. 먼저 5가지 역량을 측정한다. 해당 요소별로 현재 수준을 측정하고 평가해보자.

에디슨의 훈련 설계도를 참고해 가장 먼저 개선해야 할 부분을 파악하라. 그런 다음 실행 계획을 세워라. 혁신 역량을 키우는 과정은 다음 3가지 순서로 이루어진다.

– 첫 번째: 혁신의 5가지 역량을 보여주는 평가 문항을 작성하고 점수를 매긴다.

– 두 번째: 에디슨의 훈련 설계도에 자신의 강점과 약점을 표시한다.

– 세 번째: 자신만의 혁신 역량 개발 계획을 세운다.

먼저 역량 평가 5개를 완성하라. 각 평가는 20가지 질문으로 구성된다. 평가 다음에는 결과가 실려 있다. 결과에 실린 내용을 잘 읽고, 평가에서 나온 점수를 결과의 적당한 곳에 옮겨 적는다. 결과는 레이더 모양으로 되어 있다. 당신의 강점 영역은 원의 바깥쪽에 가깝게, 약점 영역은 안쪽에 위치한다. 이해를 돕기 위해 완성된 결과의 견본을 함께 실었다. 필요하다면 참고하기 바란다. 평가를 모두 완성하면 각 결과를 [마스터 결과 1]과 [마스터 결과 2]에 옮겨 적어 최종적으로 요약정리를 할 수 있다.

혁신 역량 테스트 작성 요령

당신의 현재 습관과 가장 가까운 곳에 동그라미를 표시한다. 이때 자신이 바라는 모습이 아니라 현재 모습을 솔직하게 평가한다. 그런 다음 표시한 점수를 더하여 아래 점수 칸에 적는다. 각 요소의 합이 당신의 점수다. 평가를 모두 완성했으면 결과 작성 요령에 따라 점수를 결과에 옮겨 적는다.

팀이나 부서를 대상으로 평가를 실시하려면 50명이 넘지 않도록 한다. 50명 이상을 단체로 평가하려면 작은 그룹으로 나누어 평가한 다음 각각의 결과를 더해 종합한다. 이렇게 하면 그룹 내 모든 구성원의 결과까지 자세히 알 수 있다.

5 항상 그러함 4 대부분 그러함 3 가끔 그러함
2 별로 그렇지 않음 1 거의 그렇지 않음 0 전혀 그렇지 않음

요소 1

	5	4	3	2	1	0
나의 목표를 적어둔다.	☐	☐	☐	☐	☐	☐
적어둔 목표를 정기적으로 점검한다.	☐	☐	☐	☐	☐	☐
목표가 이루어진 광경을 마음으로 생생하게 그린다.	☐	☐	☐	☐	☐	☐
설정한 목표를 만족, 행복, 기쁨 등의 긍정적인 감정과 연결한다.	☐	☐	☐	☐	☐	☐

점수

요소 2

	5	4	3	2	1	0
나는 낙관적이고 쾌활하다.	☐	☐	☐	☐	☐	☐
좌절할 때면 긍정적이고 수용적인 방식의 셀프 코칭으로 대응한다.	☐	☐	☐	☐	☐	☐
불가능해 보이는 도전이라도 늘 해결책이 있을 거라고 기대한다.	☐	☐	☐	☐	☐	☐
위협이나 협박이 아니라 긍정적인 설득으로 다른 이들을 격려하고 영향을 줄 수 있다.	☐	☐	☐	☐	☐	☐

점수

요소 3

	5	4	3	2	1	0
삶의 여러 분야에 호기심이 있다.	☐	☐	☐	☐	☐	☐
공식적인 교육이 끝나도 평생 동안 학습해야 한다고 믿는다.	☐	☐	☐	☐	☐	☐
매일 독서한다(책, 잡지, 신문 등).	☐	☐	☐	☐	☐	☐
나는 시사 정보에 밝다.	☐	☐	☐	☐	☐	☐

점수

요소 4

	5	4	3	2	1	0
삶이 실험의 연속이라고 본다.	☐	☐	☐	☐	☐	☐
나의 아이디어 정당성을 시험하는 현실적인 방법을 찾고자 한다.	☐	☐	☐	☐	☐	☐
거침없는 에너지와 결단력으로 해결책을 좇는다.	☐	☐	☐	☐	☐	☐
과학적 방법론을 이해하며 응용할 수도 있다.	☐	☐	☐	☐	☐	☐

점수

요소 5	5	4	3	2	1	0
나는 열린 마음의 소유자다.	☐	☐	☐	☐	☐	☐
나와는 다른 의견도 기꺼이 듣고 공감하려고 노력한다.	☐	☐	☐	☐	☐	☐
분석 결과와 나의 감정을 구분해 문제를 판단할 수 있다.	☐	☐	☐	☐	☐	☐
원칙을 벗어나거나 예상 밖의 결과를 만들지 않는다.	☐	☐	☐	☐	☐	☐
점수						

각 요소의 점수를 역량 1 결과에 옮겨 적으시오.

요소 1~5에 대한 점수 척도

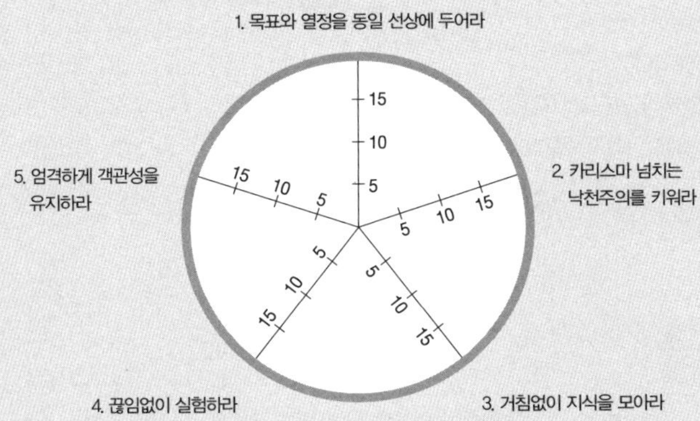

작성 요령 : '[평가] 역량 1'의 각 요소 합계를 해당 위치에 'X'자로 표시한다. 그 다음에는 각 요소의 X표시를 선으로 잇는다. 원의 가장자리에 가장 가까운 요소가 핵심 강점이며, 원의 중심에 가장 가까운 것이 약점에 속한다. 이곳에 '[평가] 역량 1'을 사용하여 각 요소의 합계를 적고, [마스터 결과 1]과 [마스터 결과 2]에도 적는다.

날짜 :__________   이름 :__________   점수기준(하나를 택하시오)

개인 :__________   팀 :__________   부서 :__________   기타 :__________

점수 일람표

1 :_____점   2 :_____점   3 :_____점   4 :_____점   5 :_____점

5 항상 그러함 4 대부분 그러함 3 가끔 그러함
2 별로 그렇지 않음 1 거의 그렇지 않음 0 전혀 그렇지 않음

요소 6

	5	4	3	2	1	0
항상 노트를 들고 다닌다.	☐	☐	☐	☐	☐	☐
매일 노트에 메모한다.	☐	☐	☐	☐	☐	☐
스스로 검열하거나 편집하지 않고 자유롭게 메모한다.	☐	☐	☐	☐	☐	☐
노트에 적은 내용을 정기적으로 점검한다.	☐	☐	☐	☐	☐	☐

점수

요소 7

	5	4	3	2	1	0
많은 아이디어를 쉽게 내놓는다.	☐	☐	☐	☐	☐	☐
비유를 잘 한다.	☐	☐	☐	☐	☐	☐
환상적인 이야기와 이미지 연상을 통해 상상의 세계에 빠질 준비가 되어 있다.	☐	☐	☐	☐	☐	☐
판단, 수정, 검열 없이 아이디어가 자유롭게 흐르게 할 수 있다.	☐	☐	☐	☐	☐	☐

점수

요소 8

	5	4	3	2	1	0
나의 직감과 예감을 신뢰한다.	☐	☐	☐	☐	☐	☐
한 프로젝트의 아이디어나 해결책을 다른 프로젝트에 응용할 수 있다.	☐	☐	☐	☐	☐	☐
정보의 공백이나 애매모호한 부분에 대해 생산적인 방식으로 대처할 수 있다.	☐	☐	☐	☐	☐	☐
큰 그림과 세부적인 정보를 동시에 볼 수 있다.	☐	☐	☐	☐	☐	☐

점수

요소 9

	5	4	3	2	1	0
내 아이디어를 마음의 눈으로 그릴 수 있다.	☐	☐	☐	☐	☐	☐
문제를 해결할 때 그림, 스케치, 창의적인 낙서를 활용한다.	☐	☐	☐	☐	☐	☐
생각을 확장시키기 위해 아이디어 모형을 만들거나 계획을 세워 모의실험을 한다.	☐	☐	☐	☐	☐	☐
그림, 스케치, 창의적인 낙서를 활용해 나의 아이디어를 다른 이들과 공유한다.	☐	☐	☐	☐	☐	☐

점수

요소 10

	5	4	3	2	1	0
기존에 알려진 정보에 거리낌 없이 의문을 제기한다.	☐	☐	☐	☐	☐	☐
내가 생각해낸 가정이라도 반드시 의문을 가진다.	☐	☐	☐	☐	☐	☐
주변 사람들이 모두 반대할 때도 나의 신념을 꺾지 않는다.	☐	☐	☐	☐	☐	☐
독립적인 태도로 생활하면서도 아집에 빠지지 않게 노력한다.	☐	☐	☐	☐	☐	☐

점수

각 요소의 점수를 역량 2 결과에 옮겨 적으시오.

요소 6~10에 대한 점수 척도

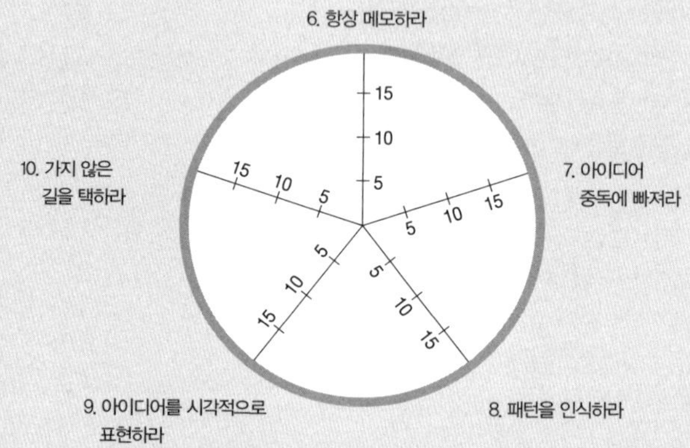

작성 요령 : '[평가] 역량 2'의 각 요소 합계를 해당 위치에 'X'자로 표시한다. 그 다음에는 각 요소의 X 표시를 선으로 잇는다. 원의 가장자리에 가장 가까운 요소가 핵심 강점이며, 원의 중심에 가장 가까운 것이 약점에 속한다. '[평가] 역량 2'를 사용하여 이곳에 각 요소의 합계를 적고, [마스터 결과 1]과 [마스터 결과 2]에도 적는다.

날짜 :__________　　　이름 :__________　　　점수기준(하나를 택하시오)

개인 :__________　　　팀 :__________　　　부서 :__________　　　기타 :__________

점수 일람표

1 :_____점　　　2 :_____점　　　3 :_____점　　　4 :_____점　　　5 :_____점

5 항상 그러함 4 대부분 그러함 3 가끔 그러함
2 별로 그렇지 않음 1 거의 그렇지 않음 0 전혀 그렇지 않음

요소 11	5	4	3	2	1	0
에너지와 생산성을 최상의 상태로 유지하기 위해 휴식 시간을 활용한다.	☐	☐	☐	☐	☐	☐
주제를 바꿀 때 어떻게 해야 에너지와 생산성을 최상의 상태로 유지할 수 있는지 안다.	☐	☐	☐	☐	☐	☐
정기적으로 몰입 상태에서 작업한다.	☐	☐	☐	☐	☐	☐
회의를 주관할 때 참여자들의 에너지와 생산성을 고려해 휴식과 주제의 전환을 활용한다.	☐	☐	☐	☐	☐	☐

점수

요소 12	5	4	3	2	1	0
새로운 방법으로 생각하게 만드는 유희를 높이 평가한다.	☐	☐	☐	☐	☐	☐
스트레스가 심할 때도 유쾌함을 유지할 수 있다.	☐	☐	☐	☐	☐	☐
나를 두고 하는 농담에도 웃을 수 있다.	☐	☐	☐	☐	☐	☐
다른 이들이 긴장을 풀고 다시 일에 매진하도록 유머감각을 동원할 수 있다.	☐	☐	☐	☐	☐	☐

점수

요소 13	5	4	3	2	1	0
지적재산이라는 개념을 이해한다.	☐	☐	☐	☐	☐	☐
특허권, 등록 상표, 서비스 마크, 기업 비밀의 차이를 안다.	☐	☐	☐	☐	☐	☐
핵심 정보를 빼앗기지 않는 방식으로 프로젝트에 대한 정보를 공유할 수 있다.	☐	☐	☐	☐	☐	☐
혁신 과정에서 지적재산권 보호의 역할을 잘 알고 있다.	☐	☐	☐	☐	☐	☐

점수

요소 14	5	4	3	2	1	0
불필요한 것을 제거하는 데 탁월하다.	☐	☐	☐	☐	☐	☐
간단명료한 지시를 내린다.	☐	☐	☐	☐	☐	☐
다양한 도전에 직면해서도 평정과 중심을 잃지 않는다.	☐	☐	☐	☐	☐	☐
복잡한 상황에서도 성공을 위한 우선순위를 분명히 결정한다.	☐	☐	☐	☐	☐	☐

점수

요소 15

	5	4	3	2	1	0
매일 얼마 동안은 혼자서 시간을 보낸다.	☐	☐	☐	☐	☐	☐
혼자 생각에 잠기고 싶을 때 즐겨 찾는 장소가 있다.	☐	☐	☐	☐	☐	☐
산만한 환경 속에서 평화를 찾기 위한 실용적인 전략이 있다.	☐	☐	☐	☐	☐	☐
다른 사람들을 더욱 세심하게 대할 수 있는 준비의 시간으로서 혼자 있는 시간을 높이 평가한다.	☐	☐	☐	☐	☐	☐

점수

각 요소의 점수를 역량3 결과에 옮겨 적으시오.

[결과] 역량 3 100% 완전한 몰입

요소 11~15에 대한 점수 척도

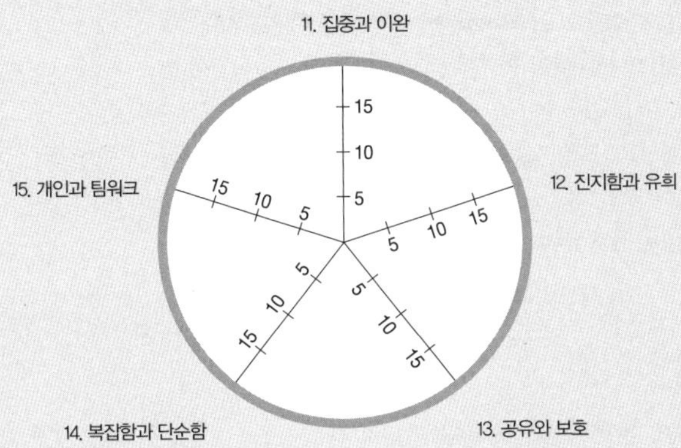

작성 요령 : '[평가] 역량 3'의 각 요소 합계를 해당 위치에 'X'자로 표시한다. 그 다음에는 각 요소의 X 표시를 선으로 잇는다. 원의 가장자리에 가장 가까운 요소가 핵심 강점이며, 원의 중심에 가장 가까운 것이 약점에 속한다. '[평가] 역량 3'을 사용하여 이곳에 각 요소의 합계를 적고, [마스터 결과 1]과 [마스터 결과 2]에도 적는다.

날짜 : __________   이름 : __________   점수기준(하나를 택하시오)

개인 : __________   팀 : __________   부서 : __________   기타 : __________

점수 일람표

1 : _____점   2 : _____점   3 : _____점   4 : _____점   5 : _____점

요소 16

지원자를 평가할 때 그들의 결단력을 판단하기 위한 질문을 한다. ☐ ☐ ☐ ☐ ☐ ☐

지원자를 평가할 때 전문적인 영역은 물론이고 기술과 관심사의 폭이 어느 정도인지 살핀다. ☐ ☐ ☐ ☐ ☐ ☐

지원자를 평가할 때 그들을 실제로 고용했을 경우 경험하게 될 상황을 예측해본다. ☐ ☐ ☐ ☐ ☐ ☐

지원자를 평가할 때 그들이 팀에 얼마나 잘 융합할 수 있을지 살핀다. ☐ ☐ ☐ ☐ ☐ ☐

점수

요소 17

문제 해결을 위해 다양한 접근법을 사용하는 편이다. ☐ ☐ ☐ ☐ ☐ ☐

배경과 관점이 다른 사람들로부터 다양한 결과물을 얻기 위해 노력한다. ☐ ☐ ☐ ☐ ☐ ☐

목표를 이루기 위해 다양한 방법을 시도하는 편이며 다른 이에게도 이것을 권한다. ☐ ☐ ☐ ☐ ☐ ☐

다양한 학습법과 인간 유형의 차이점을 활용해 최적의 결과를 내는 법을 안다. ☐ ☐ ☐ ☐ ☐ ☐

점수

요소 18

우리 조직 내에서 두려움으로 인해 열린 소통이 막히는 경우를 인지하고 있다 ☐ ☐ ☐ ☐ ☐ ☐

자유롭게 아이디어를 교환하는 환경을 만들기 위해 적극적으로 새롭고 창의적인 방법을 찾는다. ☐ ☐ ☐ ☐ ☐ ☐

개방형 질문을 사용해 주위 사람들이 아이디어를 자유롭게 공유하도록 이끈다. ☐ ☐ ☐ ☐ ☐ ☐

주류의 사고방식에서 벗어날 것을 다른 사람에게 권한다. ☐ ☐ ☐ ☐ ☐ ☐

점수

요소 19

	5	4	3	2	1	0
협력에 대한 보상으로서 인센티브와 보너스를 활용하는 법을 안다.	☐	☐	☐	☐	☐	☐
모든 직급 직원들의 협력에 대해 창의적인 보상법을 주도한다.	☐	☐	☐	☐	☐	☐
우리 조직의 협력적인 프로세스가 보상을 받을 수 있도록 최대한 노력한다.	☐	☐	☐	☐	☐	☐
나는 우리 조직 내의 협력을 저해하는 행동이나 관행을 인지하고 있다.	☐	☐	☐	☐	☐	☐

점수

요소 20

	5	4	3	2	1	0
나의 인맥에 속하는 모든 이들의 근황을 정확히 알고 있다.	☐	☐	☐	☐	☐	☐
나의 인맥에 속하는 모든 이들과 정기적으로 연락을 취한다.	☐	☐	☐	☐	☐	☐
인맥 관리의 목표는 다양한 구성원과 핵심적인 유명인사다.	☐	☐	☐	☐	☐	☐
인맥 관리를 위해 다른 이들이 목적을 이룰 수 있게 돕고 동시에 내가 원하는 결과를 얻는 데 집중한다.	☐	☐	☐	☐	☐	☐

점수

각 요소의 점수를 역량 4 결과에 옮겨 적으시오.

요소 16~20에 대한 점수 척도

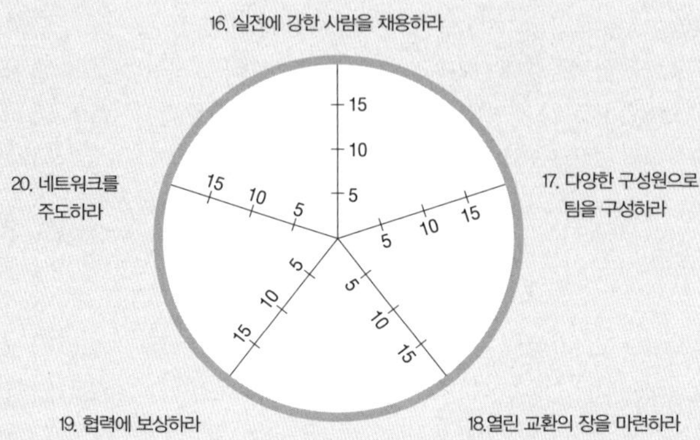

작성 요령 : '[평가] 역량 4'의 각 요소 합계를 해당 위치에 'X'자로 표시한다. 그 다음에는 각 요소의 X 표시를 선으로 잇는다. 원의 가장자리에 가장 가까운 요소가 핵심 강점이며, 원의 중심에 가장 가까운 것이 약점에 속한다. '[평가] 역량 4'를 사용하여 이곳에 각 요소의 합계를 적고, [마스터 결과 1]과 [마스터 결과 2]에도 적는다.

날짜 :__________   이름 :__________   점수기준(하나를 택하시오)

개인 :__________   팀 :__________   부서 :__________   기타 :__________

점수 일람표

1 :_____점   2 :_____점   3 :_____점   4 :_____점   5 :_____점

[평가] 역량 5 고객을 위한 최고 가치 창조

5 항상 그러함 4 대부분 그러함 3 가끔 그러함
2 별로 그렇지 않음 1 거의 그렇지 않음 0 전혀 그렇지 않음

요소 21

	5	4	3	2	1	0
동향을 파악하려고 노력하는 편이다.	☐	☐	☐	☐	☐	☐
품질, 가격, 기술 등 시장의 틈새를 정기적으로 탐색한다.	☐	☐	☐	☐	☐	☐
조직의 핵심 강점을 알고 있다.	☐	☐	☐	☐	☐	☐
내가 목격한 동향과 파악한 틈새시장 그리고 우리 조직의 핵심 강점을 실제 환경과 연결하기 위해 노력한다.	☐	☐	☐	☐	☐	☐

점수

요소 22

	5	4	3	2	1	0
고객의 요구에 늘 집중한다.	☐	☐	☐	☐	☐	☐
고객의 필요를 알아내기 위해 창의적인 방법을 시도한다.	☐	☐	☐	☐	☐	☐
고객이 우리 제품으로 인해 곤란을 겪는다는 정보를 입수하면 바로 조치를 취해 문제를 해결한다.	☐	☐	☐	☐	☐	☐
나의 전문 분야에 대해 고객이 이해하도록 전달할 수 있다.	☐	☐	☐	☐	☐	☐

점수

요소 23

	5	4	3	2	1	0
비즈니스 모델이 무엇인지 안다.	☐	☐	☐	☐	☐	☐
여러 가지 비즈니스 모델을 알고 있으며 적합한 모델을 찾는 일이 얼마나 중요한지 안다.	☐	☐	☐	☐	☐	☐
시장이나 기술의 변화에 따라 비즈니스 모델을 수정하는 일이 얼마나 중요한지 알고 있다.	☐	☐	☐	☐	☐	☐
우리 회사의 비즈니스 모델은 혁신을 이끌기에 매우 적합하다.	☐	☐	☐	☐	☐	☐

점수

요소 24

	5	4	3	2	1	0
작은 문제일 때 해결하는 것이 얼마나 중요한지 안다.	☐	☐	☐	☐	☐	☐
우리 팀, 그룹, 조직은 신제품을 시장에 내놓기에 앞서 예상 비용과 수익 그리고 시장 규모에 대해 정량 평가를 실시한다.	☐	☐	☐	☐	☐	☐
우리 팀, 그룹, 조직은 신제품을 출시하기에 앞서 시장 확대를 위한 예상 비용과 일정을 정해둔다.	☐	☐	☐	☐	☐	☐
우리 팀, 그룹, 조직은 신제품을 출시하기에 앞서 신제품 개발 초기부터 관여한 팀과 시장 확대 프로세스 초기부터 관여한 팀을 연계시킨다.	☐	☐	☐	☐	☐	☐

점수

요소 25

	5	4	3	2	1	0
효율적으로 소통하기 위해 계속해서 노력한다.	☐	☐	☐	☐	☐	☐
발표를 준비할 때 청중이 내 메시지를 이해하고 기억할 수 있도록 최선을 다한다.	☐	☐	☐	☐	☐	☐
의사소통할 때마다 청중의 반응을 살펴 성공여부를 판단한다.	☐	☐	☐	☐	☐	☐
나는 독보적인 강점을 지닌 하나의 브랜드이며 장기적인 안목으로 이 강점을 갈고닦을 것이다.	☐	☐	☐	☐	☐	☐

점수

각 요소의 점수를 역량 5 결과에 옮겨 적으시오.

요소 21~25에 대한 점수 척도

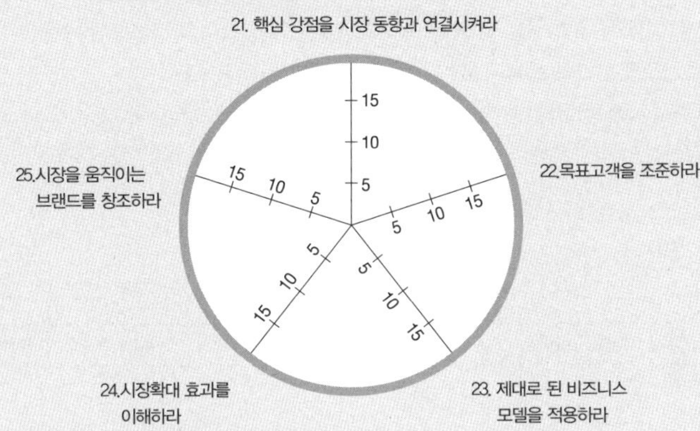

작성 요령 : '[평가] 역량 5'의 각 요소 합계를 해당 위치에 'X'자로 표시한다. 그 다음에는 각 요소의 X 표시를 선으로 잇는다. 원의 가장자리에 가장 가까운 요소가 핵심 강점이며, 원의 중심에 가장 가까운 것이 약점에 속한다. '[평가] 역량 5'를 사용하여 이곳에 각 요소의 합계를 적고, [마스터 결과 1]과 [마스터 결과 2]에도 적는다.

날짜 :__________   이름 :__________   점수기준(하나를 택하시오)

개인 :__________   팀 :__________   부서 :__________   기타 :__________

점수 일람표

1 :_____점   2 :_____점   3 :_____점   4 :_____점   5 :_____점

요소 1~25 점수를 백분율로 전환하기

작성 요령 : 당신의 혁신 요소 점수를 합해 백분율로 전환한다. 백분율은 팀 점수와 개인 점수를 함께 요약할 경우 특히 유용하다. 우선 각 상자 속의 해당 위치에 당신의 각 요소의 점수를 기록한다. 그런 다음 오른 쪽 차트를 참고하여 해당 점수를 백분율로 전환해 기록한다.

각 요소의 백분율을 합해 '역량 총 백분율'란을 채운다. 역량 총 백분율의 수치를 [마스터 결과 2] 에 옮겨 적는다. 당신의 각 혁신 역량이 어떤 모습으로 나타나는지 시각적으로 확인하는 데 도움이 될 것이다.

점수 백분율 전환

점수	10	11	12	13	14	15	16	17	18	19	20
백분율	50%	55%	60%	65%	70%	75%	80%	85%	90%	95%	100%

역량 1. 문제 해결 중심의 사고방식

1 : 점수 _____ = 백분율 ______   2 : 점수 _____ = 백분율 ______

3 : 점수 _____ = 백분율 ______   4 : 점수 _____ = 백분율 ______

5 : 점수 _____ = 백분율 ______   역량 1 총 백분율 ______ %

※[마스터 결과 2]에 총 백분율을 기록하시오.

역량 2. 만화경식 사고

6 : 점수 _____ = 백분율 ______   7 : 점수 _____ = 백분율 ______

8 : 점수 _____ = 백분율 ______   9 : 점수 _____ = 백분율 ______

10 : 점수 _____ = 백분율 ______   역량 2 총 백분율 ______ %

※[마스터 결과 2]에 총 백분율을 기록하시오.

역량 3. 100% 완전한 몰입

11 : 점수 _____ = 백분율 _____   12 : 점수 _____ = 백분율 _____

13 : 점수 _____ = 백분율 _____   14 : 점수 _____ = 백분율 _____

15 : 점수 _____ = 백분율 _____   역량 3 총 백분율 _____ %

※[마스터 결과 2]에 총 백분율을 기록하시오.

역량 4. 마스터 마인드 협력

16 : 점수 _____ = 백분율 _____   17 : 점수 _____ = 백분율 _____

18 : 점수 _____ = 백분율 _____   19 : 점수 _____ = 백분율 _____

20 : 점수 _____ = 백분율 _____   역량 4 총 백분율 _____ %

※[마스터 결과 2]에 총 백분율을 기록하시오.

역량 5. 고객을 위한 최고 가치 창조하기

21 : 점수 _____ = 백분율 _____   22 : 점수 _____ = 백분율 _____

23 : 점수 _____ = 백분율 _____   24 : 점수 _____ = 백분율 _____

25 : 점수 _____ = 백분율 _____   역량 5 총 백분율 _____ %

※[마스터 결과 2]에 총 백분율을 기록하시오.

1~5 역량 백분율

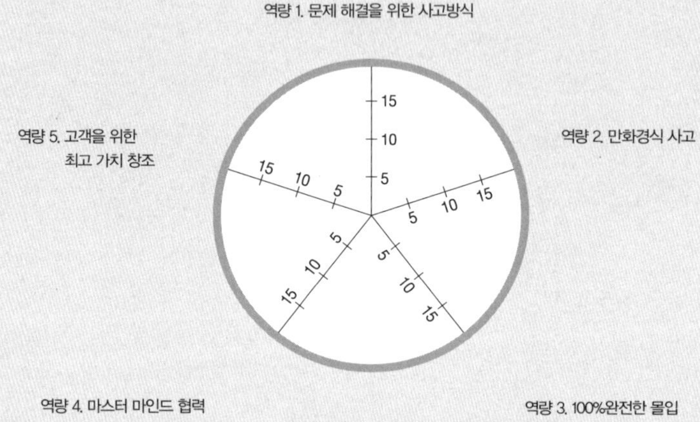

작성 요령 : '[마스터 결과 1]'의 각 역량 백분율을 해당 위치에 'X'자로 표시한다. 그 다음에는 각 요소의 X표시를 선으로 잇는다. 원의 가장자리에 가장 가까운 요소가 핵심 강점이며, 원의 중심에 가장 가까운 것이 약점에 속한다. [마스터 결과 1]의 백분율 수치를 아래에 기록해 자신의 평균 수치를 확인하자.

날짜 : __________   이름 : __________   점수기준(하나를 택하시오)

개인 : __________   팀 : __________   부서 : __________   기타 : __________

점수 일람표

역량 1 : _____점   역량 2 : _____점   역량 3 : _____점   역량 4 : _____점

역량 5 : _____점

혁신 역량을 키우는 첫 번째 순서가 끝났다. 이제 결과를 활용해 당신의 혁신 역량 프로필을 작성할 차례다. 먼저 완성된 결과를 모두 모아라. 그런 다음 주황색, 노란색, 초록색, 파란색, 보라색 색연필이나 펜을 준비하자. [마스터 결과 2]를 자세히 살피면서 당신의 점수 위치를 파악하고, 합계가 가장 높은 요소를 찾아라. 아래의 표를 참고하여 당신이 16점 이상을 얻은 요소가 있는지 찾아보라. 그런 다음 에디슨 혁신 설계도에서 해당요소를 찾아 보라색으로 칠하라. 당신은 이 요소에서 '매우 우수한' 혁신 역량을 지니고 있는 셈이다.

에디슨의 이노베이션 적용하기 '5가지 역량 25가지 요소'

문제 해결 중심의 사고방식 (역량1)	만화경식 사고 (역량2)	100% 완전한 몰입 (역량3)
목표와 열정을 동일 선상에 두어라	항상 메모하라	집중과 이완
카리스마 넘치는 낙천주의를 키워라	아이디어 중독에 빠져라	진지함과 유희
거침없이 지식을 모아라	패턴을 인식하라	공유와 보호
끊임없이 실험하라	아이디어를 시각적으로 표현하라	복잡함과 단순함
엄격하게 객관성을 유지하라	가지 않은 길을 택하라	개인과 팀워크
마스터 마인드 협력 (역량4)	**고객을 위한 최고 가치 창조 (역량5)**	**혁신 역량 참고표**
실전에 강한 사람을 채용하라	핵심 강점을 시장 동향과 연결시켜라	매우 우수함 각 16점 이상인 요소 보라색
다양한 구성원으로 팀을 구성하라	목표고객을 조준하라	우수함 각 15점 이상인 요소 파란색
열린 교환의 장을 마련하라	제대로 된 비즈니스 모델을 적용하라	평균 이상 각 14점 이상인 요소 초록색
협력에 보상하라	시장확대 효과를 이해하라	평균 각 12~13점 이상인 요소 노란색
네트워크를 주도하라	사람을 움직이는 브랜드를 창조하라	평균 이하 각 10~11점 이상인 요소 주황색

두 번째로 점수가 높은 요소를 찾아라. 15점 이상의 요소를 찾아 파란색으로 칠한다. 당신은 이 요소에서 '우수한' 혁신 역량을 지녔다. 같은 방식으로 4점 이상(평균 이상)인 요소를 초록색으로, 12점 이상(평균)은 노란색으로, 10~11점(평균 이하)은 주황색으로 칠하라.

두 번째 순서를 마쳤는데도 색을 칠한 상자가 없을 수도 있다. 이때 색을 칠하지 못한 상자는 비활동 영역이다. 점수가 10점 이하이므로 이들 요소에 대한 당신의 혁신 역량은 아직 시작 단계도 밟지 못했다는 뜻이다. 각 요소에서 가능한 점수는 20점까지다. 10점은 절반에 해당하므로 혁신 역량의 시작점으로 간주된다. 비활동 요소가 있어도 걱정할 필요는 없다. 비활동 요소는 세 번째 순서에서 새롭게 혁신 역량을 구축하기에 좋은 출발점이 될 것이다.

이제 천천히 당신의 에디슨 혁신 설계도를 들여다 보라. 방금 색칠한 상자를 모두 살피고 가장 높은 점수에 해당하는 색깔의 상자를 찾아라. 이들 상자는 추진력의 원천이다. 높은 점수를 얻은 요소를 낮은 점수를 끌어올리는 추진력으로 삼거나, 현재 혁신 역량이 거의 없거나 아예 없는 요소들과 연결하는 다리로 삼으면 좋을 것이다. 세 번째 순서의 시작을 돕기 위해, 아래에 하나의 사례를 소개하고자 한다. 이 책을 출판하기 전에 독자로 선정된 사람들 중 한 명인 패트의 분석 결과다. 그는 혁신 역량 키우기 90일 계획에 참여하여 혁신 역량1 평가 결과의 공개를 허락했다. 오른쪽의 결과가 패트의 평가 결과다. 이에 기초하여, 패트는 노트에 이 책의 요소 1에 대한 설명에 나온 SMART EDISON 접근법을 메모했다. 그는 높은 점수를 추진력으로 삼아 낮은 점수를 끌어 올리는 단계별 계획을 세웠다. 목표는 2년 내에 부회장이 되는 것이다. 당신도 패트가 사용한 방법을 응용할 수 있다. 여러 가지 역량을 한꺼번에 키우긴 어렵다. 일단은 한 가지에만 집중할 것을 권한다. 다음은 패트의 90일 계획 노트 도입부다.

월요일

어제 100개의 질문으로 구성된 혁신 역량 평가지를 작성했다. 그 결과 내가 가장 취약한 영역은 역량 1로 나타났다. 이 영역을 나의 최우선과제로 삼기로 했다. 내가 한 부서의 부사장이 되려면 반드시 문제 해결 중심의 사고방식을 키워야 한다. 아래는 나의 점수다.

요소 1(목표): 8점 = 평균 이하

요소 2(낙천주의): 19점 = 매우 우수함

요소 3(지식): 15점 = 우수함

요소 4(실험): 14점 = 평균 이상

요소 5(객관성): 10점 = 평균

이제 내 강점인 낙천주의와 지식을 활용해 약점인 목표와 객관성을 키울 수 있다는 점을 깨달았다. 나는 모든 것을 '실험'으로 볼 줄 안다. 물론 그 요소의 점수도 얼마든지 끌어올릴 수 있다. SMART EDISON 전략을 활용해 목표를 이루기 위한 계획을 세웠다.

90일 혁신 역량 프로젝트 SMART EDISON

S—Specific: 목표를 글로 적어 나의 목표 점수를 15점 이상으로 올린다. 객관성 요소 점수는 나 아닌 다른 이의 견해를 받아들임으로써 14점 이상으로 올린다. 결과물이 나오면 더 객관적으로 바라본다. 언제든 다시 시도할 수 있도록 말이다.

M—Measurable: 내가 적어둔 목표를 매주 일요일에 다시 점검한다. 이번 달 마지막 일요일에 역량 1을 다시 평가해 향후 3개월 간 참고자료로 삼는다. 목표에 걸림돌이 될 만한 결과가 나오면 반드시 추적해 정리한다. 90일이 지나 관련 평가지를 완성하고 그동안의 발전 상황을 확인할 예정이다.

A—Accountable: 난 역시 책임감 있는 사람이다. 목표와 결과를 크리스와 공유할 것이다. 그는 나의 동료이자 오랜 멘토다.

R—Relevant: 우리 조직에서 해결책을 찾는 능력을 높이 평가한다는 사실을 알았다. 문제 해결을 위한 사고방식을 갖도록 더욱 노력하겠다.

T—Timeline: 먼저 90일 목표를 완수해 우리 조직의 10주년 기념식에서 크리스를 비롯한 동료들과 그 결과를 공유할 수 있도록 할 것이다.

E—Emotional: 기념식에서 나의 발전 상황을 공개하는 모습을 상상한다. 흥분되고, 에너지가 솟으며, 무척 즐겁다.

D—Decisive: 나는 문제 해결 중심의 사고방식으로 업무에 임하며 객관적인 편이다. 직장뿐 아니라 개인적으로도 말이다.

I—Integrated: 나의 강점인 낙천적인 태도를 더욱 발전시켜 문제 해결 능력이 뛰어난 사람이 되겠다는 목표와 연결할 수 있다. 우선 매일 읽는 신문을 감

상적이 아니라 객관적인 관점으로 보는 것에서 시작하겠다. 목표가 이루어지면 나는 더욱 훌륭한 리더이자 훌륭한 사람의 모습에 가까이 갈 수 있다.

S-Sensory: 기념식에서 발표하는 내 모습이 눈에 선하다. 나의 일과 삶을 얼마나 새롭게 바라보게 되었는지 말하자 그들의 얼굴에 미소가 떠오른다. 곧이어 자신들의 혁신 역량을 확장시키려면 어떻게 해야 하는지 나에게 묻는다.

O-Optimistic: 나는 우리 조직에서 변화를 이끄는 방법에 대한 실험과 삶을 더 긍정적으로 변화하기 위한 실험을 제안하는 사람이다.

N-Now: 매일 에디슨처럼 혁신한다. 나는 목표를 실현하고, 낙관적으로 업무에 임하며, 결과물을 객관적으로 바라본다. 하루하루가 더욱 생산적인 사람으로 거듭나기 위한 작은 실험이 될 수 있다는 것을 처음으로 알게 되었다.

패트가 해냈듯이, 당신도 혁신 역량을 발전시키는 첫걸음을 내딛길 바란다. 우선 커다란 목표를 설정하고, 최초의 90일 SMART EDISON 계획을 노트에 정리하라. SMART EDISON에서 한 항목도 빠뜨리지 않고 꼼꼼히 계획을 세워야 한다. 90일 계획을 실천하는 과정에서 이 책이 제안하는 평가를 실시하고, 결과를 참고하여 특별히 키워야 할 역량을 선정하라. 앞에서 소개한 5가지 혁신 역량에 관한 설명도 참고하라. 에디슨의 삶은 시대를 초월해 혁신과 성공의 원리를 알려준다. 그의 말을 기억하자.

"아이디어의 가치는 그것을 어떻게 사용하느냐에 달려 있다."

당신의 삶은 그의 실용적인 지혜를 탐구하는 실험실이다. 혁신 역량을 훈련하는 데 자신을 바쳐라. 당신은 삶과 일 그리고 가정에서 환히 빛날 것이다.

에디슨 스타일_컨버전스 혁신

2014년 01월 25일 1판 1쇄 박음
2014년 02월 10일 1판 1쇄 펴냄

지은이 마이클 J. 겔브 · 사라 밀러 칼디코트
옮긴이 신선해
펴낸이 김철종

마케팅 오영일 유은정 정윤정
펴낸곳 (주)한언
주소 서울 종로구 삼일대로 453 (경운동) KAFFE빌딩 2층(우110-310)
전화번호 02)723-3114 **팩스번호** 02)701-4449
전자우편 haneon@haneon.com **홈페이지** www.haneon.com
출판등록 1983년 9월 30일 제1-128호
ISBN 978-89-5596-679-4 13320

한언의 사명선언문

Since 3rd day of January, 1998

Our Mission   – 우리는 새로운 지식을 창출, 전파하여 전 인류가 이를 공유케 함으로써 인류 문화의 발전과 행복에 이바지한다.

  – 우리는 끊임없이 학습하는 조직으로서 자신과 조직의 발전을 위해 쉼없이 노력하며, 궁극적으로는 세계적 콘텐츠 그룹을 지향한다.

  – 우리는 정신적, 물질적으로 최고 수준의 복지를 실현하기 위해 노력하며, 명실공히 초일류 사원들의 집합체로서 부끄럼 없이 행동한다.

Our Vision   한언은 콘텐츠 기업의 선도적 성공 모델이 된다.

저희 한언인들은 위와 같은 사명을 항상 가슴속에 간직하고
좋은 책을 만들기 위해 최선을 다하고 있습니다.
독자 여러분의 아낌없는 충고와 격려를 부탁 드립니다.

• 한언 가족 •

HanEon's Mission statement

Our Mission – We create and broadcast new knowledge for the advancement and happiness of the whole human race.

– We do our best to improve ourselves and the organization, with the ultimate goal of striving to be the best content group in the world.

– We try to realize the highest quality of welfare system in both mental and physical ways and we behave in a manner that reflects our mission as proud members of HanEon Community.

Our Vision   HanEon will be the leading Success Model of the content group.